Victor Klemperer

Man möchte immer weinen und lachen in einem

atb aufbau taschenbuch

Victor Klemperers Tagebücher aus den Jahren 1933 bis 1945 machten ihn postum zu einem der wichtigsten Chronisten deutscher Geschichte. Geboren 1881 als Sohn eines Rabbiners, studierte er Philosophie, Romanistik und Germanistik. 1913 folgte die Promotion. Nachdem er als Kriegsfreiwilliger am Ersten Weltkrieg teilgenommen hatte, ging er als Privatdozent nach München, ab 1920 als Professor an die TH Dresden. 1935 wegen seiner jüdischen Herkunft aus seinem Lehramt für Romanistik entlassen, überlebte er das Dritte Reich in einem sogenannten »Judenhaus«. Klemperer, nach dem Krieg wieder ordentlicher Professor, starb 1960 in Dresden.

Mit der Direktheit des engagierten, gebildeten und unabhängigen jungen Mannes, der sich für den einzigartigen Anlass als politischer Journalist betätigt, verfasst Victor Klemperer 1919 im belagerten München pointierte, kluge wie sprachlich brillante Berichte. Er zeichnet intime Porträts von den Akteuren der Stunde, darunter Erich Mühsam, Max Levien und Kurt Eisner, und liefert eine scharfsinnige Einordnung der aktuellen Ereignisse. Vertieft werden diese Betrachtungen durch Passagen aus seinen Erinnerungen: Angesichts des Nazi-Terrors schaut er auf das Schicksalsjahr 1919 zurück, als er die Bedrohung durch einen sich zuspitzenden Antisemitismus bereits wahrnahm. Und er lernte in dieser Zeit einige der Menschen kennen, die ihn später in der Nazi-Zeit fallenlassen – oder zu ihm halten werden.

Mit diesen Schilderungen über die wilden Münchner Tage erweist sich Klemperer einmal mehr als furchtloser und zutiefst humaner Chronist der deutschen Geschichte. Zum Verständnis der Epoche und ihres einzigartigen Zeugen ist das vorliegende Revolutionstagebuch unerlässlich.

»Klemperer ist vergleichbar mit Heine – gleich nah und gleich genau und gleich erzählmächtig.« *Martin Walser*

»Eine Sensation.« *Literarische Welt*

# VICTOR KLEMPERER

## Man möchte immer weinen und lachen in einem

### REVOLUTIONSTAGEBUCH
### 1919

Mit einem Vorwort
von Christopher Clark

und
einem historischen Essay
von Wolfram Wette

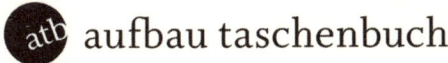 aufbau taschenbuch

Texttranskription, Anmerkungen und Personenregister
Christian Löser
Konzeption der Ausgabe Nele Holdack

Mit 18 Abbildungen

MIX
Papier aus verantwor-
tungsvollen Quellen
FSC
www.fsc.org
FSC® C083411

ISBN 978-3-7466-3236-0

Aufbau Taschenbuch ist eine Marke der Aufbau Verlag GmbH & Co. KG

1. Auflage 2016
© Aufbau Verlag GmbH & Co. KG, Berlin 2016
Die Originalausgabe erschien 2015 bei Aufbau,
einer Marke der Aufbau Verlag GmbH & Co. KG
Umschlaggestaltung ZERO Werbeagentur, München
unter Verwendung eines Bildes von © akg images
graphische Adaption www.buerosued.de
Satz und Reproduktion LVD GmbH, Berlin
Druck und Binden CPI books GmbH, Leck, Germany
Printed in Germany

www.aufbau-verlag.de

# Vorwort
*Von Christopher Clark*

Die Welle politischer Tumulte und Revolutionen, die Deutschland am Ende des Ersten Weltkrieges überrollte, gehört zu den Schlüsselepisoden des 20. Jahrhunderts. Eine durch Krieg und Niederlage gezeichnete Gesellschaft wurde erneut in ihren Grundfesten erschüttert. Die Entstehung einer dem sowjetischen Vorbild verpflichteten kommunistischen Linken einerseits und schwerbewaffneter konterrevolutionärer und rechtsradikaler Verbände andererseits sorgte für eine drastische politische Polarisierung. Die rhetorische Eskalation ging bald in Gewalt über. Freikorpstruppen und Spartakisten lieferten sich erbitterte Gefechte.

Nirgendwo war die Erweiterung des herkömmlichen politischen Spektrums dramatischer spürbar als in München. Am 7. November 1918 wurde der bayerische König als erster deutscher Monarch gestürzt. Die Armee lief zu den Revolutionären über, der König floh ins Exil. Nach der Ermordung des Ministerpräsidenten Kurt Eisner (USPD) am 21. Februar 1919 spitzten sich die Machtkämpfe zwischen linken und gemäßigten Sozialisten zu. Die Regierung des neuen Ministerpräsidenten Johannes Hoffmann (SPD) wurde am 7. April gestürzt und durch eine zunächst von pazifistischen und anarchistischen Intellektuellen geprägte bayerische Räterepublik abgelöst. Nach kaum einer Woche ergriffen jedoch die Kommunisten unter Eugen Leviné die Macht. Das inzwischen ins Exil ausgewichene Kabinett Hoffmann bat die Berliner Regierung um Hilfe. Mitte April rückten Reichswehrtruppen und Freikorpseinheiten gegen die bayerischen Revolutionäre vor. Es folgte die brutale Niederschlagung der Räterepublik, bei der schätzungsweise 2000 – auch vermeintliche – Anhänger ermordet, standrechtlich erschossen oder zu Haftstrafen verurteilt wurden.

Victor Klemperer führt uns durch die Wirren dieser bewegten Münchner Tage mit Empathie, Feinsinn und scharfem Blick. Versammelt in diesem Band sind Zeitberichte für die »Leipziger Neuesten Nachrichten«, von denen nur ein Bruchteil damals veröffentlicht wurde, sowie einschlägige Passagen aus einem späteren Erinnerungswerk, das 1942 abgebrochen werden musste. Dank seiner 1995 im Aufbau Verlag veröffentlichten Tagebuchaufzeichnungen aus der Zeit des Dritten Reiches gehört Klemperer zu den meistgelesenen Augenzeugen des 20. Jahrhunderts. Das scharfe Urteil, der Blick für prägnante Details und die schriftstellerische Begabung jener epischen Zeitchronik finden sich in den Aufzeichnungen des jungen, um seine akademische Zukunft besorgten Münchner Romanisten ebenso wieder.

Hier beschreibt Klemperer das Einrücken der Truppen bei der Zerschlagung der Räterepublik in der bayerischen Hauptstadt Anfang Mai 1919:

*… heute bis in den späten Nachmittag hinein, wo ich diese Zeilen schreibe, tobt buchstäblich eine donnernde Schlacht.*

*Ein ganzes Fliegergeschwader kreuzt über München, das Feuer lenkend, selber beschossen, Leuchtkugeln abwerfend; bald ferner, bald näher, aber immerfort krachen Minen und Granaten, daß die Häuser beben, ein Sturzregen aus Maschinengewehren folgt den Einschlägen, Infanteriefeuer knattert dazwischen. Und dabei marschieren, fahren, reiten immer neue Truppen mit Minenwerfern, Geschützen, Fouragewagen, Feldküchen durch die Ludwigstraße, bisweilen mit Musik, und am Siegestor hält eine Sanitätskolonne, und in alle Straßen verteilen sich starke Patrouillen und Abteilungen verschiedener Waffen, und an allen Ecken, wo man gedeckt ist und doch Ausblick hat, drängt sich das Publikum, häufig das Opernglas in der Hand.*

Dynamisch wird das Augenmerk von den Fliegern oben auf die Truppenmassen unten gelenkt; der Blick schweift über die Vielfalt von Waffen, Menschen und Fahrzeugen hinweg, um dann bei den Trauben von Zuschauern zu verweilen, die das Ganze als Spektakel durch Operngläser beobachten. Klemperer versteht es, die Theatralik der politischen Ereignisse, das Element der Inszenierung einprägsam zu vermitteln. Ja, er sieht darin sogar ein Wesensmerkmal der Münchner Revolution. »In anderen Revolutionen, in anderen Zeiten, an anderen Orten«, schreibt er Anfang Februar 1919, »tauchen die Führer von der Straße, aus Fabriken, aus Redaktions- und Rechtsanwalts-Schreibstuben auf. In München sind sie vielfach aus der Bohème gekommen.« Unter solchen Umständen erscheint die Politik nicht als Beruf, sondern als Bühne, auf der Träume (und Alpträume) ausgespielt werden. »Ich bin ein Phantast, ein

7

Schwärmer, ein Dichter!«, ruft der Ministerpräsident Kurt Eisner einer großen Versammlung im Hotel Trefler zu. Klemperer stellt zu seinem Erstaunen fest, dass Eisner, den er als »zartes, winziges, gebrechliches, gebeugtes Männchen« wahrnimmt, mit diesen Worten beim Münchner Publikum tobenden Beifall erntet, und schließt daraus, den Münchnern gehe es nicht primär um Politik, sondern um Unterhaltung.

Einmalig an diesem Band ist die Überlagerung zweier Zeitebenen: die Zeitberichte aus München werden durch rückblickende Passagen aus Klemperers Erinnerungen ergänzt. Die Münchner Erlebnisse werden damit in ihren biographischen und historischen Kontext gestellt. Daraus ergibt sich eine beachtliche Vertiefung der Reflexion: was dem jungen Zeitgenossen im Frühjahr 1919 bisweilen lächerlich an der Münchner Revolution vorkommt, erscheint später dem verfolgten Juden im nationalsozialistischen Dresden in einem eher tragischen Licht. In der Rückschau erkennt Klemperer die wachsende Virulenz des im Nachkriegsdeutschland aufkeimenden Antisemitismus. »Ich will nicht übertreiben: es gab in München damals eine ganze Reihe von Dozenten und Studierenden, die diese aufflammende Judenfeindschaft durchaus verwarfen, und persönlich habe ich die ganze Münchener Zeit über niemals unter Antisemitismus zu leiden gehabt, aber bedrückt und isoliert fühlte ich mich doch durch ihn.« Mit diesem Band legt der Aufbau Verlag eine unentbehrliche Lektüre vor.

*Christopher Clark*
*Mai 2015*

# Hinweis zum Text

## 1919, als »Antibavaricus« im Dienst

Die zweispaltig gesetzten Zeitberichte verfasste Victor Klemperer unmittelbar im München der Revolutionszeit, zwischen Februar 1919 und Januar 1920, unter dem Pseudonym »A.B.-Mitarbeiter« (= Antibavaricus) für die »Leipziger Neuesten Nachrichten«. Ein Großteil der Berichte wird hier erstmals zugänglich gemacht: Damals konnte nur jeder dritte in dem Blatt veröffentlicht werden – die anderen gelangten in den Revolutionswirren zu spät an ihr Ziel oder erreichten es aufgrund abgeschnittener Postwege nie.

## 1942, auf die Revolution zurückschauend

Texte in normalem Satzspiegel sind 1942 verfasst und Teil von Klemperers Erinnerungen. Sie sind nicht in das Konvolut »Curriculum vitae. Erinnerungen 1881–1918« (1989) eingegangen, da sie ursprünglich Teil eines größeren Kapitels (»Privatdozent«) sein sollten, das nicht mehr geschrieben werden konnte, nachdem Klemperer die Arbeit 1942 abrupt hatte unterbrechen müssen – zu groß war die Gefahr geworden, dass das Manuskript von der Gestapo entdeckt würde. Es ist bislang unveröffentlicht.

Die erste Manuskriptseite aus Klemperers Erinnerungen (1942) an die Revolution von 1918/19.

# Politik und Bohème
## (Von unserem A.B.-Mitarbeiter)

*München, im Anfang Februar [1919]*

Das Münchner Rätsel. – Die Urbayern Eisner, Mühsam und
Levien. – Die politische Bohème. – Das Kommunisten-
Gut mit zweierlei Liebe. – Die Wirkung aufs Ausland. –
Eisners Zukunftsaussichten.

Es ist jetzt mit der Münchner Politik, wie es mit der Münchner Kunst war; man fragt sich: Wo stecken die Münchner oder die Bayern? In der Kunst stieß man auf ostpreußische, auf württembergische, auf alle möglichen Namen – und es war doch »Münchner« Kunst. Und jetzt in der Politik? Es ist wahrhaftig unnötig, dem Ministerpräsidenten Galiziertum unterzuschieben und an seinem deutschen Namen zu zweifeln. Er ist ja selber geständig, ein »Preiß« zu sein und nun gar ein Berliner. Und seine Hauptgegner auf der linken Seite, die in manchen Kreisen ebenso großes Ansehen genießen wie *Eisner* – denn er besitzt Ansehen, auch heute noch, wo die Wahlen doch einigermaßen gegen ihn entschieden haben! –, auch seine radikalen Gegner sind nicht bayerischer als er. *Erich Mühsam*, der Edelanarchist, dessen Stern im Berliner Café des Westens aufging und in München lange sanften literarischen Glanz ausstrahlte (trotz aller edelanarchistischer Lichter), ehe er sich mit wirklicher blutiger politischer Röte erfüllte, Mühsam, der von Natur immer ein liebevolles, hilfreiches, unkriegerisches Geschöpf war und über dessen revolutionäres Heldentum man auch heute gern lächeln würde, wenn es nicht doch auch verwirrend und gefährdend wirkte, ist ja als Berliner W-Pflanze bekannt genug. D. h., er ist erst dorthin verpflanzt worden. Aufgewachsen ist er als Sohn eines Lübecker Apothekers in der damals noch so stillen Hansestadt.

Eine neuere Erscheinung ist der Doktor *Levien* – wie aus München gemeldet, ist Dr. Levien dieser Tage verhaftet worden –, der hier im A.- und S.-Rat und auf der Spartakusseite die ernstlichste Rolle spielt und der Regierung, die natürlich keine Märtyrer schaffen möchte, mehr als unbequem ist. Um es vorwegzunehmen: der Doktor Levien ist kein russischer Jude, er hat Germanenblut in den Adern, er schüttelt mit mächtiger Gebärde blonde Locken,

er blitzt aus blauen Augen, er zerrt mit der Linken am herznächsten Knopf der feldgrauen Uniform, wenn er, mit der hochgereckten oder vorgestoßenen Rechten agierend, sich gegen den Einwurf des Ausländerseins, des Nichtmitredendürfens verwahrt. So wenigstens sah und hörte ich ihn in einer Versammlung, wo er gegen den »reaktionären« Eisner donnerte. Aber freilich, wenn er dann die armen, verketzerten Bolschewisten in den richtigen, nämlich den rosig sanften, menschheitbeglückenden Farben malte und nun plötzlich dem anderen Einwurf gegenüberstand, woher er denn die russischen Verhältnisse so genau kenne, da donnerte er mit gleicher Überzeugung und gleichem Gebärdenaufwand wie vorhin sein: »Ich habe als Deutscher im Felde gestanden!« diesmal: »Ich bin in Rußland geboren!« Mit dem Bayerntum dieses Volksführers stimmt es also gewiß auch nicht ganz. Nein, er ist als Sohn eines Deutschen in Rußland geboren, er hat russische Luft und sehr bald russische Gefängnisluft eingeatmet. Er war blutjung in die russische Revolutionsbewegung geraten, er verband sich im Gefängnis eng mit einer russischen Revolutionärin, er kam später mit ihr nach Zürich; beide studierten dort und lebten ganz in der eigentümlichen Atmosphäre der russischen Schweiz – es hat immer eine russische, immer eine englische Schweiz gegeben mitten in den bekannteren deutschen, französischen und italienischen Teilen des Landes. Erst kurz vor dem Kriege fiel es dem Dr. Levien ein, daß er endlich, in letzter Minute, seiner deutschen Militärpflicht genügen müsse, wenn er nicht der deutschen Staatszugehörigkeit verlustig gehen wollte. Ein Freund schilderte ihm München verlockend, er trat bei den »Leibern« hier ein: da brach der Krieg aus. Ein Weilchen stand er wirklich im Felde, erhielt auch eine leichte Wunde; aber dann war er lange Zeit in der Ostetappe und in der Heimat tätig. Es heißt, man habe ihn hierher zurückgeholt, weil er im Osten zu gute Verbindungen mit den Bolschewisten hatte. Und nun ist er radikalster Münchner Volksführer.

Das Münchner Rätsel. Der Bayer ist so stolz auf sein Volkstum, so abweisend gegen alles Fremde, besonders gegen alles Nordische, das er gern unter dem Sammelnamen des »Preußischen« zusammenfaßt. Und nun regieren, jeder in seinem Kreise, die Herren Eisner, Mühsam und Levien! Man hat das Rätsel sehr einfach lösen wollen. Man hat von Eisner gesagt (und auf Levien trifft ja das gleiche verstärkt zu), er herrsche in München, weil er aufs heftigste Berlin befehde. Das spielt ja gewiß auch mit. Eisner hat, mehrfach wenigstens, sich stark auf den bayerischen Partikularismus gestützt; und wenn Levien gegen die Bluthunde Ebert und Scheidemann antobt, zu denen jetzt der Oberbluthund Noske getreten ist, so sind es eben Berliner Mörder und blutgierige Preußen. Aber dennoch: beide Männer sind ja ganz unbayerisch in ihrem Wesen und vor allem auch, was hier von großer Wichtigkeit, in ihrem Dialekt, daß das Antipreußentum allein die Möglichkeit ihrer Führerrollen keineswegs bilden kann.

Nein, es ist mit der Münchner Politik wie mit der Münchner Kunst: man braucht dazu weder geborener Bayer noch geborener Münchner zu sein. Und das ist mehr als ein Vergleich, das ist die gleiche Sache! Hier nämlich liegt die Lösung des Rätsels. In anderen Revolutionen, in anderen Zeiten, an anderen Orten tauchen die Führer von der Straße, aus Fabriken, aus Redaktions- und Rechtsanwalts-Schreibstuben auf. In München sind sie vielfach aus der Bohème gekommen. Man muß nur in Betracht ziehen – und hier liegt eine Aufgabe für den künftigen Kulturhistoriker und Romanschriftsteller –, daß sich der Begriff der Bohème, daß sich ihr Umkreis während des Krieges erweitert hat. Vor 1914 war man als Bohémien Dichter oder Maler oder Journalist oder Musiker. Auch heute ist man dies alles noch, sei es im Haupt-, sei es im Nebenfach. Aber man ist auch Politiker, ist auch Nationalökonom geworden; einfacher und deutlicher ausgedrückt: man interessiert sich auch sehr für Schleichhandel und Schiebertum, man interessierte sich (meist negativ) für das Verhältnis des einzelnen zum Heer, man richtete sozusagen sein Augenmerk allgemein auch auf die früher als unästhetisch verpönten Dinge über dem Feuilletonstrich der Zeitung. Der Zusammenhang zwischen Bohème und Politik ist hier in München der denkbar engste. Ist nicht Eisner durchaus Bohémien, fühlt er sich nicht als Künstler und Dichter, wie er selber ja immer wieder betont? Von der Bohème aber verlangt das Münchner Volk nicht, daß sie bayrisch sei; vielleicht ist ihm ein richtiges Münchner Blut zu schade für diesen Kreis. *Die Münchner Bohème ist eine Fremdenlegion*, erhalten zur Belustigung, zur Gaudi des Münchener Bürgers. Und jetzt ist an die Stelle der künstlerischen Belustigung die politische Gaudi getreten …

Das klingt alles sehr komisch und sehr übertrieben. Wer darüber aber ernstlich nachdenkt, wird finden, daß es mit der Übertreibung nicht so viel auf sich hat, daß nur ein zentraler Punkt des hiesigen politischen Wesens einmal ganz für sich, von allem Nebenher entkleidet, nackt und somit, um im gastlichen Ästhetenstil zu sprechen, stilisiert herausgestellt ist. Und was die Komik anlangt, so ist sie sicherlich in überreichem Maß vorhanden. In einem dieser erweiterten Bohème-kreise, von denen der Weg in Eisners Sprechzimmer mit Leichtigkeit zu finden ist, erzählte mir neulich ein netter, frischer, blonder Junge: »Wir sind Kommunisten, wir haben bei Augsburg ein Gut gekauft, um es zu bewirtschaften und den Beweis zu erbringen, daß sich in neuer Gemeinschaft, friedlich ohne Geld, paradiesisch leben läßt.« Ich fragte, ob man dort eintreten dürfe, indem man einen Teil der Anlagekosten beisteuere, sich gewissermaßen einkaufe wie in ein Stift. Nein, mit Geld sei es nicht zu machen. »Ja, wie haben denn Sie das gemacht?« – »Wir haben's gepumpt, selber besitzen wir gar nichts, wir sind seit langem gute Freunde, und wer einen Gönner hat, hilft den anderen mit.« – »Sind Landwirte unter Ihnen?« – »Eine Gärtnerin; die übrigen sind Studenten, Kaufleute und was der Bourgeois ›Entgleiste‹ nennt.« – »Also Frauen haben Sie auch in Ihrer Gemeinschaft?« – »Bisher zwei.« – »Wie verhält sich Ihr Kommunismus zur Frau?« – »Die legitime Ehe lehnen wir als bezahlte Prostitution ab. Im übrigen sind zwei Richtungen vorhanden und streiten noch miteinander. Die eine Richtung will freies paarweises Zusammenleben im Sinne der alten freien Ehe. Die andere Richtung will das Sexuelle ganz überwinden, es soll keine wesentliche Rolle mehr spielen.« – »Wie das?« – »Wir leben alle in freundschaftlicher unsexueller Gemeinschaft; erwacht in zweien die Bestie, so füttern sie die Bestie eben, und alles ist wie zuvor. Das ist belanglos,

unwesentlich und eben Überwindung des Geschlechtlichen. So denken wir Fortgeschrittenen. Aber, wie gesagt, darüber herrscht noch Meinungsverschiedenheit.« – »Und wie stellen sich die beiden Damen Ihrer Gemeinschaft dazu?« – »Die Gärtnerin gehört der älteren Richtung an, die Studentin der neuen« …

Gewiß, das ist sehr komisch und ist nur ein Beispiel von vielen. Aber es liegt doch auch bitterster Ernst in diesem Ineinander von Bohême und Politik. Auch hierfür ein Beispiel. Ein italienischer Journalist, Berichterstatter einer großen Zeitung, ist von Innsbruck nach München gereist und geht hier frei herum, um über deutsche Stimmungen und Zustände zu berichten. Deutsch versteht er nicht, aber in diesen Bohêmekreisen versteht hier mancher das Italienische. Und aus diesem Kreis hat der Mann sich einen hilfreichen Führer gewonnen, in diesem Kreis sammelt er seine Eindrücke, die er getreulich nach Turin berichten wird. Ich war dabei, wie ihm ein begeisterter Spartakusmann am Teetisch die deutschen Zustände auseinandersetzte. Wir müssen und werden die Diktatur des Proletariats bekommen. Es handelt sich nur noch um ein bißchen Aufklärungsarbeit. Dann werden all die imbezilen Handwerker, Bauern, Ärzte, Gelehrten, kurz, alle, die sich heute bürgerlich nennen, mit Erstaunen und Entzücken einsehen, daß sie gar nicht Bürgerliche, sondern in Wahrheit selber Proletarier sind, daß sie also teilhaben sollen an der zu Unrecht gefürchteten und verschrienen Diktatur des Proletariats. Bürger, Bourgeois, Kapitalisten haben wir höchstens 100 000 in Deutschland. Die haben all das Stimmvieh, das die reaktionäre Nationalversammlung gewählt hat, teils erkauft, teils nur in Dummheit und Unwissenheit erhalten. Nur gegen diese 100 000 richtet sich die Diktatur, und wenn etwa noch ein bißchen Blut fließen sollte – – es kommt auf ein paar Tropfen mehr oder weniger nicht an. Wir müssen zum reinen Sozialismus hindurch wie die vorbildlichen, nur von einer Lügenpresse mit Schmutz beworfenen Bolschewisten … All das beim Tee, all das in sehr leidlichem Italienisch, all das unmittelbar ans Ausland gerichtet …

Übrigens dürfte *Kurt Eisner* es gerade diesem radikaleren Teil der politischen Bohème zu danken haben, wenn er, was sehr viel Möglichkeit für sich hat, auch nach dem Zusammentritt der Landesversammlung am Ruder bleiben sollte, trotzdem dort die Stimmenverhältnisse nicht günstig für ihn liegen. Er ist ja schon einigermaßen nach rechts gerückt, um die Möglichkeit des

Weiterregierens nicht a priori zu verscherzen. Er wird auch heiß genug von der spartakistischen Seite her befehdet. Aber er versteht sich doch trotz aller Feindschaft mit diesen Radikalen, denn sie finden sich durch ihre Herkunft, ihren ehemaligen Kreis zusammen, durch ihr Bohèmewesen. Und so ließe sich doch wohl eine Art von Frieden beibehalten, solange Eisner, selbst ein gemäßigter Eisner, regiert. Während zwischen Bürgerlichen jeder Art und den Münchner Bohème-Radikalen keine Stunde Frieden herrschen könnte. Wenn Eisner bleibt, kann er sich bei Levien und Mühsam bedanken. Sie haben ihn durch ihre Opposition näher an das Bürgertum gedrängt. Zugleich fühlt das Bürgertum, daß Eisner schützend zwischen ihm und denen um Levien und Mühsam steht. Die ihn nur befehden, sich aber nicht ernstlich an ihm vergreifen. Dazu fühlen sie sich ihm doch zu verwandt. Feindliche Brüder, aber Brüder in der Bohème.

# Revolution

Ich schlief ungestört bis zum frühen Morgen, wo wir die deutsche Grenze erreichten. Von da an hatte ich den ganzen Tag über wechselnde und vielfältige Gesellschaft. Zivilisten, Soldaten verschiedener Truppenteile, Matrosen. Alle redeten natürlich von der Revolution, und aus allen Erzählungen konnte ich entnehmen, daß es nicht überall so friedlich zugegangen war wie in Leipzig und Wilna; die meisten meinten auch, daß die eigentlichen Unruhen noch vor uns lägen, daß sich die Spartakusgruppe keineswegs kampflos zufrieden geben würde. Zwei Matrosen wollten bestimmt wissen, daß es morgen in Berlin etwas gebe. Ich erzählte von meiner Absicht, dort zu übernachten, teils um meine Angehörigen aufzusuchen, teils um meine Frau nicht aus dem Schlaf zu stöbern. »Fahren Sie lieber durch«, hieß es, »wer weiß, ob Sie morgen noch einen Zug erwischen.« So wechselte ich gleich vom Friedrichs- zum Anhalter Bahnhof hinüber, ein alter gesprächiger Dienstmann karrte mein Gepäck zur Tram in der Dorotheenstraße und zeigte mir Häuser, aus denen geschossen worden war. »Ich hatte gerade eine Fuhre, uf eenmal jeht een MG los. Ich in 'n Hausflur, da spritzt et von der andern Seite ooch, und Menschen von der Elektrische kriechen rein, und et war een Jedrängel. Nachher ham se drei Offiziere und enen von der Jugendwehr rausgeholt und gleich an de Mauer jestellt und in die Spree jeworfen.«

Es war meine selbstverständliche Absicht gewesen, nach kürzestem Aufenthalt von Leipzig aus weiterzufahren und mich bei dem Münchener Regiment zu melden. Auf der lehrreichen Reise lernte ich auch, daß es durchaus nichts Selbstverständliches mehr für einen Soldaten war, sein vor-geschriebenes Fahrtziel anzustreben; war man einmal aus dem Bereich seiner Kompanie oder Batterie entschlüpft, so konnte man sich irgendwohin begeben und sich, falls man keine Ansprüche auf Sold oder Beute stellte, von sich aus als entlassen betrachten – denn welche Behörde würde den einzelnen aus dem allgemeinen Chaos fischen wollen? Nach München gingen wir beide ungern und kamen wir früh genug zum Semesterbeginn; andererseits mochte ich Ordnung in meinen Militärpapieren haben: so wollte ich versuchen, meine Entlassung von Leipzig aus zu betreiben. Ich würde sagen, daß mich wesentliche Familien- und Be-rufsinteressen für einige Zeit an Leipzig fesselten. Aber es schien erst, als sollte das mißglücken. Auf der Bahnhofs-kommandantur und dem Generalkommando, die ich nacheinander aufsuchte, fand ich den gleichen Zustand. Feldgraue drängten sich in Knäueln um die Tische einfa-cher Soldaten mit roten Armbinden. Die Soldaten schrie-ben unablässig, und zwischendurch, ohne aufzusehen oder den Federhalter hinzulegen, wiesen sie ab und schimpften, schimpften und wiesen ab. Natürlich wurde aus den Knäu-eln der Umlagernden zurückgeschimpft, es war ein ständi-ges Spektakel. »Sie tun nichts«, sagte mir ein Abgewiese-ner, »als Fahrkarten zum Ersatztruppenteil ausschreiben und Heimaturlaub verweigern. Auf dieses Ja und Nein sind sie eingeschworen, und etwas anderes ist aus ihnen nicht herauszubekommen, Sonderfälle gibt es nicht.« Ich ging resigniert. Da kam mir auf der Treppe ein Gefreiter entgegen, ein älterer Mann, dem der Intellektuelle anzusehen war. Irgendein Amt mußte er in der revolutionären Verwaltung haben, denn auch er trug die rote Armbinde. »Kamerad«, sagte ich, »da drinnen ist nichts zu machen, die kennen nur ihr Schema – wissen Sie keinen Rat?« Und ich erzählte ihm kurz, worauf es mir ankam. »Das geht«, antwortete er. »Setzen Sie es schriftlich auf als Gesuch an das bayrische Kriegsministerium, und bringen Sie's mir am Nachmittag zur Auskunftsstelle im Bahnhof – Gefreiter Hermann.« Dort schrieb er dann unter mein Blatt »Um baldigste Erledigung ersucht der Arbeiter- und Soldatenrat Leipzig«, stempelte Eingabe und Kuvert, stempelte auch meinen Fahrschein und wies mir auf ihm Nahrungsmarken »bis auf weiteres« an.

Nun konnte ich für ein paar Wochen und auf die alte Art und im alten Kreise und doch besser als zuvor leben! Der Krieg hatte ein Ende, ich war wirklich frei für meine Arbeit, und sie hatte ein sicheres Ziel, denn wenn ich auch an meine Münchner Dozentur geringe Zukunftshoffnungen knüpfte, so gehörte sie mir doch wenigstens mit Bestimmtheit und konnte mir nicht abhanden kommen wie das Genter Katheder. Und die Revolution sollte mich nicht stören. Ich wollte arbeiten, nichts als arbeiten, die »Astrée« in Sicherheit bringen, ein großes literarhistorisches Kolleg vorbereiten. Im ganzen führte ich das auch durch, aber wirklich ausschalten ließ sich die Revolution doch nicht, sie war immer da, vom Morgen bis zum Abend. Am Morgen erzählte mir der Friseur, wie viele Gewehre er, das Stück für zehn Mark, von Soldaten gekauft habe, die auf eigene Faust abrüsteten, und wie er die Waffen bequem um den doppelten Preis loswerde. Am Abend ging ich zu einem Vortrag im Neuphilologischen Verein. Becker, noch immer sehr freundschaftlich, hatte mich persönlich eingeladen. Ich trug Uniform, es gab ja keinen Grußzwang und keinen Zapfenstreich mehr, und Zivilkleidung mußte gespart werden. Auf der Treppe kam mir ein Student aufgeregt entgegen, ob ich zum Soldatenrat gehörte, ob ich mich von der Harmlosigkeit der Veranstaltung überzeugen wollte. Vor einer Stunde war der Vortrag verboten, der Zugang zum Seminar militärisch gesperrt, vor zwanzig Minuten erst nach telefonischen Beschwörungen die irrtümliche Maßregel aufgehoben worden. Der Soldatenrat hatte eine gegenrevolutionäre Zusammenkunft gewittert, da in diesen Tagen um die Hissung der roten Fahne auf der Universität gekämpft worden und der Rektor zurückgetreten war. Nachher kommentierte Becker in einem Französisch, das ihm glatter von den Lippen floß als das Deutsche, ganz unpolitisch vor einem kleinen Studenten- und Lehrerhäufchen drei symbolische Gedichte Victor Hugos. Bei dieser Gelegenheit hörte ich übrigens zum erstenmal von den mir ganz unbekannten Dresdner akademischen Verhältnissen erzählen. Becker hatte für seinen Vortrag ein Blatt mit den drei Hugogedichten wie den Liedertext eines Konzertprogramms verteilen lassen. Dieser Druck war ursprünglich für einen Dresdner Ferienkurs hergestellt worden, den der Krieg vereitelt hatte. Dort gab es eine

Technische Hochschule mit allerlei literarisch-philosophi-
schen Ambitionen, u. a. mit einem richtigen romanistischen Katheder. Dessen Inhaber, Heiß, war während des
Krieges in irgendeine Verwaltung nach Dorpat geschickt
und in Dresden von Becker vertreten worden. Solche kleinen Erinnerungen an die Revolution, wie der Gewehrhan-
del des Friseurs oder die Anrüchigkeit des Neuphilologen-
vereins, gab es tagein, tagaus, und aus der Zeitungslektüre
und den Gesprächen mit Harms und Kopke entnahm ich,
wie die Spannungen in Deutschland überall wuchsen und
wie man überall und so auch in Leipzig in jedem Augenblick mit dem Ausbruch des Bürgerkrieges rechnen mußte.
Aber Harms und Kopke beobachteten die Lage sehr kalt
und wie mit reinem Berufsinteresse, und Hans Scherner,
der immer unpolitische, war von seinen Schularbeiten zum
Abitur gänzlich ausgefüllt, und meine Frau dachte jede
Stunde, die ihr noch in Leipzig vergönnt war, leidenschaftlich an ihr Orgelstudium; so drängte denn auch ich alle
Emotionen und Ablenkungen zurück und konzentrierte
mich um so eifriger auf die Vorbereitung meiner Lehrtätigkeit, als man jetzt von besonderen Kursen für die aus
dem Felde heimkehrenden Studenten zu reden begann. Ein
einziges Mal ging ich in eine politische Versammlung, ich
wollte die Radikalsten kennenlernen. Die Spartakusleute
tagten in den Coburger Hallen, einem ziemlich jämmerlichen Lokal am Brühl. Der lange, verräucherte Raum hier
war, nach den Bildern an der Wand zu schließen, das Ver-
bandszimmer eines Eisenbahnervereins gewesen; über vielen Gruppenphotographien von Lokomotivführern und
Schaffnern hing ein großes Kaisergemälde, Wilhelm mit

Kürassierhelm und Haby-Schnurrbart. An zwei langen Tischen saßen dicht gedrängt, rauchend und Bier trinkend, etwa 250 Leute, in der Mehrzahl Männer verschiedenen Alters, hauptsächlich wohl Arbeiter. Die Szene war so vollkommen friedlich, daß es noch immer der Stammtisch der Eisenbahner oder ein Vortrag eines Vereins der Kaninchenzüchter oder Laubengärtner hätte sein können. Und auch der sachliche Ton des Vortragenden paßte zu dieser Annahme, solange man nur auf den Klang der langsam und bedächtig geformten Sätze achtete. Um so stärker wirkte ihr Inhalt auf mich. Der Redner, ein etwa vierzigjähriger massiger Feldgrauer, dem Akzent nach Ostpreuße, bewies seinen stillen Hörern die Notwendigkeit des Bürgerkrieges, so wie der Lehrer in der Schule einen mathematischen Lehrsatz entwickelt. »Wir sind die Armen«, sagte er, »und die Ungebildeten. Die Revolution hat uns gar nichts geholfen, eine bürgerliche Republik ist entstanden, die Regierungssozialisten haben uns verraten, sie sind uns mindestens ebenso feindlich wie die andern Rechtsparteien. Die Presse gehört den Besitzenden und Gebildeten, unter der allgemeinen Preßfreiheit sind allein wir unfrei. Die geplante Nationalversammlung wird eine Mehrheit der Besitzenden und Gebildeten aufweisen, wir werden dort in der Minorität und genauso einflußlos sein wie jetzt in der Presse. Es gibt keine allgemeine Freiheit, die uns helfen kann, wenigstens vorläufig nicht. Wir müssen das Zustandekommen der Nationalversammlung verhindern, wir müssen die Presse ganz in unsere Hand bekommen und allein in unsere Hand, wir müssen die Diktatur des Proletariats errichten und aufrechthalten, bis aller Besitz verstaatlicht und bis die uns vorenthaltene Bildung unser ist. Das ist nur mit Gewalt zu erreichen. Und warum sollten wir nicht Gewalt anwenden? Es ist soviel Blut für die Sache des Kapitalismus geflossen, warum soll nicht auch ein bißchen für die Sache des Proletariats geblutet werden?« Das Publikum nickte, rief bravo, klatschte, alles mit Ernst, mit Überzeugtheit und ohne Überschwang. Ein zweiter Redner, diesmal ein Zivilist, gewiß ein Leipziger Handwerksmeister, begann die Ausführungen des Ostpreußen zu paraphrasieren. Ich dachte: »widerwärtige Zeitvergeudung«, und ging. Nicht die geringste Sympathie verband mich mit diesen Leuten. Ich hoffte, daß es der Regierung gelingen möchte, sie ohne Blutvergießen im Zaum zu halten. Ging es aber nicht ohne Gewalt, nun, dann war die Regierung hoffentlich stark genug, sich zu behaupten und die Wahl der Nationalversammlung durchzusetzen. Das, was der Spartakist als bürgerliche Freiheit verächtlich gemacht hatte, war mir der Inbegriff des politisch Guten, und jedem, auch dem proletarischen Arbeiter, mußte sie gerecht werden, und nur von der Mitte her konnte Freiheit auf ein ganzes Volk ausstrahlen. Vielleicht war die Revolution in einem ungeeigneten Augenblick eingetreten, aber den Grundsätzen der neuen Regierung stimmte ich von ganzem Herzen zu (so wie ich auch heute noch das Weimarer Verfassungswerk liebe). Wenn ich einiges Verständnis für die Gegner der Republik aufbrachte, so geschah das nur der Rechtsopposition gegenüber. Wir mußten so Furchtbares von den Gegnern erdulden; vielleicht wären wir ihnen ohne die Revolution doch nicht ganz so wehrlos ausgeliefert gewesen. Ob man sie ohne den

inneren Zusammenbruch nicht doch hätte vermeiden können? »In Aachen (oder in Jülich)«, notierte ich, »hat ein
belgischer Kommandant bei Strafe standrechtlichen Er-
schießens angeordnet, daß deutsche Zivilisten die Offiziere
der Besatzung ehren, indem sie den Bürgersteig verlassen und den Hut ziehen. Gewiß, im Sommer hat mir
Beyerlein erzählt, daß wir's in Rumänien geradeso gehalten haben, und heute erzählt mir Kopke: in Polen auch –
aber es macht mich doch ganz elend, an diese Demütigung
zu denken.« Doch wenn ich ein klein wenig mit der
Rechtsopposition sympathisierte, so geschah das in der
Annahme, daß von ihr der neuen Staatsform keine Gefahr drohe. Sie würde, dachte ich, den rechten Flügel der
Nationalversammlung bilden, aber nicht auf Sprengung
der Republik ausgehen. Aber es wurde mir nicht schwer,
all diese Gedanken beiseite zu schieben und mich ganz an
die vorklassische und klassische französische Literatur
hinzugeben: Leipzig lag trotz aller Leitartikel und Versammlungen in tiefem Frieden, und im Merkur mischte
sich in das Rascheln der Blätter das Aufklatschen der
Skatkarten. Freilich ganz aus der Gegenwart löste mich
diese Hingabe nicht los. »Die Grausamkeiten der Franzosen!« heißt ein anderer Tagebucheintrag dieser Tage.
»Wie ist es möglich, daß ein und dasselbe Volk so viel
grausame Rachsucht und Niedrigkeit an den Tag legen
und eine so glorios menschliche Literatur hervorbringen
kann?« Womit denn die Fragestellung gegeben war, aus
der sich mein literarhistorisches und – das Wort war mir
noch unbekannt, und ich weiß auch bis heute nicht, wann
und von wem es zuerst gebraucht worden ist – kulturkund-

liches Programm in den nächsten Jahren entwickeln
sollte.

Mitte Dezember fuhr ich – allein und für möglichst wenige Tage – nach München. Vier Punkte standen auf meinem Programm, ein fünfter, nicht vorgesehener erwies sich
nachher als der bedeutungsvollste. Bei der Hinfahrt geschah mir das erstmals, was meine hauptsächliche Erinnerung an alle Reisen während der Revolutionszeit bildet: ich
fand keine Möglichkeit, durch die ordnungsmäßige Tür
und die ganz verstopften Gänge in den überfüllten Zug zu
kommen, dafür aber immer irgendwelche Kameraden in
Uniform oder Zivil, die mich zum Fenster hereinhoben
oder hinausbeförderten. Dies erste Mal, am Abend des
10. Dezember in Leipzig, ging das am schwungvollsten
und dem Stil der Revolution angemessensten vor sich, zwei
Matrosen holten mich mit lautem »Hiev up!« und einem
einzigen Ruck an Bord. Von den vielfach wechselnden Sze-
nen der langen, verspätungsreichen Fahrt prägten sich zwei
ein. Ein alter sächsischer Landsturmmann verfocht in
kläglichem Ton die Meinung, daß Deutschland das Elend
der Revolution um seiner Sünden willen erleide. Ihm
widersprach lachend und übermütig ein junger Hamburger,
die karikierteste Gestalt eines Revolutionärs, die mir je zu
Gesicht gekommen. Die blonde Mähne fiel ihm wild in
die verwegen strahlenden blauen Augen, am Hals klaffte
eine rote Narbe, die ebensogut in einer heimatlichen
Hafenrauferei wie an der Front erworben sein konnte. Um
den Arm des Waffenrocks war eine rote Binde gelegt, und
an der Brust trug er eine mehr als handbreite Schleife,
deren Enden über den Gürtel hinabhingen. Der Junge

nannte die Revolution ein Glück und eine Erlösung. Er
selber mache jetzt eine Studienreise durch Deutschland,
um zu sehen, wo es am tüchtigsten vorwärtsginge. Er
rühmte sich, überall kostenlos durchzukommen, es finde
sich immer ein Soldatenrat, der ihm Fahrschein, Quartier
und Verpflegung zuweise. Die andere Szene, erst auf bayerischer Seite am nächsten Morgen abrollend, schien aus
einem Lustspiel aus vornaturalistischer Zeit zu stammen.
Ein weißhaariger schwäbischer Onkel hatte zwei Nichten
aus dem Pensionat geholt und brachte sie heim. Er wollte
die Backfische behüten, aber er mußte doch das in dem
Abort verstaute Gepäck bewachen. Die ausgelassenen
Mädchen benutzten seine Abwesenheit zur Anfreundung
mit lustigen Soldaten, die ihnen Zigaretten schenkten und
Feuer gaben. Die Mädchen lachten, rauchten und huste-
ten, die Soldaten neckten, der Alte flehte und schimpfte,
verschwand mitten im Wort, weil er für das Gepäck fürchtete, kam gehetzt zurück und bat und schalt weiter. München, das ich am nächsten Mittag mit dreistündiger Verspätung erreichte, bot das überraschendste Bild. Wie oft in
dem Tagebuch der letzten Jahre hatte ich Leipzigs strömen-
des Leben mit Münchens philiströser Verschlafenheit ver-
glichen. Jetzt dagegen! Wenn ich das Recht auf Unlogik
hätte, würde ich schreiben, jetzt lagen die Dinge mehr als
umgekehrt: in Leipzig herrschte die nüchternste Ruhe, in
München drängte sich das Außerordentliche, das bunt und
leidenschaftlich Romantische dem ersten Blick auf. Die
Stadt trug reichen, vielfarbigen Fahnenschmuck. Das bayrische Blau-Weiß überwog, Schwarz-Gelb, die Münchener
Stadtfarben, und das großdeutsche und republikanische

Schwarz-Rot-Gold waren beide nicht selten und hielten sich etwa die Waage, revolutionäres Rot flatterte nur vereinzelt, dafür von bedeutenden Punkten wie der Residenz und dem Kriegsministerium. Es wurde mir nicht klar, ob dieser Fahnenreichtum (in dem nur das alte reichsdeutsche Schwarz-Weiß-Rot fehlte) den heimkehrenden Frontregimentern oder noch immer der Freude über den raschen Sieg der Revolution galt. Auf die Truppenheimkehr wiesen zwei tannenumwundene Obelisken mit der Aufschrift »1914–1918« vor der Feldherrnhalle hin, auf die Revolution die vielen Zeitungsstände und Verkäufer von Flugblättern, dazu die Maueranschläge und die Plakate der Litfaßsäulen. Gerade dort, wo früher die Heeresberichte gehangen hatten, klebte jetzt eine Bekanntmachung, die mit dem »unnachsichtlichen Gebrauch der Schußwaffe« gegen jeden Ordnungsstörer »von rechts oder links« drohte, und an den Litfaßsäulen schob sich in Riesenformat zwischen die sonstigen Anzeigen ein Aufruf an die Bevölkerung, des Mangels an Betriebsstoff halber die »wilden Spazierfahrten mit Damen in Heeresautomobilen« zu verhindern. Aber nicht die Fülle der Zeitungen, Flugblätter und Plakate an sich war das Wesentliche, sondern daß all diese Literatur ein lebhaftes Publikum fand. Überall an den Säulen und Mauern und Zeitungsständen oder mitten auf dem Fahrdamm um einen Ausrufer bildeten sich traubenförmige Gruppen, in der Mitte wurde diskutiert, vom Rand her reckten sich Köpfe dem Zentrum zu. In den folgenden Monaten bedeuteten mir diese Menschentrauben ein vertrautes und sicheres Zeichen, sie erinnerten mich dann immer an das Blasenwerfen kochender Milch, das ihrem

Überschäumen um ein paar Sekunden vorausgeht; ich wußte beim Auftauchen der runden Häufchen genau, daß wir in spätestens 24 Stunden bestimmt einen Streik der Trambahner, fast sicher Generalstreik und sehr wahrscheinlich ein Feuergefecht zu erwarten hatten. Damals im Dezember war mir die Erscheinung vollkommen neu, auch war sie zu dieser Zeit – das wurde erst durch Eisners Ermordung anders – noch ohne giftige Virulenz. Die Menschen schienen nur auf harmlose Weise angeregt und vergnügt, es war eine Gaudi, ein politischer Fasching. Die Vergnüglichkeit des Publikums fiel mir besonders an den vielen Feldgrauen auf, die sich von ihren sächsischen Kameraden himmelweit unterschieden. Sie trugen die runden Feldmützen verwegen schief auf dem Kopf, sie trugen an Schulter und Brust rote und blaue Zierate, als Schleifen, Bänder und Blümchen, sie trugen Reservistenstöcke mit langen Bändern in allen Farben. (Nur die Zusammenstellung Schwarz-Weiß-Rot war durchaus vermieden, wie denn auch an der Feldmütze die Reichskokarde fehlte und nur die bayrische geblieben war.) Am lustigsten ging es zu, wo eine lange Reihe gemeiner Soldaten am Stand eines Stiefelputzers wartete. Was war der Schniggel mit Stiefelputzen gequält worden! Ich glaube, er fühlte den Sieg der Revolution und die errungene Freiheit am stolzesten, wenn er den Fuß auf den Putztritt setzte und sich bedienen ließ. Es gibt ein wunderhübsches unter Paul Heyses Gedichten aus Italien, Stiefelsonett, darin zeigt er die Grandezza, mit der ein armer Teufel die Schuhe auf offener Straße reinigen läßt. »Wer einen Soldo hat«, so ungefähr lautet der Schluß, »kann sie sich putzen lassen, und wer sie putzen

30

läßt, ist ein Signore.« Ich habe so oft auf die verlogene Ita-
lianità der Feldherrnhalle und der Ludwigstraße geschol-
ten, so oft auf die Bierbäuche und Bierherzen der Münchner Kleinbürger. Ich habe ihnen doch wohl ein klein wenig
unrecht getan, es lebt doch wohl ein italienisches Moment
in ihnen, das jahrelang fettüberpolstert schlummert und
plötzlich bald gut, bald böse, bald komisch, bald tragisch
in all seiner animalischen Kindlichkeit hervorbricht. Und
noch etwas unterschied das Münchner Stadtbild vom Leipziger und verstärkte den karnevalistischen Anstrich. In
Leipzig begegnete man an ausländischen Soldaten nur
manchmal einem Trupp russischer Gefangener, die armselig und bescheiden und ganz unauffällig einherkamen. In
München flanierte gepflegtes französisches Militär. Es waren feine Kerle in feinen Uniformen, Offiziere, Kanzlei-
sergeanten, Burschen irgendwelcher Kommissionen, ihre
roten Hosen leuchteten, ihre graublauen Waffenröcke und
Mäntel hatten tadellosen Schnitt, die weiche dunkle Sam-
metkappe des Alpenjägers wirkte gleich kühn und nicht
so proletarisch wie die schiefsitzende vertragene Mütze des
Schniggels. Diese Leute strahlten deutlich Sieg, aber sie
schienen weder rachsüchtig noch auch nur hochmütig,
sondern nur vergnügt und mit ihrer Aufnahme zufrieden.
Und offenbar hatten sie auch Grund dazu, denn sie ernte-
ten keinen feindseligen und manchen sympathisierenden
Blick, und dies nicht nur weiblicherseits. Ich glaube, für
die Bayern existierte der Krieg nicht mehr; der Krieg war
ja doch eine Angelegenheit des verpreußten Reichs gewesen; das Reich hatte ein Ende, Bayern war wieder es selber,
und warum sollte der neugebackene Freistaat nicht mit der

französischen Republik Kameradschaft halten? Etwa um
der vergangenen Rauferei willen? Eine Rauferei braucht
der Kameradschaft keinen Abbruch zu tun.

Aber all diese Gedanken machte ich mir erst später. Vor-
derhand registrierte ich nur die Straßenbilder. Meine Über-
legungen galten den möglichst rasch zu erledigenden vier
Punkten. Auf dem Stichwortzettel in meiner Westentasche
stand: 1) Universität, 2) Kriegsministerium, 3) Wohnung,
4) Kraftmair. Am schnellsten und glattesten wickelte sich
Punkt 4 ab. Kellermann, das Urbild des Wolzogen-Kraftmayers, den ich nur aus seinen Urfelder Ferien als pfeife-
rauchenden Anekdotenerzähler kannte, war in München
Professor an der Musikakademie, und ihn sollte ich fragen,
ob und wie meine Frau hier ihr Orgelstudium weiterfüh-
ren könne. Er kam mir sehr freundlich entgegen. Er würde
dahin wirken, daß ihr, die ein Konservatoriumsstudium
hinter sich und in früheren Jahren wiederholt als Pianistin
konzertiert hatte, die üblichen Aufnahmeförmlichkeiten
und die vorschriftsmäßigen Nebenfächer erspart blieben,
so daß sie sich gleich und gänzlich ihrer Sache widmen
könnte. Auch an einigen Übungsorgeln würde es nicht fehlen. (Hierin freilich war Kellermann allzu optimistisch,
und die Klagen meiner Frau hörten erst auf, als sie an der
protestantischen Kirche am Stachus Unterschlupf fand. Da
saß sie und spielte, während es draußen knatterte und ein-
schlagende Gewehrkugeln den Bewurf von der Kirchen-
mauer rieseln ließen.) Fast ebenso rasch, nur nicht ebenso
erfolgreich erledigte sich der Wohnungspunkt. In einer einzigen Stunde war ich mit den drei großen Wohnungsbü-
ros, dem städtischen Wohnungsamt, der Hausbesitzerbank

und der Firma Lion, fertig. Alle zusammen hatten nur drei
Dreizimmerwohnungen anzubieten, von denen die billig-
ste 2000 Mark im Jahr kosten sollte. Größere Wohnungen
waren fast ebenso knapp und entsprechend teurer. Aber für
uns bedeuteten schon 2000 Mark eine Unerschwinglich-
keit. »Vielleicht«, sagte das Fräulein im städtischen Wohnungsamt, »mieten Sie ein Atelier mit Nebenräumen.« –
»Ja«, sagte ich, »können Sie mir eines vorschlagen?« – »Wir
nicht, aber vielleicht die Hausbesitzerbank oder Lion.« Auf
der Hausbesitzerbank hieß es: »Vielleicht bei Lion«, und
Lion hatte »gerade gestern das letzte Atelier vermietet«. Unsere Möbel standen seit Winter 1915 bei Wetsch auf dem
Speicher. Sie sollten noch bis Ende 1920 dort stehen. Die
Wohnungsnot wuchs überall. Auf dem Wohnungsamt in
Dresden erschien ich so häufig, daß mir der freundliche
Sekretär zuletzt verzweifelt sagte: »Ich habe heute Nacht
von Ihnen geträumt, Herr Professor.« – Etwas mehr Zeit
brauchten die militärische und die akademische Angelegenheit. Sie kamen zum guten Ende, waren doch aber jede,
wie es im Walther von der Vogelweide heißt, mit einer besonderen Bitterkeit »underleinet«. Auf meine vom Leipziger Soldatenrat befürwortete Eingabe um Entlassung hatte
das bayrische Kriegsministerium nicht geantwortet. So
ging ich jetzt hin und zeigte in der Kastellanloge meinen
Wilnaer Ausweis und die Münchener Anforderung vor, der
ich mein Entkommen aus Wilna verdankte. Daraufhin
führte mich eine Ordonnanz ins Vorzimmer des Ministers,
wo noch Schlachtenbilder aus anderen Zeiten hingen und
wo einiges Kommen und Gehen herrschte. Nach einiger
Zeit fragte mich ein junger Mensch in Zivil, ob ich durch-

aus den Minister persönlich sprechen müßte. Ich hielt das nicht für notwendig. »Dann kommen's zum Adjutanten.« Der Adjutant, ebenfalls jung, in Leutnantsuniform, doch »Herr Doktor« tituliert, kannte meinen Namen von der Universität her, war sehr höflich und hilfsbereit und diktierte nach kürzester Überlegung einer Maschinistin: »Der Unteroffizier Klemperer, dessen weitere Papiere vom Presseamt Wilna anzufordern sind, wird dem 7. bayrischen Feldartillerieregiment, Ersatzabteilung, zur Entlassung überwiesen. Der Kriegsminister – Im Auftrag«, unleserliche Unterschrift. Nun zog ich an zwei Tagen ausgiebig in der altvertrauten Alphonsschule und Maxzweikaserne herum. Die Kaserne trug neben der blau-weißen die rote Fahne und wurde eben für die erwartete Heimkehr des Regiments mit Tannengrün geschmückt. Anderen Dienst als dieses Ausschmücken verrichteten die Mannschaften nicht, nur in den Büros klapperten Schreibmaschinen, auf den Kammern gab es Arbeit, und Arzt und Sanitäter hatten zu tun. Ein alter Herr in Zivil wurde mir als Kommandeur und Oberstleutnant bezeichnet, aber die eigentliche Kommandogewalt lag beim Soldatenrat. Im Revier, wo ich untersucht werden mußte, sah ich eine für den neuen Zustand charakteristische Szene. Vor dem jugendlichen Arzt stand halbnackt ein schwerer Bauernjunge mit dunkelrotem Kopf und an allen Gliedern zitternd, ich weiß nicht, ob in wirklichem oder fingiertem Anfall. Der Arzt sagte mit ruhigem Humor: »Haben Sie an Dickkopf, hab i aa an Dickkopf. Mit Zittern und Wüten erreichen's gar nix bei mir. Geben's Ihrem Herzen an Stoß, bitten's mi anständig, statt unverschämt zu sein, dann bekommen's Ihren Urlaub.

Also, mein Liaba, überlegen's sich.« Ich weiß nicht, wie die
Überlegung ausging, ich wurde inzwischen abgefertigt.
Solche Entlassung kann sich glatt und unglatt, günstig und
ungünstig abwickeln, es gibt viele Paragraphen, und alle
sind dehnbar, und alles kommt auf den guten Willen der
zahlreichen kleinen Schreibstubenherrscher an. Mir erging
es sehr gut. Es rührte mich, von Leuten, deren Namen mir
entfallen war, herzlich als Feldkamerad begrüßt zu werden.
Die Kleiderkammer unterstand noch immer dem dicken
Sergeanten Langermeyer, der mir gleich anfangs im Juli 15
wohlgesinnt gewesen war. Und in einem wichtigen Büro
traf ich Zinsmeister, den freundlichen Schlosserkameraden
aus der Plouichferme. Er war jetzt Unteroffizier und trug
das EK I, er sah blühend aus, und seine Uniform war so
gepflegt, als müßte er in fünf Minuten zur Truppenbesich-
tigung vor dem Herrn Generalmajor Hopf antreten. Zinsmeister erzählte von den Schicksalen unserer sechsten Batterie, die während meiner Frontzeit ein so friedliches Leben
geführt hatte. Bei der letzten Offensive und dann während
der Rückzugskämpfe war sie wiederholt ins Gefecht gekommen und hatte große Verluste gehabt. Ruhl, mein
Feind und mein Schicksal, war schwer verwundet worden.
Mit Zinsmeister zusammen aß ich in der Kantine der Un-
teroffiziere und Gefreiten, große Rohrnudeln und Marme-
ladensuppe, sauber angerichtet auf Porzellantellern, die
noch in blauer Aufschrift das alte PRL des Regiments trugen. Wie sehr hatte ich mich 1915 danach gesehnt, aus
dem Eßstall und von dem blechernen Napf der Mann-
schaft zu diesem feineren Ort und Geschirr erlöst zu werden! Jetzt war ich hier wahlberechtigter Kamerad und bei-

nahe gefeierter Gast. Man erwies mir jede denkbare Freundlichkeit. Es wurde mir eine Menge nachträglicher Löhnung herausgerechnet, ich bekam auch noch vor der endgültigen Entlassung (zu der die Wilnaer Papiere gebraucht wurden) einen »Erholungsurlaub« von vier Wochen, das bedeutete weitere Löhnung und Fahrkarten nach Berlin, Leipzig und Kipsdorf (»zweiter Klasse, weil's doch nierenkrank waren!«), ich bekam wollenes Unterzeug und eine ganz neue feste Hose (»die können's einfärben, so a Tuch gibt's nimmer!«) und ganz neue Schnürstiefel mit Senkeln aus echtem Bindfaden. Das waren wirkliche Kostbarkeiten. Ich bekam auch Lebensmittelmarken (»die brauchen's net zu melden!«) und sogar ein paar Brotrationen in natura. Meinen Entlassungsschein (»da brauchen's gar nix mehr zu tun«) würde ich im Januar geschickt erhalten (und habe ich dann auch erhalten). Und doch mischte sich Bitterkeit in diese Stunden. Ich wurde allzu lebhaft an das erinnert, was ich hier 1915 ausgestanden und vor dessen Wiederholung mir so oft gegraut hatte. Da war das Tor der Alphonsschule, an dessen Innenseite ich allabendlich meine Frau erwartet hatte. Ich durfte viele Tage nicht heraus, weil ich noch nicht grüßen konnte, ich, der Kriegsfreiwillige, der Dreiunddreißigjährige, der Ehemann, der Privatdozent. Da war die Geschützremise, vor der mich Hauptmann Berghausen mit dem Tropenkoller in Kasernenarrest gebrüllt hatte. Da war – aber ich müßte allzu vieles aus meinem Soldatenkapitel wiederholen, denn nun brach die Fülle der peinlichen Erinnerungen aus der Militärzeit über mich herein. »Das alles«, notierte ich am Abend, »war in meinem Gedächtnis ein bißchen verschüttet. Der Revolution oder mindestens der Revolution in einem so fatalen Augenblick habe ich geringe Sympathie entgegengebracht, und jetzt, wo man sich um die Errichtung einer wahren Demokratie bemüht, ist mir Spartakus tausendmal verhaßter, als mir zu Wilhelms Zeit die Rechte und die Offiziere waren. Aber heute, als mich mit einemmale meine bösen Erinnerungen an die Soldatenzeit überfielen – und ich weiß doch, daß mir alles in allem nur sehr wenig Böses zugestoßen ist –, heute ist mir jede, aber auch jede Sinnlosigkeit der Revolution begreiflich erschienen.

Eine nachhaltigere und weitaus bedeutsame Bitterkeit verknüpfte sich mit der akademischen Angelegenheit, die den eigentlichen Anlaß zu meiner Reise gegeben hatte. Es war beabsichtigt, das kommende Jahr gewissermaßen doppelt auszunutzen. Vom Februar bis in den Mai sollte ein »Kriegsnotsemester« mit »Wiederholungs- und Fortführungskursen« für die heimkehrenden Studenten eingelegt werden, und unter Verkürzung der Sommerferien würde man auch aus dem nächsten Herbst und Winter zwei Semester herauswirtschaften. Auch waren Schulkurse geplant, die sich ganz pennalfrei gebärden sollten. Heimkehrer, die ohne das Abitur von einer höheren Schule ins Feld gezogen waren, durften sofort mit jedem beliebigen Studium beginnen, sofern sie sich an der Universität selber in akademisch gefärbten Kursen zu einem unformalistischen Abitur vorbereiteten. Vossler hatte mir geschrieben, es wäre gut, wenn ich persönlich an der Aufstellung des romanistischen »Speisezettels« teilnähme und auch der Aufforderung zu einer allgemeinen Fakultätssitzung Folge leistete. Das Programm stellten wir rasch im engen Kreise auf. Mir

fiel als Vorlesung die französische Klassik zu, den Abiturienten sollte ich nicht nur Französisch, sondern als Schüler Munckers auch Deutsch beibringen. Die Fakultätssitzung, auf die ich mich mit Stolz gefreut hatte, war
enttäuschend. In späterer Zeit machte ich die oft wiederholte und ausnahmslose Erfahrung, daß solche »allgemeinen« oder »großen« Fakultätssitzungen nur Scheingefecht
bedeuten. Die Entscheidungen fallen vorher im kleinen
Zirkel der Ordinarien, die Diskussion der gentes minores
wird gelenkt, viel Widerspruch ist kaum, eine Abstimmung
sicherlich nicht zu fürchten, denn jeder Privatdozent
möchte doch einmal Extraordinarius und jeder Extraordinarius doch einmal Ordinarius werden, und die Kultusmi-
nisterien der einzelnen Bundesstaaten richten sich nach
den Vorschlägen der Fakultäten, d. h. der Ordinarien, und
die Fakultäten der einzelnen Universitäten stehen in ständiger Verbindung. Wenn sich der Privatdozent Schulze in
Tübingen den Ruf eines Querulanten erwirbt, steigt er
nicht nur niemals in Tübingen zum Rang eines Extraordinarius auf, sondern er kommt auch niemals für die Berufung auf ein Erlanger oder Rostocker Katheder in Frage.
In dieser ersten Fakultätssitzung kam mir die Machtlosig-
keit der Nichtordinarien noch nicht zum Bewußtsein, weil
keinerlei Entscheidungen getroffen wurden. Man saß in
der Kleinen Aula (in der ich vier Jahre zuvor meine Proberede gehalten hatte), die meisten an einem langen grünen
Tisch, einige in den Fensternischen. Zu diesen bequemer
Abgesonderten zählte Vossler, der natürlich Lerch und
mich zu sich herangewinkt hatte, und ein untersetzter
Mann mit angegrautem Lockenkopf und dickem, ebenso

sinnlichem wie geistvollem Gesicht, der Slawist Berneker.
Stundenlang wurde recht platt mit Wiederholungen und
Varianten um wenige Fragen herumgeredet, nur der
Abendbrothunger schien den Wortmeldungen ein Ende zu
bereiten, und zum Schluß nannte Clemens Baeumker, der
als Rektor den Vorsitz führte, die Sitzung »eine erfreuliche
Aussprache und Fühlungnahme der Fakultät in schwerer
Zeit!«. Es ging um die genaue Definition der »Wiederho-
lungs-« und der »Fortführungs-Kurse«, sie war nicht zu erreichen und hatte doch ihre reale Wichtigkeit; denn die
Wiederholungskurse sollten wie »Übungen«, also geringer
honoriert und die Fortführungskurse zum vollen Kolle-
giensatz der üblichen Semester berechnet werden. Ein Mi-
nisterialdirektor hatte einem Ordinarius die ministerielle
Auffassung dieser Angelegenheit mitgeteilt, aber seine Auskunft war weder klar noch bindend gewesen. Ein über-
schlanker, sehr elegant gekleideter bartloser Herr schlug
vor, diese Frage einer Kommission zur meritorischen Behandlung zu überweisen. »Was ist ›meritorisch‹«, fragte ich
Vossler. »Ein österreichisches Wort«, sagte er. »Und was bedeutet es?« – »Gar nichts.« – »Und was ist der Sprecher?«
»Seelenschlosser.« So bezeichnete er die Philosophen und
Psychologen der naturwissenschaftlichen Richtung. Lerch
fügte einige Personalauskunft hinzu: »Kafka, hat sich von
Wien her umhabilitiert, war Fliegeroffizier bei den Öster-
reichern, seine Frau ist Sportreiterin und sehr modern.« (In
der ganzen Münchener Folgezeit bekam ich Kafka nicht
mehr zu Gesicht, aber ein paar Jahre später wurde er mein
Dresdener Kollege, und ich werde noch einiges von ihm
zu erzählen haben.) Inzwischen flossen die Reden weiter

und drehten sich nun fast ausschließlich um Finanzielles. Wer sollte in diesem Kriegsnotsemester dem Dozenten das Kolleggeld zahlen: der Staat oder der Student? Konnten die Ordinarien nicht auf ihr Honorar verzichten zugunsten der unbesoldeten Privatdozenten? Falls die Studenten wie in den normalen Semestern Kolleggeld zu zahlen hätten — nach welchen Grundsätzen sollte der Erlaß der ganzen, der halben, der viertel Summe jeweils bewilligt werden? Immer wenn eine solche Frage gänzlich breitgetreten war, beschloß man, sie einer Kommission zur meritorischen Behandlung zu überlassen. Eine Tagung der Postschalter- oder Zollamtssekretäre hätte gewiß das gleiche Niveau gehabt wie unsere Fakultätssitzung. Dennoch langweilte ich mich nicht. Lerch machte mich auf den und jenen Teilnehmer aufmerksam, es war für mich wirklich eine Fühlungnahme. Der magere Mann mit dem verbitterten Gesicht, der unserer Gruppe zumeist und ostentativ den Rücken zukehrte, war unser nächster Fachkollege Jordan, Titularprofessor an der Universität und Leiter der Handelshochschule, mit Vossler, dessen Katheder er selber angestrebt hatte, tief verfeindet. Die drei bei Muncker, im Aussehen so grundverschieden wie in Gesinnung und Leistung, waren seine germanistischen Privatdozenten Strich, das Katzengesicht, ein feiner, schon angesehener Ästhetiker, das winzige Eichhörnchen Borcherdt, ungemein geschäftig und produktiv, aber nichts als Durchschnitt, »im ganzen genügend«, Janentzky, der Riese mit dem bedeutenden Lockenhaupt (man mußte schon »Haupt« sagen), ein langsamer, schwerfälliger Philosoph, aber wirklich ein philosophierender Literarhistoriker. Mit diesen dreien wechselte ich nach-

her Händedruck und einige Worte. Dann redete mich
einer der »großkopfeten« Ordinarien, die dicht bei Baeumker gesessen hatten, aufs freundlichste wie einen nahen Bekannten an und erkundigte sich nach meinen Schicksalen
im Feld und meinen Plänen. Es war ein alter oder gealter-
ter Mann, den ich erst gar nicht erkannte. Sein Gesicht war
ziemlich eingefallen und blaß, nur die Nase leuchtete rot,
den linken Fuß schleifte er ein wenig nach, die Kleidung
schien ein bißchen schäbig und vernachlässigt. Erst nachdem er eine ganze Weile mit vieler Zutunlichkeit auf mich
eingesprochen hatte, ging es mir auf: das war Crusius, der
stolze Gräzist, das große Tier der Fakultät, der kühne
Kriegslyriker von 1914. »Passé«, sagte Lerch, »steril ist er
schon lange, in letzter Zeit hat er sich aufs Trinken verlegt,
und einen ganz kleinen ersten Schlaganfall hat er bestimmt
schon hinter sich.« Vier Wochen später im Merkur las ich
unter den wissenschaftlichen Nachrufen der »Vossischen
Zeitung«: »ein bedeutender Forscher und Hochschullehrer mit nur 60 Jahren durch Herzschlag seiner Tätigkeit
entrissen«. Und wieder einen Monat später erzählte Martha
Muncker auf ihrem berüchtigten Tee schonend giftig sein
glückliches Ende. Er war in einem selig angeheiterten Zustand nach Hause und nicht ohne Hilfe in sein Bett gekommen, er war lächelnd eingeschlafen und am nächsten
Morgen nicht mehr aufgewacht. Ich muß sagen, ich ziehe
die Erinnerung an den freundlichen Potator der an den ge-
schwollenen Humanisten bei weitem vor.

Erhebend war diese Fakultätssitzung gewiß nicht, aber
mich irgendwie bedrückt zu fühlen, gab sie mir durchaus
keinen Anlaß. Nein, die Bitterkeit, die mir in den akade-

mischen Teil dieser Münchenfahrt tropfte, ging einzig von Lerch aus. Denn an diesem 13. Dezember schlug er das Thema an, mit dem er mir in immer neuem Wiederholen auf den Tag genau ein ganzes Jahr die Seele beschweren sollte. Die Trauer um Sonjas Tod und die Freude am suggestiven Futurum lagen ihm jetzt gleich fern, er schien im wesentlichen ausgefüllt von sozialer Mißvergnügtheit. Die Privatdozentur war Hungerleiderei mehr als je, die Hoffnung auf eine wohlbesoldete Professur geringer als je. Unter allen Privatdozenten aber die hoffnungslosesten waren die Romanisten, und unter den Romanisten wiederum stand niemand vergeblicher am Markt als wir zwei Vosslerschüler, weil doch Vossler den echten Philologen in seinem Künstlertum und mit seinem vielen Philosophieren gar so anrüchig war. Nur einen ganz winzigen Trost gab es für Lerch bei dieser Sachlage: Unter uns zwei Vosslerschülern besaß er als Grammatiker, und weil er doch nie mit Toblerzitaten sparte, wenigstens eine ganz winzige Möglichkeit, einmal ein Lehramt zu erlangen; ich dagegen als Literarhistoriker – und nicht einmal der alt- oder mittelfranzösischen Epoche, sondern der Moderne; denn Montesquieu zählte doch für die richtigen Philologen beinahe zur jüngsten Literatur –, nein, wahrhaftig, wenn ich nicht von meinem Privatvermögen leben konnte, tat ich besser umzusatteln! – Ich besaß kein Privatvermögen, ich dachte an meine gescheiterten Hoffnungen auf Posen und Gent, ich dachte an Beckers Ausspruch und den mißglückten Ritt über den Bodensee, ich dachte an meine quälende Abhängigkeit von den Brüdern, ich dachte an das tägliche Steigen der Preise, und mir war sehr übel zumute.

Dies waren die vier Programmpunkte meiner Reise. Zu dem unbeabsichtigten fünften Ergebnis kam ich durch Hans Meyerhof. Er führte in der alten Schmugglerhöhle sein altes gehetztes und armseliges Händlerleben weiter, aber er war ein anderer Mensch geworden: er strahlte vor Zufriedenheit und Lebensüberschwang. Die Revolution und die Rolle, die ihm in ihr zufiel, machten ihn glücklich. Er war ein enthusiastischer Eisnerverehrer, er war überzeugt, daß vom bayrischen Volksstaat die Freiheit und das Glück Deutschlands und Europas ausgehen würden. Er kannte den Ministerpräsidenten persönlich, er kannte alle führenden Leute des neuen Regimes persönlich, sie zogen ihn zu Rate, sie ließen ihn für sich wirken. In diesen drei Münchener Dezembertagen war ich einigermaßen skeptisch und glaubte, Hans flunkere ein bißchen; später habe ich erkannt, daß er seine eigene Bedeutung wirklich nicht übertrieb. Von Eisner bis zum Zusammenbruch der Räterepublik hat er wirklich die Rolle eines, um es paradox und doch am genauesten auszudrücken, eines aktiven Zuschauers gespielt. Oft habe ich seinen seltsamen Idealismus bewundert. Es wäre ihm ein leichtes gewesen, sich irgendein lukratives Amt und sogar ein hohes zuzuweisen zu lassen. Ich erlebte es mehrfach, daß sich ihm die Gelegenheit dazu bot. Immer lehnte er ab, immer mit der gleichen Begründung: »Ich bin Schleichhändler, folglich sind meine Hände nicht rein genug zum Regieren.« Aber idealistische Opferwilligkeit allein lag doch dieser Ablehnung nicht zugrunde. Gewiß, das bloße Zuschauen bot Hans keine volle Befriedigung und lockte ihn mitzuspielen. Aber dabei lag der Nachdruck auf dem »Spielen«; eine volle Verantwor-

tung auf sich zu nehmen, war er zu schlaff und diffus ver-
anlagt, auch zu weich und, bei aller Begeisterung für die
Sache der Revolution, zu skeptisch. So begnügte er sich
damit, gelegentlich kleine Aufträge privat und namenlos
und unbesoldet auszuführen. So blieb auch der Friede zwischen uns beiden bewahrt. Ich wußte, daß sein Radikalis-
mus immer verspielt und unblutig bleiben, und er wiederum konnte sich darauf verlassen, daß ich, den er einen
»reaktionären Bürgerlichen« nannte, ihn niemals in Gefahr
bringen würde. Wir stießen in der Folgezeit ein paarmal
sehr heftig zusammen, aber die Feindschaft hielt nie über
Nacht an.

So überfüllt meine drei Münchener Tage waren, Hans
gab nicht nach, ich mußte ihn in zwei Versammlungen begleiten. Das erstemal kam auch Elena mit, und ihre Schwer-
hörigkeit verschaffte uns Plätze in der vordersten Reihe.
Der »Politische Rat geistiger Arbeiter« – Hans war Mitglied
und hatte viele Bekannte im Publikum – etwa zweihun-
dert Herren und Damen und keineswegs Männer und
Frauen, durchweg als Intellektuelle, Wissenschaftler,
Künstler, Bohémiens kenntlich, in einem eleganten Saal
des Bayrischen Hofes. Am Vorstandstisch ein halbes Dutzend Literatentypen, am Rednerpult ein jüngerer glatt-
rasierter Mann mit Glatze, spärlichem Blondhaar, schweren graublauen Augen, Riesenmund und starkem breitem
Unterkiefer, in Haltung und Ton wie ein Offizier in Zivil,
aber kein Simplicissimusoffizier. Das war Bruno Frank.
Anfang des Jahres hatte ich im Leipziger Schauspielhaus
sein Drama »Die Schwestern und der Fremde« gesehen,
eine stark schnitzlerisch gefärbte, aber doch eigenartige

und bedeutende Leistung. Jetzt las er mit guter einfacher Betonung einen Essay vor: »Revolution und Nächstenliebe«. Es war ein Essay und kein Vortrag, es war eine literarische und keine politische Arbeit. Phrasenhaft war sie nicht, sie war auch ein paarmal bemüht, auf Konkretes und Wirtschaftliches einzugehen. Der Bürger müsse »sein Portemonnaie öffnen«, er müsse freiwillig auf die Vorteile des Besitzes, der Bildung, des Lebens in Schönheit verzichten, er müsse die Herrschaft der Gesamtheit anerkennen. Das alles war sehr hübsch und warmherzig und nicht allzu schön ausgedrückt, es war mit feinen Einzelbemerkungen und interessanten Zitaten durchsetzt – unter diesen stand ein Stück aus Victor Hugos Rede auf Voltaire mächtig da –, aber es war doch nur eine schöne oratorische Übung über ein allgemeines Thema, es war Literatur. Nun traten die Diskussionsredner auf. Einer sagte: »1914 haben Sie Kriegsgedichte für Deutschland geschrieben, und jetzt sind Sie Revolutionär und sympathisieren mit den Sowjets!« Frank erwiderte mit Ruhe: »Damals habe ich an Deutschlands Unschuld geglaubt«, und der Krieg habe ihn innerlich gewandelt. Mindestens ein Dutzend Opponenten warfen ihm vor, im Allgemeinen geblieben zu sein und rein ästhetisch gesprochen zu haben. Das Merkwürdige hierbei war, daß dieses gesamte Dutzend gleichfalls im Allgemeinen blieb. Dafür eilte nun ein Mann auf das Katheder, der schon unterwegs ein dickes Manuskript aus der Tasche zog. Er begann sofort und unvermittelt eine Denkschrift über die Schäden der Universitätsverfassung vorzulesen. Er wurde nach zwei Minuten vom Vorsitzenden unterbrochen und mußte abtreten. Auch der nächste Redner wurde mehrfach unterbrochen, vom Vorstandstisch her und vom Publikum, aber er fügte sich nicht und sprach eine Viertelstunde lang mit geübtem Pathos, aber in gebrochenem Deutsch zum Ruhm der russischen Räteverfassung. Es war ein genial aussehender Alter mit weißer Mähne. »Der Maler Stückgold«, flüsterte mir Hans zu, »offizieller und besoldeter Agent der Russen.« Der Mann war mir gar nicht sympathisch. Immerhin war er der einzige, der in diesem »politischen Rat« etwas Politisches ausführte. Hierauf meldete sich ein sehr junger Mensch zu Wort. Er sagte: »Das Volk will von uns Gebildeten nichts wissen, ich habe meine Erfahrungen als freiwilliger Lehrer bei Volkskursen gemacht, es sind sehr schlechte Erfahrungen.« Dies einzige Mal erhob sich Entrüstung im Saal, es hagelte grobe Worte wie »Unverschämtheit« und »grüner Junge«. Ich konnte den Gedanken nicht loswerden, man lärme so, weil man sich getroffen fühle. Gleich darauf ging es wieder friedlich-literarisch zu, und den Schluß bildete Komik. Eine dummliche Blondine stellte sich mit gretchenhafter Anmut als Bibliothekarin einer Volkslesehalle vor und erklärte, ihrerseits die günstigsten Erfahrungen gemacht zu haben, was den Bildungswillen des Volkes anlange. Sie habe diese frohen und erhebenden Eindrücke in einer Gedichtreihe festgehalten – und schon lag ein Heft vor ihr, und sie begann die plattesten Herz-und-Schmerz-Reimereien unaufhaltsam vorzulesen. Das Publikum lachte, einige riefen »Schluß!«, andere »Redefreiheit!«, wieder andere »Aber keine Dichtfreiheit!« – das Fräulein ließ sich nicht stören und leierte Gedicht um Gedicht herunter, bis schließlich der ganze Saal so anhaltend und dröhnend klatschte, daß der Applaus alles zudeckte und das Aufhören erzwang. Gleich darauf erklärte der Vorsitzende die Wortmeldungen für erschöpft und schloß den »anregenden Abend« mit einem Dank an den Vortragenden und alle Diskussionsredner. Auch ich hatte zuletzt gelacht, aber hinterher empfand ich doch diese ganze Veranstaltung als etwas Peinliches und Würdeloses. Warum tat ein literarischer Zirkel so, als treibe er Politik, warum kokettierten durchaus bürgerliche Leute mit dem Proletariat, indem sie sich »Politischer Rat geistiger Arbeiter« nannten. Hans nahm die Angegriffenen in Schutz. Sie fühlten sich dem arbeitenden Proletariat verbundener als dem kapitalistischen Bürgertum, behauptete er, und wenn sie noch keine Politiker waren, so hätten sie sich eben zum Zwecke der eigenen Politisierung zusammengefunden. Dann möge er mir die richtigen und fertigen Politiker seiner Partei zeigen, sagte ich. »Morgen« – da sei eine Wahlversammlung der Unabhängigen, Eisner selbst werde sprechen. Die unabhängigen Sozialdemokraten, ursprünglich, d. h. im Kriege der unter Liebknecht abgespaltene radikale Flügel der Sozialisten, jetzt in Opposition gegen die Regierungs- oder Mehrheitssozialisten im Reich und in Preußen, aber selber von links her bedrängt durch den russisch gerichteten Spartakusbund – Spartákus betonte man in München –, die Unabhängigen waren Eisners eigentliche Regierungspartei. Diesmal, beim Trefler in der Sonnenstraße, wo in normalen Zeiten die Karnevalsredouten stattfanden, sah ich nicht ein paar Hundert gesitteter Literaten, sondern wahrhaftig und zu Tausenden das Volk von München – und ein stürmisch bewegtes Volk. Als wir gegen 7 hinkamen, war der Haupteingang bereits wegen Überfüllung des Hauses polizeilich geschlossen, aber natürlich kannte Hans einen Nebeneingang durch Wirtschaftsräume, und der hier aufgestellte Posten glaubte ihm das »persönlicher Freund des Ministerpräsidenten, persönliche Botschaft« ohne weiteres. Wir landeten unmittelbar unter der großen Estrade mit dem Rednerpult und dem Vorstandstisch. Der Riesensaal und seine umlaufenden Tribünen waren gestopft voll. Im Saal waren an der linken Längswand Stuhlreihen angeordnet, an der rechten Tische, an denen gegessen und getrunken wurde. Überall zwischen den Sitzenden, rechts und links und in dem breiten Mittelgang drängte sich die dichteste Menge. Und durch diese anscheinend völlig undurchlässige Verstopfung schoben sich Kellnerinnen mit sechs, acht, ja sogar zehn schweren Bierkrügen in den Händen vor sich; es war eine ungeheure Kraftleistung. Auch auf dem Rand der Estrade saßen Leute, ihre Beine baumelten in den Saal. Ein Paar elegante Schaftstiefel gerade unter dem Rednerpult kamen mir bekannt vor; von solch einem Paar hatte irgend jemand erzählt: »Die hab ich einem Offizier abgezogen.« Nun sah ich auch auf die zugehörigen Knie rote Schleifenenden fallen, und dann entdeckte ich die breite Halsnarbe: mein Coupégefährte auf der Hinfahrt war auf seiner Studienreise durch die Revolution hier angelangt und tat malerische Wirkung. Vom Vorstandstisch aus eröffnete eine Frau die Sitzung und erteilte das Wort dem Minister für das Sozialwesen, Genossen Unterleitner. Es war ein braunhaariger Mann in den Dreißigern, seine Sprache war genauso bayrisch wie sein Name. Er schrie anfangs in abgehackten Sätzen, um den ungeheuren Raum

zu durchdringen, aber der Inhalt seiner Rede war sachlich.
Er verteidigte die Unabhängigen nach rechts und nach
links. Er wurde wärmer, als er von dem Mitarbeiten der
Frauen redete, einige Sätze galten unverkennbar der armen
Sonja Lerch, und er geriet in eine erstaunliche, in eine
wahrhaft religiöse Begeisterung, als er von seinem Ministerpräsidenten sprach. Einige seiner Sätze prägten sich mir
wörtlich ein, und ich notierte sie mir ein paar Stunden später. »Kurt Eisner ist das Schwert der Revolution, nicht
allein der bayrischen, er hat alle zweiundzwanzig Throne
in Deutschland gestürzt. Er ist unser genialer Führer, und
ich stehe für immer zu ihm, und nur über meine Leiche
geht der Weg zu Kurt Eisner.« Erstaunlicher noch als diese
Leidenschaft des einzelnen Sprechers war der tobende, mi-
nutenlang tobende Beifall, mit der jede seiner Liebeserklä-
rungen für Eisner aufgenommen wurde. Noch einmal, dies
hier war wirklich eine bayrische Volksversammlung, ganz
offensichtlich aus Arbeitern, Handwerkern, Krämern zu-
sammengesetzt – und Eisner war Redakteur am Berliner
»Vorwärts« gewesen, war (für viele Bayern ein Synonym)
»Preiß und Jud'«; wie kam dieser Münchner Enthusiasmus
zustande, was für ein Mensch war der Ministerpräsident?
Man erörterte dann die Frage der Redefreiheit oder Befri-
stung. Man beschloß Redefreiheit, hielt sich aber nicht an
diesen Beschluß. Ein sanfter heiserer hagerer Mann, der
die Sache der Mehrheitssozialisten vertrat, wurde nieder-
geschrien: »Bourgeois, Bourgeois, Bourg!« – »Ich bin ein
Sozialist!« – »A Schmarrnkibi bist!« Und gellende Pfiffe
und wieder »Bourgeois, Bourg!«, bis der Mann verschwin-
det. Ihm folgt »Doktor Levien vom Spartakusbund«. Eine

blonde, blauäugige, kalte und unverschämte Romanschön-
heit. Schlank und jung in gutsitzender feldgrauer Uniform
mit hohem Kragen, bartloses, faltenloses Gesicht, große
befehlende Augen, befehlender durchdringender Ton,
weite mächtige Gesten, umfassendes Pathos, »Kameraden,
Genossen, Bürger, Bürgerinnen«, wilde Ausfälle gegen »die
Ebert und Scheidemann, die Bluthunde in Berlin«, Aufbe-
gehren gegen den viel zu zaghaften, den in Wahrheit reaktionären Eisner, Hymnus auf die zu Unrecht verunglimpf-
ten Bolschewikí (leidenschaftliches Oxytonon), rasches
Parieren aller feindseligen Einwürfe – »Waren Sie in Rußland?« – »Ich bin in Moskau geboren.« – »Ka Bayer bist
net.« – »Dies ist ein bayrischer Rock«, und er rüttelt mit
eingekrallter Faust an seiner Uniform. Dieser Mann, der
mir sofort den widerwärtigsten Eindruck machte, hat im
Frühjahr 19, in den Tagen seiner Macht, den reichsdeut-
schen Rechtsblättern gern als russischer Jude gegolten. In
Wahrheit war er weder Russe noch Jude. Er stammte aus
einer deutschen und christlichen, in Moskau ansässigen Familie, hatte einen Teil des Krieges an der Front bei den
Münchener Leibern mitgemacht, den zweiten in der Ostetappe verlebt, war zeitig mit alten Züricher Studienfreun-
den unter den russischen Revolutionären in Verbindung
getreten und galt im Dezember 1918 schon als Führer der
Münchner Spartakisten. Nach Levien sprach ein älterer
Soldatenrat. Was er sagte, war nicht zu verstehen; es wurde
immer lauter, auch immer heißer im Saal, ich sah geöff-
nete Waffenröcke, erregte Gesichter, ich hörte Privatdis-
pute von da und dort. Plötzlich wird es still, alles sieht nach
einer Seitentür, wo sich ein kleiner Sonderknäuel gebildet

hat. Ein Flüstern wie der durchgegebene Befehl in einer Schützenkette: »Eisner ist da!« Der Redner bricht ab und ruft unvermittelt: »Unser Ministerpräsident soll leben, hur…«, er bricht noch einmal ab, dann: »Hoch, hoch, hoch!« Saal und Tribüne brüllen mit. Jetzt kommt Eisner dicht an mir vorüber, sein Ärmel streift mich. Nachher kann ich ihn lange Zeit auf drei Schritt Entfernung betrachten. Ein zartes, winziges, gebrechliches, gebeugtes Männchen. Dem kahlen Schädel fehlen imposante Maße, das Haar hängt schmutziggrau in den Nacken, der rötliche Vollbart wechselt ins Schmutziggraue hinüber, die schweren Augen sehen trübgrau durch Brillengläser. Nichts Geniales, nichts Ehrwürdiges, nichts Heroisches ist an der ganzen Gestalt zu entdecken, ein mittelmäßiger verbrauchter Mensch, dem ich mindestens 65 Jahre gebe, obschon er noch ganz im Anfang der Fünfzig steht. Sehr jüdisch sieht er nicht aus, aber germanisch wie sein Gegner Levien oder bajuwarisch wie sein Verehrer Unterleitner erst recht nicht. Und wie er nachher auf dem Podium herumwitzelt (er bleibt nicht hinter dem Rednerpult stehen), erinnert er mich doch an Karikaturen jüdischer Journalisten, an Schmock, an Wippchen, an Dr. Ulk.

Es wird verkündet, er müsse sich ein paar Minuten ausruhen, inzwischen solle weiterdiskutiert werden. Das geschieht, und nach einer Weile tritt er vor. Er spricht leise und scheint doch überall verständlich, weil in dem vorher so lauten Saal alles schweigt, ja buchstäblich den Atem anhält. Er sagt, er sei eben erst mit seinem Arbeitspensum fertig geworden, er habe nichts von dem gehört, was man bisher hier verhandelt und etwa gegen ihn vorgebracht habe, er könne also alles ablehnen und widerlegen. Dies ist der erste Witz von vielen, der Witz ersetzt ihm fast immer das Pathos und wird ihm immer mit dankbarem Jubel quittiert. Wird er doch pathetisch, so ist dem Pathos mindestens eine Dosis Komik beigegeben. »... Wenn mich einer vorwärtsdrängen will, den fürchte ich nicht; ich bin allen Drängern voran, denn ich bin ein Phantast, ein Schwärmer, ein Dichter!« (Tobender Beifall.) »Ich spreche nicht als Ministerpräsident, ich spreche als Unabhängiger und Verräter. Ich sollte Sie auffordern, unabhängig zu wählen, ich tue es nicht. Folgen Sie Ihrer Meinung, und lassen Sie uns einig sein!« Immer wieder ein Auftoben des Jubels. Jetzt ein wirklicher Herzenston: »Lassen Sie mir nur ein wenig Zeit, nur ein paar Tage noch möchte ich als Ihr Ministerpräsident arbeiten können.« Jemand ruft von der Galerie: »Hundert Jahre.« Sofort verbeugt sich Eisner mit weit ausschwingender Bewegung des Arms wie ein Bajazzo: »Ich werde mich bemühen, Ihrer freundlichen Anregung nachzukommen.« Und wieder jubelt das ganze Haus. Es wird mir heute schwer, das damalige Auftreten Eisners als ein bloß komisches aufzufassen, denn es dauerte ja keine hundert Tage, und dieser umjubelte Mann, dem niemand den reinen Willen absprechen konnte, lag erschossen auf dem Straßenpflaster seiner Residenz. Und doch war es absolut und steigend komisch, wie hier ein erfolgssicherer Feuilletonist sorglos daherplauderte (»Aber ich fühle, ich komme ins Reden, und wollte doch gar nichts sagen«), und dieser Feuilletonist hatte den bayrischen Thron gestürzt und war jetzt der Beherrscher Bayerns, und sein entzücktes Publikum – ich mußte mir das immer wiederholen – war nicht das Literatenhäufchen der »geistigen Arbeiter«, sondern buchstäblich das Volk von München. Erst am Schluß seiner Ansprache ließ Eisner alle Beimischung des Komischen fort und sprach ganz ernst und eindringlich. Er forderte seine Zuhörer auf, am nächsten Sonntag ins Nationaltheater zu kommen, da werde Andreas Latzko sprechen, der Autor der »Menschen im Kriege«, der deutsche Barbusse, ungemein wichtig sei es, ihm zuzuhören, denn auf »die Erneuerung der Seelen« komme alles an. Das hätte ein Bruno Frank genauso im »Rat der geistigen Arbeiter« sagen können. Aber mit solchem Enthusiasmus wie hier von den Tausenden bei Trefler wäre es dort kaum aufgenommen worden. – Früher hatte ich die Bayern oder mindestens die Münchener für eine ziemlich seelenlose und ganz unproblematische Masse gehalten; in diesen drei Tagen waren sie mir nicht sonderlich sympathischer, aber doch rätselhafter geworden. Auf der Rückfahrt kam ich mit einem Herrn ins Gespräch, den mehrere Schmisse über dem kleinen Spitzbart als einstigen Verbindungsstudenten auswiesen. Er hatte ein gutmütig zutunliches Wesen, ich erfuhr bald, daß er ein Münchener Ordinariat für irgendwelche Forstschädlingslehre innehatte und zur Zeit Dekan war. Er hieß Escherich, sein Name wurde im nächsten Jahr durch die von ihm geschaffene Organisation, die Organisation Escherich, eine Heimwehr, bekannt; ich bin aber nur die wenigen Stunden im Zuge zwischen München und Regensburg mit ihm zusammen gewesen und ihm später nicht mehr begegnet. Escherich sprach ohne Haß, nicht einmal verächtlich, eher etwas mitleidig von Eisner. Er sei ein Schwätzer ohne eigene Gedanken, er sei schon als

Redakteur des »Vorwärts« unfähig gewesen, einen eigenen Leitartikel zu schreiben, er habe gar keine Zukunft, der kommende Mann in Bayern stehe schon vor der Tür, Dr. Heim, der Organisator des Bauernbundes, vom Zentrum, aber kein »Schwarzer«, auch Protestanten und Juden gehörten zum Bauernbund. Ich fragte Escherich, wie er es sich erkläre, daß Eisner zur Macht gekommen sei. Die unzulängliche Antwort lautete, weil König Ludwig so gänzlich abgewirtschaftet hätte, so unpopulär geworden sei durch seine Verpreußtheit. – »Wie das?« – Ja, der König sei in den letzten Kriegsjahren besessen gewesen von dem Gedanken, »Ludwig der Mehrer« zu werden. Er habe sich Straßburg für Bayern versprechen lassen und als Preis dafür die preußische Politik mitgemacht. Die Preußen seien immer Bayerns Unglück gewesen, und man habe es satt gehabt, für Preußen zu bluten. – »Aber Eisner ist doch selbst ein Preuß!« – Eben deshalb sei er jetzt schon ein toter Mann. – »Aber wie ist er zur Macht gekommen? Sie hätten hören sollen, wie sich Tausende gestern für ihn begeisterten.« Escherich lachte: Das sei alles nur eine Münchner »Gaudi«! Die gehe schnell vorüber, und München sei nicht Bayern. Er selber wolle sich eben für ein paar Tage von München erholen. Regensburg biete so schönes »erstarrtes Mittelalter«. Ich dachte noch stundenlang über das Rätsel der bayrischen Volksseele nach. Einen wahnsinnigen König, der verschwenderische Märchenschlösser baute, verehrten sie, und einen König, der ihnen Straßburg verschaffen wollte, einen »Mehrer«, warfen sie hinaus, weil er preußische Politik machte. Und nun verehrten sie an seiner Stelle einen hergelaufenen Preußen, der ihnen in seinen Reden – »ich bin ein Schwärmer, ein Phantast, ein Dichter!« – politische Märchenschlösser der Mensch-heitsbeglückung aufbaute. Bloße Münchener Gaudi, hatte Escherich gesagt, nicht Angelegenheit des gesamten Landes. Ja, aber hätte sich Eisner wirklich durchsetzen und nun schon anderthalb Monate behaupten können, wenn er sich einzig auf München stützte? Und wie weit war die Trennung zwischen den Bayern und den Münchnern angängig? Gewiß, der Unterschied zwischen Land- und Stadtbevölkerung, Kleinstadt und Residenz ist überall sehr groß, gewiß, es läßt sich im Zorn den Münchenern nach-sagen, daß sie der degenerierte Teil des bayrischen Bauern-volkes seien, aber bei alledem war es doch sinnlos, die engste Verwandtschaft zwischen dem Zehntel der bayri-schen Hauptstädter und den übrigen neun Zehnteln der bayrischen Bevölkerung leugnen zu wollen. Das Rätsel der bayrischen Volksstimmung oder Volksseele war unlös-bar.

Ich muß wohl im Café Merkur ziemlich lebhaft von den politischen Eindrücken dieser Tage erzählt haben, denn Harms sagte spontan: »Wenn Sie in München sind, soll-ten Sie uns Berichte schreiben.« Ich entgegnete ebenso spontan: »Dann werde ich als Ihr A. B.-Korrespondent un-terzeichnen, Abkürzung für Antibavaricus.« Wir lachten, und dann wurde von anderem gesprochen. Im Augenblick legte ich Harms' Worten gar keine Bedeutung bei. Die Politik versank wieder einmal für mich. Jetzt, wo ich in sechs Wochen zum erstenmal auf ein wirkliches deutsches Universitätskatheder sollte – in Neapel hatte, in Gent hätte ich ja nur Schulunterricht gegeben –, jetzt mußte ich mich ernstlich zusammennehmen. Zwischen aufgespeichertem Material und einer fertigen Vorlesung ist die Distanz riesengroß, und bei einem allerersten Kolleg überläßt man nichts der Formung des Augenblicks und dem bloßen Stichwortzettel. Die Arbeit auf der Universitätsbibliothek und einige fachliche Nachfragen führten mich auch wieder mit Becker zusammen und mit Neubert, dem Junghabilitierten und Jungverheirateten. Neubert klagte über das launenhafte und unberechenbare Wesen seines Ordinarius, mich selber behandelte Becker nach wie vor aufs allerfreundschaftlichste und hilfreichste, halb väterlich, halb kollegial. Ich mochte nicht glauben, was man gegen ihn vorbrachte. Schon möglich, daß er ein etwas brüchiger Alkoholiker war, aber ein genialer Zug machte sich doch von Zeit zu Zeit, eine gewisse Kindlichkeit sehr häufig bei ihm bemerkbar. Einmal traf ich ihn tief deprimiert. Er könne nicht mehr produzieren, er laufe stundenlang ohne Gedanken herum, er sei mit dem Niveau seiner Vorlesungen unzufrieden – »wie einem da zumut ist, wenn man früher etwas gekonnt hat!«. Und wie ein Kind streckte er einen Augenblick die zusammengerollte Zunge heraus. Ich widersprach ihm, tröstete ihn, und er ließ sich gern trösten, wurde auch gleich wieder munter und sprach von meinen Arbeitsplänen. – Weihnachten feierten wir hübsch und herzlich mit Scherners zusammen. Ihrem, genauer Hans Scherners nachträglichen Gymnasialstudium verdankten wir zwei neue Bekanntschaften, die uns in der Folge wichtig wurden. Beide Male handelte es sich um Menschen, deren Schicksal der Krieg sehr stark mitbestimmt hatte, die aber im Augenblick viel zu stark mit ihren

privaten Angelegenheiten beschäftigt waren, als daß sie für
das Politische Interesse aufgebracht hätten. Annemarie
Köhler, ein sehr niedliches lebenslustiges Mädchen im Anfang der Zwanzig, war Scherners Mitschülerin, Johannes
Thieme, ein verhungerter magerer Junge von 18 Jahren,
beider Mathematiklehrer auf der Presse. Annemarie wurde
uns vorgestellt als das Mädchen mit einer ganzen Million
Mitgift. Die Million war kaum übertrieben, denn der Familie Köhler gehörte durch Generationen eine große und
blühende Tuchfabrik in Crimmitschau, aber Heiratsab-
sichten lagen der robusten und energischen Annemarie
fern. Sie hatte sich im Krieg als Johanniterin betätigt, hatte
im Schwesterberuf Befriedigung und doch nicht Genüge
gefunden und bahnte sich nun den Weg zum medizini-
schen Studium. Ganz so schwierig und selten begangen
wie zu Ella Doehrings Zeiten war er längst nicht mehr, ein
regulärer und selbstverständlicher noch immer nicht. Annemarie Köhler brachte in der Folgezeit ihr Schulexamen
und ihr Studium mit vergnügter Leichtigkeit hinter sich,
sie wurde chirurgische Assistentin am gleichen Johanniterkrankenhaus bei Dresden, an dem sie als Kriegsschwester
gedient hatte, sie tat schließlich mit einem Kollegen zusammen eine eigene chirurgische Klinik in Pirna auf. In all
diesen Jahren blieb sie mit uns in Konnex, erst als spora-
disch auftauchende gute Bekannte, danach, seit sie in Heidenau und so in unserer Nachbarschaft ansässig geworden,
als fröhliche Duzfreundin. Bis sie sich dann in diesen end-
losen Tagen der Not und Verfolgung – ich schreibe das in
den Augenblicken der höchsten Bedrängnis, im Januar
1942 – als die Getreueste, ja als die einzige wahrhaft Ge-

treue unseres gesamten Kreises bewährte. Wenn es mir noch immer gelingt, mich vor dem Haß gegen das deutsche Volk in seiner Gesamtheit zu bewahren, dann danke ich das allein dem Deutschtum Annemaries, in dem sich alles verkörpert, was ich ein Menschenleben hindurch für deutsch gehalten und als deutsch geliebt habe. Durchgängig Gegensätzliches habe ich von Johannes Thieme zu sagen, der uns als »das mathematische Wunderkind« präsentiert wurde. Er war der Sohn einer armen Gärtnerswitwe, war mit bloßer Volksschulbildung als Schlosserlehrling in eine Elektro-Maschinenfabrik gesteckt worden und verdankte dem Kriegselend seine schwere Unterernährtheit und seinen Aufstieg. Er erzählte uns später, wie er ölverschmiert unter einer Maschine im Prüffeld gelegen und als geheimes Publikum einer Verzweiflungsszene beigewohnt habe. Der Geschäftsführer hatte einer durchreisenden wichtigen Persönlichkeit die neue Maschine vorführen wollen, der leitende Ingenieur des Prüffelds war am Tage davor trotz dringlichster Reklamation zum Heeresdienst eingezogen worden, ein neuer Mann für seine Stelle stand noch aus, die anwesenden Monteure – selber schon Ersatz und nicht gut eingearbeitet – wußten nicht ordentlich Bescheid. Da war Thieme hervorgekrochen, ein schmächtiger, dreckiger Proletarierjunge, er kenne sich aus, und hatte sich wirklich ausgekannt. Große Verwunderung des Geschäftsführers, größere des Professors Punga über den erstaunlichen Autodidakten. Fragen, Lobsprüche, auch einige Ratschläge und Ermutigungen. Als hohes Ziel, das ihn vielleicht auf ein Technikum führen könnte, hatte Thieme nun das Einjährige vorgeschwebt. Alles ließ sich

nicht aus Büchern allein lernen, einige Anleitung, ein paar
Abendkurse auf der Presse waren notwendig. Dort hatte er
zwei Erfahrungen gemacht: erstens, daß zu einem »ganz
richtigen Studium« der Besuch einer Universität oder Technischen Hochschule und daß hierfür wiederum das Abitur
notwendig sei, und zweitens, daß er das Schulgeld für die
Presse bequem verdienen konnte, indem er selber mathematischen Unterricht erteilte. Erst waren es private Nach-
hilfestunden für seine Mitschüler gewesen, bald hatte ihn
der Presseleiter als offiziellen Lehrer angestellt. Das Einjährige war ihm nach ganz kurzer Zeit geglückt, jetzt bestand
der größte Teil seines Gehalts darin, daß er an allen Kursen zum Abitur teilnehmen durfte. Er wollte mit Scherner
und Annemarie Köhler zusammen ins Examen gehen. Er
schien so wenig Schlaf wie Essen nötig zu haben; er arbeitete acht bis neun Stunden täglich in der Fabrik, er war daneben Schüler und Lehrer der Presse, er hatte bei alledem
auch die Prüfung als Schlossergeselle abgelegt. Freilich sah
er schwindsüchtig aus, aber der Arzt hatte ihn für gesund
erklärt, und er selber sagte, er fühle sich zäh und frisch und
wenn er nun erst einmal in Friedensfutter komme, werde
er Fett ansetzen. Wir trafen ihn im Sommer 1920 in Dresden wieder, er wurde unser Hausgenosse und bald unser
Pflegesohn. Er nannte uns viele Jahre Vater und Mutter.
Sein Fachgebiet, auf dem er es zu etwas brachte, ohne freilich auch nur annähernd die anfangs auf ihn gesetzten
Hoffnungen zu erfüllen, das Mathematisch-Technische,
blieb uns immer geheimnisvoll verschlossen, aber wir beide
konnten ihm mancherlei anderes geben, was ihm nottat,
und er schien uns mit wirklicher Zuneigung verbunden.

Einen politischen Gegensatz gab es dreizehn Jahre lang ebensowenig zwischen uns wie einen religiösen oder philosophischen. Und dann, 1933, war Thieme der erste, der von uns abfiel. Wenn ich am Tage der Vergeltung sein Leben durch eine Handbewegung retten könnte, ich rührte keinen Finger …

Nur ganz kurze Zeit ließ sich die Politik ausschalten. Weihnachten und im Januar wurde in Berlin blutig zwischen Spartakus und Regierungstruppen gekämpft, Noske erhielt diktatorische Gewalt, es sah so aus, als könnte jeden Augenblick die Diktatur aus den Händen der Sozialdemokraten und Zivilisten in die eines rechtsradikalen Generals übergehen, Liebknecht und Rosa Luxemburg wurden ermordet. All das geschah, während die Wahl zur Nationalversammlung bevorstand, all das wirkte ungemein auf die Stimmung in Leipzig. Hier waren die Unabhängigen die stärkste Partei, und nichts war ihnen in Leipzig so verhaßt wie die »Leipziger Neuesten Nachrichten«. Vor ihrem Volkshaus verbrannten sie die Zeitung zusammen mit allerhand reaktionären Flugblättern, und vor dem Verlagshaus der »Leipziger Neuesten Nachrichten« demonstrierten die Arbeitslosen. Kopke sagte mir, an diese Demonstrationen sei man nun schon gewöhnt, sie verliefen gänzlich harmlos, regelmäßig erscheine eine Deputation beim Chefredakteur, verlange höflich den Abdruck einer Erklärung, erhalte sie bewilligt und ziehe dann höflich ab. Die Erklärung erscheine darauf regelmäßig unter dem Schutzschild des Satzes: »Wir werden gezwungen, die folgende Notiz abzudrucken.« Am 17. Januar aber wurden die »Neuesten Nachrichten« gezwungen, ein Extrablatt zu drucken und verteilen zu lassen: »Wir verurteilen hiermit auf das entschiedenste die Ermordung Liebknechts und Rosa Luxemburgs und erklären, daß diese Zustände nur unter der Regierung Ebert – Scheidemann einreißen konnten.« Und dieser Zwang war nicht höflich, sondern durch einen Sturm auf das Verlagshaus ausgeübt worden. Wir sahen das meiste des angerichteten Schadens noch zwei Tage später, als wir uns dort die ersten einlaufenden Resultate der Wahl zur Nationalversammlung sagen ließen. Bilder waren zertrümmert, Klubsessel zerschnitten, Handsatzkästen ausgeschüttet worden. »Aber die großen Maschinen haben sie geschont«, sagte Harms zum Trost, »davor haben die deutschen Arbeiter doch Respekt.« Er und Kopke, obgleich mindestens Harms wesentlich weiter rechts stand als ich, hatten die Regierungssozialisten gewählt. Weil man eben in diesem Augenblick die Regierung stützen müßte, sagten sie, »und weil sich die Liberalen zum Regieren unfähig gezeigt haben«, setzte Harms hinzu. In früheren Jahren hatte ich auch einmal gegen die innere Überzeugung aus bloßer Opportunität die Sozialdemokraten gewählt: ich hatte damals die schärfste Opposition unterstützen wollen. Inzwischen war ich reifer geworden und hatte hinzugelernt, die Vertiefung in Montesquieu hatte mich nicht nur philologisch und literarisch bereichert. Auch ging es diesmal nicht um die Wahl zu irgendeinem Abgeordnetenhaus, sondern zu einer gesetzgebenden Versammlung. Es wäre mir, es wäre uns beiden wie ein Verrat vorgekommen, einer anderen Sache unsere Stimme zu geben als dem Liberalismus. (Daß wir das erstemal gemeinsam wählen durften, verstärkte mir die Feierlichkeit der Szene. Als meine

Frau hinter den Vorhang trat, um ihren Stimmzettel zu couvertieren, mußte ich an meine Backfischschwärmerei für »Melitta« und »Ruth«, an meine zeitweilige Begeisterung für die Frauenemanzipation zurückdenken.) Ich bin dann in späteren Jahren nicht mehr davon abgewichen, meine Stimme den Liberalen zu geben, die sich von jetzt an Demokraten nannten. Immer wieder bekam ich zu hören: »Ihre Zeit ist abgelaufen«, oder »Sie sind in der gegenwärtigen Situation machtlos«, oder »Sie haben keine Köpfe in ihrer Partei«, oder auch einfach »Stimmvergeudung«. Nein! es war keine Stimmvergeudung, mochte auch der eine oder andere Einwand zutreffen. Die eigentlich menschliche Welt ist mir die europäische, und Europa ist durch den Liberalismus geworden und lebt durch den Liberalismus. Er ist die reine, die allein europäisierende Lehre. Man muß sich zu ihr bekennen, auch da und gerade da, wo sie im Augenblick machtlos und mißachtet ist.

Was aber in diesen letzten Leipziger Wochen von entscheidender Wichtigkeit für mich wurde, waren weder die feierlichen Augenblicke der Wahl zur Nationalversammlung noch die verschiedenen Streiks, die uns in Mitleidenschaft zogen – so fehlte zu Haus alle Beleuchtung, und Merkur wurde vom Café zum Asyl –, noch die Spartakuskämpfe in Berlin noch der Sturm auf die »Leipziger Neuesten Nachrichten«. Entscheidend wurde eine Simplicissimuskarikatur. Da saß Erich Mühsam, den wir um 1904 beide als harmlos gutmütigen, politisch gänzlich uninteressierten Bohémien und Reimschmied in Berlin gekannt hatten und der jetzt zu den radikalen Münchner Politikern gehörte, auf einem roten Diwan und ließ sich maniküren.

Darunter stand: »Maniküren Sie mir Schwielen an die Hände, ich bin jetzt Arbeiterrat!« – »Das paßt genau zu Ihren Erzählungen von Eisner und vom ›Rat der geistigen Arbeiter‹«, sagte Harms, nachdem wir genügend über das Bild gelacht hatten, »Sie sollten uns wirklich Berichte aus München schreiben.« Diesmal entwickelte sich aus der Bemerkung ein langes Gespräch, und jenes Sichnachhausebegleiten, das nächtliche Auf-und-ab-Pendeln zwischen Reiche- und Grassistraße wurde wieder und bis tief in die Nacht geübt. Ich schüttete Harms wie einem älteren Freund mein Herz aus. Über mein altes Bemühen um die Publizistik, über die quälerische Abhängigkeit von meinen Brüdern, über die Unsicherheit meiner akademischen Laufbahn, über mein Verlangen, mich auch einmal »über dem Strich« betätigen zu dürfen. Harms ermutigte mich sehr: die neue Situation nach dem Friedensschluß werde auch neuen Männern in der Journalistik Gelegenheit zum Aufstieg geben, Auslandskorrespondenten, die mit der Bildung und dem Wesen unserer Kriegsgegner vertraut seien, würden gesuchte Leute sein. Er führte das so weit und in einer für mich so günstigen Weise aus, daß ich mir in dieser Nacht wahrhaftig einbilden konnte, der Verleger, Dr. Herfurth, werde mir auf Veranlassung seines Leitartiklers den Pariser Korrepondentenposten der »Leipziger Neuesten Nachrichten« anbieten. Tags darauf wurde meine Hoffnung stark gedämpft. »Glauben Sie«, fragte ich geradezu, »daß ich für einen Pariser Posten in Frage käme?« – »Gewiß, wenn Sie sich nach Paris setzen und einige persönliche Verbindungen ausnutzen. Vielleicht durch Ihre Brüder? Aber schreiben Sie doch erst einmal von München aus gelegentlich für uns. Das übt Sie und kann Ihnen nachher beste Einführung bedeuten.« Noch von einer anderen Seite und von der allerunvermutetsten wurde ich darin bestärkt, den Versuch zu unternehmen. Ich fuhr bei der Übersiedlung nach München voraus, um einen Tag bei den Angehörigen in Berlin zu verbringen. Überall, in Mengen, wie ich sie vorher nie gesehen, an allen Häusern und Denkmälern klebten noch die Plakate des Wahlkampfes um die preußische Nationalversammlung. Zwei von ihnen fielen mir durch ihre besondere Häufigkeit und Abgeschmacktheit auf; ein schwarzes Herz, aus dem drei dicke runde Tropfen kindisch kullern, »Wer heilt das Preußenherz? Die Deutschnationale Partei«, und ein Feigenblatt mit der Unterschrift: »Die Deutschdemokratische Partei ist das Feigenblatt aller, die nicht wagen, sich zur Internationale zu bekennen, obwohl sie Sozialdemokraten sind«. – Ich fand Mutter fast erblindet, aber ungemein frisch. Sie sprach, was sie früher nie getan hatte, mit lebhaftem Interesse von der Innenpolitik. Sie erzählte stolz, daß sie zur Nationalversammlung gewählt habe. »Georg hat mich im Wagen abgeholt, ich wäre aber auch zu Fuß gegangen, es war doch Pflicht und Ehre.« – »Wen hast du gewählt, Mutterchen?« – »Den Demokraten natürlich wie wir alle. Bloß Felix hat für die Regierungssozialisten gestimmt. Und dabei möchte er am liebsten den Krieg gegen die Franzosen fortsetzen.« Nicht, daß Georg in politischer Hinsicht ein klein wenig nach links von den Nationalliberalen zu den Liberalen gerückt war, auch nicht, daß er von Monarchismus und Militarismus abgekommen war, wunderte mich sehr. Erstaunt war ich nur über die rasche Demokratisierung seines gesellschaftlichen Denkens. Ich erwähnte im Gespräch Harms' Vorschlag, es tat mir im selben Augenblick leid, denn ich fürchtete Widerspruch und aufreizende Warnung vor unpassendem Verkehr und wünschte doch, allen Zwist zu vermeiden. Georg aber entsetzte sich so wenig, daß er dies vielmehr eine sehr erwägenswerte Idee nannte. Jetzt sei bei uns die Zeit für politischen Journalismus großen Stils gekommen, das akademische Leben andrerseits sei verzopft und reaktionär – wenn sich mir also eine Pariser Aussicht böte, möge ich zugreifen, und wenn ich eine Zeitlang seine finanzielle Unterstützung nötig hätte, sei sie mir in Paris genauso sicher wie in München. Nur sollte ich mein Katheder natürlich nicht aufgeben, ehe ich nicht die Gewißheit der anderen Laufbahn hätte. – Ich frage mich, warum ich das alles so genau festhalte. »Unser A.B.-Mitarbeiter« hat in den nächsten Monaten etwa anderthalb Dutzend Briefe geschrieben, von denen kaum ein Drittel veröffentlicht wurde, das interessante Mittelstück des »Revolutionstagebuchs aus der Münchener Räterepublik« blieb in Dachau liegen und erreichte Leipzig erst, als es gänzlich unaktuell geworden war; ich habe dann das Schreiben für die Zeitung so gut wie ganz aufgegeben und bin meinem Philologenberuf immer entschiedener verfallen, ich fühle mich auch jetzt noch ganz und ungeteilt als Wissenschaftler und Philologe, ich fasse mein Curriculum nicht als Beichte auf, sondern als Beitrag zur Geistes- und Kulturgeschichte der Zeit, ich richte in der gegenwärtigen Not bei aller Erschütterung und Verzweiflung meine gespannteste Aufmerksamkeit auf jede Einzelheit, die meiner LTI, meiner Lingua Tertii Imperii, zugute kommen soll.

Warum also soviel einleitendes Gerede um dies bißchen Journalistik im Nebenamt? Ich kann das genau beantworten. Gerade damals hörte ich zuerst von der Psychoanalyse sprechen und lernte ihre in Mode gekommenen Fachausdrücke kennen. Ich bin mir sehr zeitig darüber im klaren gewesen, daß ich in diesen Monaten meine alte Sehnsucht nach der politischen Journalistik ein für allemal abreagiert habe. Ich lieferte mir damals den Beweis meiner Fähigkeit, die gewünschte Suppe zu kochen – »Über den neuen Umschwung in München, wo die unabhängige Regierung gestürzt und (wie unser Münchener A. B.-Mitarbeiter richtig vorausgesagt hat – die Schriftleitung) eine kommunistische unter Dr. Levien ausgerufen ist ...«, heißt es unter den Telegrammen der »Leipziger Neuesten Nachrichten« vom 11. April 1919, und das bedeutete doch gewiß ein Diplom für A. B. –, aber ich fand auch ein unvermeidliches Haar (mindestens eines) in ebendieser Suppe. Im tiefsten freilich war der Kampf zwischen dem Hochschullehrer und dem Journalisten in mir schon am 7. II., bevor ich noch meinen ersten Artikel geschrieben hatte, zugunsten des Lehrers entschieden. Denn an diesem Tag hielt ich mein erstes richtiges Kolleg vor richtigen deutschen Studenten und fühlte sofort, daß ich Kontakt mit ihnen hatte, und empfand das Dozieren sofort als ein Glück und als eine Befreiung von allem, was mich quälte. Und das ist dann auch durch siebzehn Jahre immer das gleiche gewesen. Wie sich auch meine Hörerschaft zusammensetzte, sie ging immer mit mir mit. (Ein Redner weiß das ganz genau, auch wenn er nicht als Professor die Möglichkeit des Nachprüfens im Seminar und im Examen besitzt.) Und wie erregt oder niedergeschlagen ich auch beim Betreten des Katheders sein mochte: nach zwei Sätzen existierte nichts für mich als das Thema meiner Vorlesung, und am Schluß des Kollegs fühlte ich mich freier und ruhiger. Und wenn mir das Dritte Reich gar nichts anderes genommen hätte als einzig die Möglichkeit des Kolleghaltens, so hätte es mich schon arm genug gemacht. Ich habe auch nie von mir aus die Klage so vieler Kollegen verstehen können, sie seien durch die Vorlesung im eigenen Produzieren beeinträchtigt. Die besten Anregungen zur Produktion sind mir gerade beim Vorbereiten des Kollegs, häufiger noch auf dem Katheder selber gekommen, und war die Anregung erst einmal da, so fand sich auch die Zeit zum Schreiben, mindestens zum Skizzieren. Ich las in München noch keine vierzehn Tage und kämpfte noch sehr mit den Anfangsschwierigkeiten, ich trug nur zusammen und kondensierte für meine Zwecke, was ich im Lotheissen und Lanson fand, da stand schon die Idee zu einer eigenen Corneillestudie vor mir und gab keine Ruhe, bis ich an ihre Ausarbeitung ging.

Wollte man übrigens »richtige deutsche Studenten« im Sinn von normalen und üblichen Studierenden unserer Universitäten nehmen, so hatte ich auch jetzt noch keine richtigen Studenten, denn am Kriegsnotsemester durften ausschließlich Heimkehrer aus dem Felde teilnehmen. Sie waren älter, sie waren reifer und verwilderter als normale Studierende, sie hatten vieles, wenn nicht alles von dem vergessen, was sie auf der Schule und in früheren Universitätssemestern gelernt hatten, sie wollten so rasch als möglich nachholen und weiterkommen, viele waren geistig ausgehungert, sehr viele, ja die meisten in wirtschaftlicher

Bedrängnis, alle sehnten sich danach, mit der Studienzeit fertig zu werden. Sie mußten konzentrierter unterrichtet, ihr Interesse mußte unmittelbarer und entschiedener erzwungen werden, als es unter normalen Umständen nötig ist. Sie waren durch die großen staatlichen Geschehnisse aus ihrem Studentenleben herausgerissen worden; ich führte sie in die französische Klassik ein, indem ich ihnen vom Pulsschlag des Staatlichen in all diesen Schöpfungen sprach und dann erst auf die Ausdrucksformen der Inhalte, das Ästhetische, einging. Weniger erfreulich als diese Kollegien waren die Vorbereitungskurse zum Abitur, die mit Gruppen von fünfundzwanzig Schülern gehalten wurden. Unter ihnen befand sich bei mir kein einziger Philologe – überall warnten die Regierungen vor diesem Fach, ihr Bedarf an Kandidaten für das Lehramt an den Mittelschulen war auf Jahre hinaus gedeckt –, die meisten wollten Ärzte, auch Zahn- oder Tierärzte werden, ein paar versprachen sich etwas von der Nationalökonomie. Ihr gesamtes Interesse galt natürlich dem erwählten Studienfach, das nachzuliefernde Abitur galt als peinliche und unnütze Formalität, von den häuslichen Arbeitsstunden zum mindesten mochte man ihm nichts opfern, sollten die Dozenten sehen, was sie einem einzutrichtern vermochten, sollte nachher ein Examinator die Stirn haben, verdiente Kriegshelden und alte Studenten durch ein kindisches Schulexamen fallen zu lassen! Was sollte man solcher Gesinnung gegenüber und ohne jede disziplinarische Gewalt ausrichten? Man mußte froh sein, wenn von den fünfundzwanzig die Hälfte erschien und wenn etliche von diesem Dutzend eine gewisse Arbeitswilligkeit bekundeten. »Man« darf ich mit gutem Gewissen sagen, denn alle meine Kollegen bei diesen Kursen führten genau die gleichen Klagen. Ich selber fragte mich manchmal, ob ich auf bösere Mängel im französischen oder im deutschen Kursus stieße. Im Französischen waren die Fehler krasserer und primitiverer Art – je suis nu für je suis né begegnete mir mehrmals –, im Deutschen waren sie peinlicher und bedrücklicher. Die Vorschrift lautete, die Abiturienten mit der deutschen Literatur vom Sturm und Drang bis zu Goethes Tod in Berührung zu bringen, sie auf diesem Gebiet Privatlektüre halten und Aufsätze schreiben zu lassen – ohne den Nachweis solcher Aufsätze und Vorträge sollte niemand zur Abschlußprüfung zugelassen werden. Viel mehr, als daß sie Rechtschreibung und Grammatik beherrschten, kann ich meinen Leuten an Gutem eigentlich nicht nachsagen. Was sie mündlich und schriftlich über die Räuber, den Carlos, den Wallenstein zu sagen hatten, war erschreckend wenig. Und zwischen den mageren Sätzen schien immer ein Protest der Lustlosigkeit zu stehen: »Was brauche ich mich damit zu beschweren? Ich will doch Zähne plombieren.« Es zeigte sich nachher, daß es für die Kursteilnehmer wirklich unnütz gewesen wäre, sich damit zu beschweren; denn als man im Sommer dringend für die Freikorps warb, wurde jedem eintretenden Studenten die Ablegung des nachträglichen Abiturs erlassen. So war es jedenfalls bei uns in München. Anderwärts wird es kaum anders gewesen sein. Ich fand später in Dresden reichlich Gelegenheit, weitere Erfahrungen über die Vorbildung und allgemeine Bildung der Studentenschaft nach dem Kriege zu machen. In München nahm ich die Sache noch nicht tragisch: ich sympa-

thisierte durchaus mit den armen Jungen, denen ich ihre
Unlust und Ungeduld unmöglich verübeln konnte, ich
hatte auch gar nicht die Zeit, über die etwaigen Folgen
einer gesenkten Allgemeinbildung des Akademikers nach-
zudenken. Zwischen den Kollegs pflegte ich für mehrere
Stunden den Arbeitssaal aufzusuchen. Dorthin war ich zuerst als Habilitandus gekommen, und schon damals hatte
ich mich herausgehoben gefühlt über die Masse der Studierenden, die auf den allgemeinen Lesesaal angewiesen
war. Jetzt erfuhr ich ein zweites Avancement. Der Arbeitssaal war der Länge nach zweigeteilt: an der Fensterseite saßen die privilegierten Akademiker, an der Innenseite die
übrigen Angehörigen des Lehrkörpers. Jeder Dozent hatte
auf seinem Tisch ein eigenes Regal, wo er seine Bücher auf-
bauen und über Nacht lassen konnte. Auch erhielt man
auf dieser Professorenseite alles aus der Bibliothek Ange-
forderte sofort durch besonderen Boten zugestellt. Und
dann war noch ein anderer Vorteil an diese Stelle geknüpft,
den ich später freilich, etwa vom Sommer an, als peinlichen
Nachteil empfand: man war immerfort in dichter Berührung mit den Kollegen. Bald erkundigte sich Muncker oder
Vossler oder ein anderes großes Tier huldvoll nach dem
Fortgang meiner Arbeit oder erzählte flüsternd etwas aus
der letzten Fakultätssitzung, bald wurde man von einem
Gleichrangigen und -altrigen aufgefordert, draußen im
Gang bei ein paar Zigarrenzügen irgendein Problem zu er-
örtern. Anfangs war es mir lieb, auf diese Weise dem Kol-
legenkreis näherzutreten, ich war ja nun an fünf Jahre
Münchner Privatdozent und kannte dabei die wenigsten
Mitglieder des Lehrkörpers; dann, in der ungeheuren Wirr-

nis der politischen Lage, empfand ich immerfort das Be-
dürfnis, des und jenes Meinung über die Situation zu hören; in der dritten und längsten Phase dieses Münchner
Abschnitts allerdings waren mir die Kollegengespräche zumeist eine sehr unerfreuliche Unterbrechung. Ich hätte
sehr wohl einen ruhigeren Arbeitsplatz in der Universität
aufsuchen können, das Romanische Seminar. Die paar
Fachstudenten, die dort saßen, verhielten sich in Gegenwart eines Dozenten mäuschenstill, und Fachliteratur hatte
ich hier in allerreichster Auswahl zur Hand. Warum sie-
delte ich mich nicht dort an? Ich suchte mir einzureden,
mir fehle dort in der rein romanistischen Umgebung alles
Hilfsmaterial für meine deutschen Kurse. Aber zuinnerst
wußte ich von allem Anfang genau, was mir den stillen und
geräumigen Ort zuwider machte. Gerade die ungeheure
Fülle der Fachliteratur, der Grammatiken, Wörterbücher,
alten Zeitschriften, dickleibigen Spezialbiographien be-
drückte mich. Outsider! Outsider! schrien mir diese vollen Regale zu. Die paar eifrigen Studenten bedienten sich
all dieser Hilfsmittel mit Selbstverständlichkeit, und ich,
der Privatdozent, mußte mich mühselig orientieren, und
jeder Orientierungsversuch führte mir die Wissenslücken
meines Fachwissens vor Augen. Gewiß, wenn ich mich
frisch fühlte, sagte ich mir: »Dein Montesquieu taugt etwas und dein Kolleg auch; du produzierst aus dir heraus,
und was du an Stoff brauchst, erarbeitest du dir.« Aber im
Romanischen Seminar fühlte ich mich unter der Masse des
mir unbekannten Fachstoffes wie unter einer Grabplatte
ersticken. Es gab noch einen dritten Ort, den ich zwischen
den Vorlesungen benutzen konnte, das Professorenzimmer.

Hier jedoch wurde ich allzuoft Lerchs Opfer. Wir trafen natürlich auch sonst viel zusammen, aber während es überall anders interessant war, mit ihm zu plaudern, fiel er mir hier regelmäßig furchtbar auf die Nerven. Im Professorenzimmer lag nämlich das Beschwerdebuch aus. Da konnte man monieren, daß es im Kollegsaal gezogen hätte oder zu heiß oder zu kalt gewesen sei oder irgend etwas derartiges, und Lerch hatte immer einen Eintrag zu machen. Einmal fand ich ihn entrüstet – das Beschwerdebuch lag nicht an seinem Platze. »Was fangen Sie nun an?« fragte ich ihn. »Das Löschblatt ist hier liegengeblieben«, antwortete er ernsthaft; »sehen Sie, ich habe mit großen Lettern heraufgeschrieben: ›Beschwerde, es ist unstatthaft, das Beschwerdebuch von seinem Platz zu entfernen!‹« War er aber einmal beim Beschwerdeführen, so geriet er unweigerlich in jene Anklagen gegen das Geschick der romanistischen Privatdozenten, die mich um allen Mut brachten.

Der Entfernung nach hätte ich ohne Zeitverluste statt innerhalb der Universität auch zu Hause arbeiten können, aber da geriet ich, was Ruhe anlangt, oft genug vom Regen in die Traufe. Wir waren nach einem nochmaligen, sofort scheiternden Versuch, eigene Wohnung zu finden, rasch in einer Pension untergekommen. Das Haus Schellingstraße 1 lag dem Seitenflügel der Universität gegenüber, von der Ludwigstraße nur durch den Eckbau getrennt. Wenn wir uns aus dem Fenster beugten, konnten wir gerade auf den Eingang des Kriegsministeriums sehen, ein Anblick, der in den nächsten Wochen bedeutungsvoll wurde. Wir besaßen jetzt, was Pensionen anlangt, das gehörige Maß Erfahrung und Resignation. Wir wußten Leid-

liches zu finden und rechneten von vornherein damit, daß
es nach einiger Zeit unleidlich werden würde. Bei Frau
Konradine Berg, der jugendlichen Münchener Großmut-
ter mit der unartigen, schallend erzogenen kleinen Enke-
lin dunkler Herkunft, haben wir fast ein ganzes Jahr erträg-
lich gelebt, und als es zuletzt Reibungen gab, war weniger
die Wirtin daran schuld als die grausame Teuerung. Mit
den Mitbewohnern und externen Tischgästen vertrugen
wir uns gut; zu einer so intimen Gruppenbildung wie in
Leipzig kam es aber nicht. Dennoch war unser Wohnzim-
mer, an das sich ein kleiner Schlafraum schloß, so beliebt,
daß ich eben vor Unterbrechungen meiner Arbeit genauso
geringe Sicherheit hatte wie drüben im Arbeitssaal. Diese
Beliebtheit stützte sich teils auf den Flügel, den wir vom
Möbelspeicher hatten kommen lassen, teils auf die Briefwaage, die zur Ausrüstung des Schreibtischs gehörte. Von
beiden Instrumenten war die Briefwaage im Augenblick
das an sich und in zeitgeschichtlicher Hinsicht weitaus
wichtigere. Von dem Pensionsessen wurde natürlich niemand satt, das alte Kriegselend der Marken für Lebensmittel war durch den Waffenstillstand keineswegs beseitigt
(setzte sich auch noch lange über den Friedensschluß hinaus fort), und das Quellensuchen und die Hamsterfahrt
waren nach wie vor verbreitet. Sicherlich florierten Grup-
penkäufe und Tauschverkehr in den anderen Pensionaten
genauso wie bei uns. Ich kann wirklich sagen: bei uns, denn
regelmäßig vollzog sich der Handel in unserm Wohnzim-
mer, und was dem einzelnen an Speck, Butter, Käse oder
Schokolade zukam, wurde auf der Briefwaage abgewogen.
Ihre Skala umfaßte 1000 Gramm, und wer hätte je noch

größere Quanten erschwingen können? Immer war das Wiegen und Verteilen mit Gesprächen verbunden, immer ging es der französischen Klassik und den kontrapunktischen Aufgaben vor, weswegen denn meine Frau sich tagüber nach Möglichkeit in der Musikakademie und der evangelischen Kirche aufhielt und ich den Arbeitssaal bevorzugte. Von den vielen Leuten, mit denen wir im Pensionat in Berührung kamen, haben sich mir nur drei entschiedener eingeprägt. Zwischen dem langen Dr. Ritter und uns stellte sich eine dauernde Sympathie gleich am ersten Tage her. Er war etwa fünf Jahre jünger als wir, hatte den Krieg als Arzt mitgemacht und assistierte jetzt bei dem berühmten Sauerbruch, den er den bedeutendsten Chirurgen Deutschlands nannte. Er war katholischer Rheinländer, und seine Stellung zum Katholizismus war mir das Merkwürdigste an ihm. Die unbeschwerte Weltlichkeit seines Wesens verbarg er auf keine Weise. »Gut leben«, worunter er gut essen verstand, war einer seiner Lieblingsausdrücke. »Nun wollen wir wieder einmal gut leben«, sagte er, wenn bei uns Speck abgewogen wurde, und er selber nahm die Zerteilung der Gruppenbeute so ernsthaft vor, als handle es sich um eine chirurgische Operation. Aber leidenschaftlicher als am »guten Leben« hing er an seinem Beruf, und wahrscheinlich war er uns beiden schon deshalb gewogen, weil wir gern seinen ärztlichen Berichten zuhörten. Einmal ein Krankenhaus selber leiten zu dürfen war sein großer Zukunftswunsch. »Mit der Wissenschaft und der praktischen Tüchtigkeit allein ist das nicht gemacht«, sagte er offenherzig. »Verbindung ist doch wesentlich, vielleicht Hauptsache. Ich bin jetzt im gleichen Ka-

tholischen Akademikerbund, dem unser Erzbischof
Faulhaber angehört, ich hoffe auch ein bißchen auf den
Schwesternweg.« Ich fragte ihn, was das sei. Nun, bei der
Vergabe der leitenden Stellen in städtischen und Verbands-
krankenhäusern hätten die Schwestern Oberinnen oft ein
sehr wichtiges Wort mitzusprechen, es sei gut, sie zu Gön-
nerinnen zu haben. Er sagte das weder intrigant noch stre-
berisch, noch zynisch, er stellte es nur fest, mit dem aller-
besten Gewissen und durchaus zufrieden. »Haben Sie als
Arzt nicht manchmal Schwierigkeiten, mit den Schwestern
gut Freund zu bleiben?« – »Nicht die geringsten. Es gibt
keine besseren Pflegerinnen als unsere katholischen Schwestern, und auf das Urteil einer alten Oberin ist wirklich
Verlaß.« Ich gedachte meiner Paderborner Erfahrungen.
»Fühlen Sie sich nicht bisweilen beengt durch die Vor-
dringlichkeit des Religiösen?« – »Niemals, im Gegenteil!
Das unterstützt uns, das tut den Kranken gut, es beruhigt
sie. Und mir selber«, setzte er ganz schlicht hinzu, »ist es
immer wieder lieb, die Schwestern beten zu hören.« –
»Bringen Sie Ihre Glaubenssätze in Einklang mit Ihrer Wissenschaft?« – »Ganz mühelos. Wieso auch sollte es hier eine
Reibung geben? Als Arzt habe ich es mit der Natur zu tun
und als Katholik mit dem Übernatürlichen oder dem
Schöpfer der Natur. Ich glaube, was meine Eltern glauben
und alle meine Angehörigen und Lehrer, ich kann mir
mein Leben gar nicht vorstellen ohne diesen Glauben.« Er
brachte das alles mit einer völligen Selbstverständlichkeit
hervor, er war ganz offenbar ebenso verwundert über meine
Verwunderung wie ich über seinen Gemütszustand. Natürlich bildete dieses Religionsgespräch eine Ausnahme in

75

unseren Unterhaltungen: Das »gute Leben«, Sauerbruch, Operationen, der warmherzige Anteil an den Patienten (nicht nur den Fällen), ein bißchen Politik (Richtung Zentrum) waren die üblichen Themen. Und dann gab es etwas, das ihm über alles dies, sogar über die Medizin ging und seine heitere Seele mindestens anfallweise mit Wehmut erfüllte. Er hatte eine große, nicht sehr glückliche Liebe zur Musik. Er sang mit vielem Verständnis und Kunstbemühen, aber seine geschulte Stimme war nur ein kleiner, selbst für den Hausgebrauch kleiner und spröder Tenor. Er war sich des Mangels bewußt, und manchmal, wenn er ein Konzert besucht hatte, seufzte er: »Wenn ich doch solch ein Organ hätte.« Aber gleich darauf wandte er sich an meine Frau: »Wollen wir heute abend wieder die ›Winterreise‹ vornehmen? Sie ist doch so schön!«

Im schroffsten Gegensatz zu Ritters Ausgeglichenheit stand der um zehn Jahre jüngere Student Arnold Weißberger. Übrigens vertrugen sich die beiden. Ritter neckte gutmütig, und Weißberger war viel zu intelligent, um nicht die Gutartigkeit der Neckerei zu verstehen. Er hatte riesige, feuchtbrennende schwarze Judenaugen im blassen Gesicht, seine äußere Haltung war immer beherrscht, aber innerlich brannte er wie seine Augen. Es zog ihn zur Literatur und Philosophie, er schlug sich mit metaphysischen Problemen herum, nur nach dem Willen seines Vaters studierte er Chemie, um einmal die väterliche Fabrik in Chemnitz zu übernehmen. Wir blieben mit Ritter und Weißberger lange Jahre in einiger Verbindung. Ritter kam, wahrscheinlich auf dem Schwesternweg und sicher zum Heil seiner Patienten, an das ersehnte Ziel. Er wurde Krankenhausdirektor in Regensburg. Weißberger fand noch in München an der ihm aufgezwungenen Chemie Gefallen – so großes Gefallen, daß aus der Übernahme der väterlichen Fabrik doch nichts wurde. Er verschrieb sich ganz der Wissenschaft. Beim Hereinbrechen des Dritten Reiches stand er vor seiner Habilitation in Leipzig. Er vermochte sich nach Cambridge zu retten. Der problemlose Ritter und der ruhelose Weißberger waren sozusagen zeitlose Charaktere, sie hätten mir in ihrer konträren Menschlichkeit immer und überall gefallen. Pontius dagegen interessierte mich nur als Zeiterscheinung. Was für ein Mensch er war, vermag ich bis heute nicht genau zu sagen. Hans Meyerhof nannte ihn einfach ein Waschweib, und das stimmte auch, denn der Mann war verwaschen und weichlich und redselig und klatschsüchtig, aber es erklärte ihn nicht. Alles an Pontius, seine Herkunft, sein Beruf, sein Charakter, seine Gesinnung waren und blieben uns undurchsichtig. Er war in Rußland geboren, er hatte in Zürich ohne Abschluß Chemie studiert, er war als Bayer an der Front gewesen, er hatte bei den Friedensverhandlungen in Brest-Litowsk Dolmetscherdienst getan. Seine Familie, Frau und Kind, hielten sich jetzt im besetzten Rheinland auf und konnten nicht zu ihm. Das alles erzählte er. Was war daran wahr? Wovon lebte er in München? Wir lernten ihn bei Hans Meyerhof kennen, am Tage bevor er als Mittagsgast in unsere Pension kam. Er schloß sich uns mehr als zutunlich an. Er saß stundenlang auf unserem Sofa, auch wenn wir uns nicht um ihn kümmerten. Er beichtete gern, bisweilen zerfloß er in Tränenströmen über sein verfehltes Leben. Er erzählte gut. Er zeichnete begabt. Einmal machte er sehr gelungene Karikaturen der ganzen Tischrunde, ließ die Köpfe auf einem Blatt zusammen photographieren und verteilte die Blätter. Wo nahm er das Geld her? Mit Schleichhandel schien er sich nicht abzugeben. War er politischer Agent? Dafür schien er mir zu unvorsichtig, zu unbeherrscht, auch zu gutmütig. Ich habe in der Folgezeit nicht bemerkt, daß er irgend jemandem geschadet hätte noch daß er selbst zu Mitteln gekommen wäre. Aber er hielt sich immer über Wasser, und nachher tauchte auch seine Familie auf. Im Café Stefanie spielte er stundenlang Schach mit Levien, und in der Pension nannte er Levien die verworfenste Kreatur. Im Sommer nahm er für eine Weile Dienst im Freikorps Wolf – »19 Mark Tageslöhnung, und mir steht wöchentliche Kündigung frei – warum soll ich das nicht mitnehmen?« – Die Freikorps wurden täglich rechtsradikaler und judenfeindlicher, und nachher hockte Pontius wieder zutunlich bei uns und in der Barer Straße bei Hans, und zu mir sagte er aufrichtig betrübt: »Auf Dresden dürfen Sie sich keine Hoffnungen machen, da ist man so antisemitisch.« – »Was hat das mit mir zu tun? – Ich bin Protestant.« – »Man kennt doch Ihre Familie, und man geht nach der Abstammung, nicht nach der Konfession ...« Pontius ist mir immer rätselhaft geblieben. Als wir Anfang 1920 die Pension Berg verließen, verloren wir ihn aus den Augen, und ich habe dann nichts mehr von ihm gehört. – Mit Hans traf ich täglich zusammen, wir hatten in diesen ersten Februarwochen keine politischen Zusammenstöße, denn er hing mit großer Liebe an Eisner, und wer für Eisner eintrat, zählte im Augenblick zur gemäßigten Mitte. Die Weisheit meines ersten A. B.-Briefes hatte

ich eigentlich ganz und gar dem Umgang mit Hans zu ver-
danken. Mich beschäftigte immerfort jener Zusammenhang zwischen Münchener Politik und Münchener
Bohème. Das Stimmenverhältnis in der neugewählten
Landesversammlung lag für Eisner wenig günstig. Trotzdem, sagte ich, dürfte er sich als Ministerpräsident behaupten. Und dies nicht nur deshalb, weil er für die Bürgerlichen den Levien und Mühsam gegenüber das kleinere
Übel bedeutete; sondern ebendiese Levien und Mühsam,
so heftig sie ihn befehdeten, schonten ihn dennoch. »Sie
werden sich nicht ernstlich an ihm vergreifen«, schloß ich
den Artikel: »Dazu fühlen sie sich ihm doch zu verwandt.
Feindliche Brüder, aber Brüder in der Bohème.«

## Zwei Münchener Feiern

*[München, im Anfang Februar 1919]*

Zwei Feiern, zwei Welten. Und wie leicht wäre es einem Unabhängigen, die schlichte, wahrhafte, ganz auf die reine Idee gestellte, schnöde ver- kannte neue Welt gegen die alte hohle Welt des gemeinen Scheines auszuspielen! Am Donnerstag, dem 6. Februar, im großen Musiksaal des Odeons, dessen einziger Schmuck die mächtigen me- tallkalten Orgelpfeifen sind, die Trauerfeier der Münche- ner U.S.P. für Karl Lieb- knecht, Rosa Luxemburg und Franz Mehring. Die Künst- ler, die Gesang- und Orgel- vorträge versprochen haben, bleiben aus, und nur die

Rede Gustav Landauers, des schmächtigen schwarzberockten Männchens mit der schwarzen Prophetenmähne und dem Prophetenton, ehrt vor schlichter Versammlung die Märtyrer. Am Sonnabend, dem 8. Februar, in der prunkvollen Aula der Universität eine prunkvolle Feier für die akademischen Kriegsteilnehmer, die nun zur Friedensarbeit zurückkehren. Der Glanz des ancien régime: braune, feuerrote, karmoisinefarbene, tiefblaue, schwarze Professorentalare, goldene Amtskette des Rektors, goldene Amtsstäbe voranschreitender Pedelle, Studenten in vollem Wichs, weiß und grün und rot, mit märchenhaften Reiterstiefeln und Hiebern, mit Bändern und Bannern. Und eine Fülle feinster Musik …
Die Welt der Wahrheit gegen die Welt des Scheins!

Wirklich?

Der schwärmerische Gustav Landauer, der sich einen unpolitischen Politiker nannte, sprach eigentlich nur von seinem persönlichen Freunde Karl Liebknecht. Mehring, der den eigentlichen Proletarierhunger nicht mehr gekannt habe, diente bloß zur Einführung. Er habe zwei verschiedene Geschichten der Sozialdemokratie geschrieben, weil es auch zwei Sozialdemokratien gebe. Die eine rein, idealisch – die andere materialistisch, militaristisch, unteroffiziersmäßig, sogar mit Generalstabsoffizieren, mit Männern des »Schandkrieges« sich verstehend! Auch die tote Rosa wurde nur gestreift, nur als getreue Genossin Liebknechts hingestellt, obwohl sie doch der eigentliche und einzige Mann ihrer Partei gewesen. Nun aber Liebknecht selber! Der Mann des Willens, der Tat, der schöpferischen Idee, der die in ihm liegende Weichheit überwunden habe, um ganz und gar wirken zu können. Der ein Nachfolger

Luthers sei – auf den die Familie ihren Stammbaum zurückführte –, der ein irdischer Heiland gewesen und als solcher das Martyrium erlitt. Ja, wenn es 1916 noch tapfere Menschen in Deutschland gegeben hätte! (Und das hörte sich die Versammlung ruhig an, von der 1916 gewiß Hunderte vorm Feinde gestanden haben!) Dann wäre nach Liebknechts Idee der Krieg beendet, die Welt beglückt worden. Nun aber, nachdem alles so anders gekommen, gibt es nur eine Weltbeglückung und »Errettung«, die zugleich eine Sühne und Trauerfeier für den »ermordeten« Liebknecht wäre: die Räterepublik, die wahre Republik an Stelle der weimarischen Verlogenheit …

So sah die Wahrheit am Donnerstag im Odeon aus. Und am Sonnabend in der Universität hatte der Rektor Clemens Baeumker, der katholische Philosoph, der Freund und Mitarbeiter des verstorbe-

nen Hertling, im Grunde das gleiche Thema: den Überblick der Ereignisse von 1914 bis auf heute. Wie anders klang das alles. Und doch nicht im üblichen Sinn gegensätzlich, antirevolutionär! Die Begeisterung von 1914 klang noch einmal auf und wurde nicht verunglimpft, der Tapferkeit der Soldaten draußen wurde nicht vergessen. Mit würdigen Worten gedachte der Redner dann des jähen Zusammenbruchs. Ein schönes Bild: wie damals Zeppelin bis Echterdingen kam und dann stürzte und ganz zerbrach, so erging es Deutschland. Und nun keine Schmähung für die Gestürzten, Worte der Ehrfurcht vielmehr für alle, die unter dem alten Regime an höchsten Stellen sich bemüht und bewährt. Aber auch kein Wort der Anklage gegen das Neue. Es mußte kommen, und wir Intellektuellen wollen ihm nicht entgegenstehen und Totes nicht zurückrufen. Aber (ein

Philosoph sprach vor Hochschülern): Wir halten an der Immanenz des vergangenen Lebens im gegenwärtigen fest, an Fortentwicklung, an Fortwirkung …

Wo ist nun die Welt des Scheins, und wo die Welt der Wahrheit? Bei den entstellenden Phrasen im Odeon oder bei den wägenden Worten in der Aula der Universität?

Merkwürdiger übrigens als der Gegensatz der beiden Redner war ihr Zusammenstimmen; beide schlossen sie mit ein und derselben beschwörenden Forderung: wir müssen arbeiten, wenn wir errettet werden wollen. Es fragt sich nun nur, wer die besseren Wege zur Arbeit weist, die Leute des Odeons oder die anderen, die Leute der nirgends greifbaren Internationale, oder die sich zu Deutschland bekennen, zu einem Gesamtdeutschland, in das die Akademiker, durch ein Begrüßungstelegramm an die deutschösterreichischen Universitäten, ausdrücklich Deutschösterreich mit einschließen.

A. B.

Hans erzählte mir viel von seinem Umgang mit den führenden Politikern, aber außer Geschäftsfreunden traf ich bei ihm nur einen württembergischen Journalisten Weckerle; der Mann war verbitterter und radikaler als Hans, sympathisierte aber auch mit Eisner. Ich fragte, ob ich nicht Gelegenheit finden könnte, Eisner persönlich kennzulernen. »Gewiß«, sagte Hans, »ich lade euch zusammen ein.« Ich glaubte, er flunkere, aber am 19. II. kam er morgens ins Pensionat. »Heute abend trinken Eisners bei mir Kaffee, laßt euch auch sehen.« Wir wurden halbwegs enttäuscht: nur Frau und Fräulein Eisner waren anwesend. Die Tochter, aus erster Ehe, war ein robustes rothaariges Mädchen, die zweite Frau ein zartes, jugendliches Geschöpf. Beide Damen gaben sich sehr einfach, ohne alle Prätention. Nur daß Frau Eisner in einem schwärmerischen Ton von ihrem Mann sprach, aber nicht, wie man einen mächtigen Staatsmann verehrt, sondern wie man einen Seelsorger liebt und einen Apostel anbetet. Er opfere sich auf für sein Amt, sagte sie; so sei er auch eben jetzt wieder nicht von der Arbeit loszureißen gewesen. Seine Hingabe finde aber auch ihren Lohn; niemand, der ihn nur wenige Minuten sprechen höre, könne ihm widerstehen, grobe Bauern und verbitterte Streikende hätten bei seinen Worten geweint. Ich dachte an den witzelnden Journalisten und fand Frau Eisners Schwärmerei komisch, ich dachte an den Jubel der Tausende neulich, an das hingerissene »Nur über meine Leiche!« des derben Unterleitner und vermochte Frau Eisner nicht ganz unrecht zu geben. Ich sagte ihr, wie gern ich ihren Mann einmal im privaten Kreis gesehen hätte. Da ich mit Hans befreundet sei, werde mir das sicher gelingen, antwortete sie; »Herr Meyerhof ist meinem Mann sehr sympathisch, er holt den für heute versprochenen Besuch bestimmt nach.« Anderthalb Tage nach diesem Zusammensein, am Freitag mittag, dem 21., saß ich im Arbeitssaal über meinem Kolleg, da wurde die Tür laut aufgerissen, so daß alles aufschaute, ein Diener machte ein paar Schritte in den Mittelgang hinein und rief dann mit erregter Stimme: »Bitte aufhören und das Haus verlassen, die Universität wird sogleich geschlossen – der Ministerpräsident ist ermordet worden.« Es gab Tumult und

Durcheinanderfragen. Der Diener wußte wenig. Anordnung vom Rektorat, die Herren möchten nur rasch gehen, daß man das Haus schließen könne – den Eisner sollte ein Korpsstudent auf offener Straße erschossen haben, auch die Handgranate gegen den Landtag neulich werde einem Korpsstudenten zugeschrieben, so hätten jetzt Universität und Technische Hochschule »fei nix z' lachen«. Ich fühlte mich als A. B.-Mann und machte einen Gang durch die Stadt. Schon waren Läden und Restaurants geschlossen, schon hatten sich überall jene runden Menschennester gebildet, die mir im Dezember aufgefallen waren. Durch die Ludwigstraße marschierte ein sehr langer Zug von Arbeitern, Uniformierten und Halbwüchsigen. Man rief »Zur Theresienwiese« und »Rache für Eisner!«, aber es klang nicht übermäßig erregt, auch trug niemand Waffen. Das Aussehen der Stadt wurde bedrohlicher, als Lastautomobile auftauchten, überflattert von roten Fahnen und gestopft voll mit stehenden Soldaten, die ihre Gewehre schußbereit hielten oder ostentativ luden. Aber es fiel kein Schuß. Auch auf der Theresienwiese blieb es ziemlich ruhig. Allzu viele Demonstranten waren wohl nicht erschienen, freilich schrumpften in dem Riesenraum ein paar Tausend zu einem Grüppchen. Mit dieser verhältnismäßigen Ruhe kontrastierte die Heftigkeit der bald verbreiteten Flugblätter: sie forderten zur Unterdrückung der bürgerlichen Presse auf, zum Generalstreik, zur »zweiten Revolution«. Ich ging zu Hans und traf bei ihm den Journalisten Weckerle und zwei mir unbekannte Männer, die als Arbeiterräte bezeichnet wurden. Alle waren furchtbar erbittert, am meisten Weckerle, dessen Gesicht plötzlich eingefallen schien und dessen Augen glühten. Er sprach in abgehackten Worten: »Rache« … und »bürgerliche Geiseln« und »Diktatur des Proletariats« und »Räterepublik«. Daß die Räterepublik schon morgen oder übermorgen proklamiert werden würde, darin waren sich alle einig und ebenso darin, daß nun alle Gewalt an Levien fallen müsse. Der Landtag mit seinen Bürgerlichen werde sich verkriechen.

## München nach Eisners Ermordung
(Von unserem A.B.-Mitarbeiter)

*München, 22. Febr. [1919]*

Der lebendige und der tote Eisner. – Die »zweite
Revolution«. – Graf, Korpsstudent und Offizier. –
Peinliche Ungewißheit. – Das Stadtbild. – Die »Leiber«. –
Auf der Theresienwiese. – Die beunruhigenden Flieger. –
Die vergewaltigte Preßfreiheit. – Der verschwundene
Landtag. – Auer.

Es ist trivial, daß politischer Mord, abgesehen von aller sittlichen Verwerflichkeit, eine Dummheit ist; trivial, daß die Dummen nie alle werden. Aber eine erbitterndere Sinnlosigkeit als der Mord an Eisner ist selbst in diesen letzten Monaten kaum jemals begangen worden. Keiner zweifelte an Eisners völlig reinen Absichten. Er wollte nichts für seine Person, er war, obwohl ihn die Plötzlichkeit seines Aufstiegs natürlich mit Selbstbewußtsein erfüllt hatte, keineswegs von jener peinlichen Eitelkeit Karl Liebknechts, er war auch ohne den blutigen Fanatismus Rosa Luxemburgs. Er wollte seine Hände rein halten von Geld und von Blut. Er hatte immer den besten Willen, und er setzte bei anderen Menschen, mit Vorliebe bei denen im Lager der Entente, wo man den Schein der Humanität so bewundernswert gut um das brutalste Machtverlangen zu schleiern weiß – er setzte dort (siehe Bern!) die gleiche Seelenunschuld voraus. Deshalb war er politisch so sehr zu bekämpfen, deshalb stand er – wie ich das neulich beschrieben habe – im Druck der Parteien von rechts und links all in seiner Ahnungslosigkeit noch immer aufrecht, vielmehr er schwebte, da ihm der feste Boden längst entzogen war und da er mit dem festen Boden ja auch nichts anzufan-

gen wußte, und deshalb hat der tote Eisner heute unendlich viel mehr Anhänger, als der lebende je besessen hat. Er ist ein Märtyrer, sagen die einen; bedauernswert nennen ihn die andern, und die meisten meinen, daß mit ihm und wahrscheinlich über ihn, den Lebenden, sehr bald hinweg eine ruhige Entwicklung möglich gewesen wäre, daß der Landtag sich eingearbeitet, sich Autorität erzwungen und sich bald eine vernünftigere Regierung gesetzt hätte.

Jetzt dagegen … Man ist descartisch gestimmt. Die einzige Gewißheit ist der Zweifel an allem. Noch ist es ruhig, oder was man in diesen bescheidenen Zeiten so nennt. Ruhig, von einigen nächtlichen Schießereien, einigen Redaktionsbesetzungen und der üblichen Streikerei abgesehen, der sich der Bayer um so lieber überläßt, als man ihm die südliche Fülle der katholischen Feiertage ja längst genommen hat. Aber was die nächsten Stunden schon bringen werden, weiß niemand; und was sie auch bringen werden: die Unsicherheit wird bleiben, und das böse Schlagwort der »zweiten Revolution«, das gestern sofort in die erregte Masse geworfen wurde, hat unheimliches Leben gewonnen. An den Litfaßsäulen klebt ein großes Plakat, wenige sehr geschickte Worte von *Fechenbach*, dem Privatsekretär des Toten. »Eisners Vermächtnis« ist die Überschrift, und es enthält die Aufforderung an alle Sozialdemokraten, sich zu vereinigen. Erfolgt diese Vereinigung, so nunmehr sicherlich *unter Führung der radikalen Elemente*; erfolgt sie nicht, so ist die Zerklüftung, so ist die Unsicherheit nur noch größer. Das Bürgertum ist im Augenblick recht hilflos. Ein »Graf« hat den unblutigen Eisner erschossen, er soll auch Korpsstudent sein. Graf und Korpsstudent und Offizier und Kapitalist und Bourgeois – das ist jetzt alles ein Aufwaschen, für feinere Unterscheidungen ist keine Zeit. Übrigens muß leider gesagt werden, daß sich das Korpsstudententum hier möglichst unerfreulich und herausfordernd benommen hat und in der Universität selbst unter Dozenten und Hörern mindestens so viele Gegner besitzt wie die unabhängigen Sozialdemokraten an den Regierungssozialisten. Aber ich kann nur schreiben – und auch das ist charakteristisch für die augenblickliche Lage –, daß der Mörder ein Korpsstudent »gewesen sein *soll*«. Denn ob er es wirklich war und ob er noch lebt, das weiß das Publikum hier so wenig, wie es von *Auers* Zustand weiß und wie es weiß, welcher Richtung denn das Attentat auf Auer zuzuschreiben ist. Rache der Unabhängigen – die Reaktionäre haben mit der Regierung überhaupt aufräumen wollen — unsinnige Tat eines verbitterten einzelnen Eisneranhängers … dies und noch vielerlei anderes hört man, und alles lebt in Ungewißheit.

Mit einem Schlage war gestern das ganze Stadtbild verändert. Ehe man noch wußte, was vorgegangen, verspürte man schon die Wirkungen. Plötzlich stockte der Straßenbahnverkehr, schlossen Läden und Restaurants, strömten die Studenten aus der Universität und der Technischen Hochschule, die sogleich bis zum Montag geschlossen wurden. Schon die neuliche Handgranate gegen den Landtag wird mit vieler Bestimmtheit einem Korpsstudenten zugeschrieben, und so hat denn gerade die Universität »fei nix z' lachen«. Dann sah man einen langen, langen Zug von Arbeitern, Halbwüchsigen, Uniformierten die Ludwigstraße überqueren. »Zur Theresienwiese!« — »Rache für Eisner!« — »Nieder mit die Schwarzen!« wurde gerufen, aber im ganzen zogen die Leute merkwürdig ruhig und ernsthaft einher. Das Publikum sah ihnen recht gedrückt zu. Noch seien sie waffenlos, hörte man mit fataler Betonung des »Noch« häufig genug konstatieren. Dann bildeten sich, auf Straßen und Plätzen, die merkwürdigen *kreisrunden Menschennester*, die vielleicht eine besondere Münchener Eigentümlichkeit sind. Irgendwo im Kern des Knäuels wird etwas gesprochen oder erzählt, gar nicht sonderlich laut, der Knäuel steht um den Kern und fragt, was es dort gebe. Fünf Schritt entfernt ein zweiter, ebenso symmetrischer Knäuel und ein dritter, sechster, zwölfter. … Ein Schuß würde genügen, die Verschmelzung dieser Gruppen, die chaotische Masse zu formieren. Und ich wunderte mich eigentlich den ganzen Tag über, daß dieser Schuß nicht fiel. Denn sehr bald tauchten Lastautomobile auf, die gestopft voll waren von stehenden Soldaten, und jeder hielt sein Gewehr schußbereit, und mancher lud es, mehr ostentativ als vorsichtig. Auch Maschinengewehre hatte man auf den Wagen. Aber die Hauptsache waren die großen roten Fahnen. Manche schön einfach rot, manche mit Inschriften, eine gar mit dem türkischen Halbmond; sie war aber so schön rot, daß der nicht störend wirkte. Die Leute jubelten, und stellenweise hätte man den Ernst des Ganzen sehr wohl vergessen und *an eine Faschingsbelustigung* denken können. So saßen z.B. auch fröhlich vergnügt in der Türkenkaserne die Leiber auf den Fensterbrettern und ließen die Beine herunterbaumeln und spaßten mit den Vorübergehenden. Die Leiber gelten für beinahe monarchistisch, bei ihnen befindet sich auch ein Teil der Matrosen einquartiert, die vor einigen Tagen den dunklen Putsch »zum Schutze des Landtags« unternahmen. »Seid ihr eingesperrt?« riefen vorübergehende Kameraden lachend herauf. »Na!« kam die ebenso vergnügte Verneinung. … Flugblätter forderten zur Rache auf und zur zweiten Revolution und zur Versammlung auf der Theresienwiese, berichteten auch von einer Tagung des Arbeiter- und Soldatenrates im Deutschen Theater.

Vielleicht ist dadurch das Interesse gespalten worden; denn trotz des herrlichen Frühlingswetters, das die Alpen in zarten Linien am Horizont erscheinen ließ, wurde es bei der Bavaria nicht übermäßig belebt; freilich schluckt die *Theresienwiese* so ungeheure Menschenmengen ein, daß ein paar Tausend auf ihr wie ein Häufchen aussehen. In solch einem nicht übermäßigen Gedränge sah ich am späteren Nachmittag einen Matrosen auf einfachstem Gerüst stehen. Er schrie mit großer Stimmkraft. Man hörte einzelne beruhigende Worte wie »Nicht gerade ein Blutbad – aber einsperren – Offiziere – Reaktionäre – Mörder ...« In der Stadt selber war das Treiben eigentlich sehr viel lebhafter und bedrohlicher als auf der Wiese. Vor der »München-Augsburger Zeitung«, die bereits besetzt war, schlenkerten Soldaten ihre Handgranaten, Anschläge forderten zur Besetzung der ganzen, an allem schuldigen bürgerlichen Presse und zum Generalstreik auf. Und überall Gedränge, überall die ominösen feuergefährlichen Automobile. Schließlich bei sinkender Sonne gab es eine ästhetische Ablenkung, einen schönen, vorläufigen Abschluß. Über dem Sendlingertorplatz erschien ein halbes Dutzend

*Flieger* auf einmal. Sie strahlten und glitzerten unter dem blauen Himmel in vielem Licht, sie fuhren die kühnsten Kurven, machten die tollsten Sturzflüge und Überschlagungen, streiften bald die Dächer, erhoben sich bald ins Märchenhafte; und warfen überall Mengen von Flugblättern ab, die jetzt erst ihren Namen recht verdienten, die sonnenfunkelnd wie Schwärme weißer Tauben aussahen und die, herabsinkend, wirklich eine Art Beruhigung brachten: die Aufforderung zur Ruhe, die Ankündigung des Standrechtes, den Befehl, um sieben Uhr die Straßen zu verlassen.

Es wurde dann auch ruhiger, die Straßen wurden leer. ... Aber in der Nacht ist geschossen und geplündert worden (schon gestern konnte man Anhäufungen vor der und jener Villa sehen, »die wo Lebensmittel im Keller hat«), heute früh schon tagen Versammlungen, der Streik herrscht, Post und Zeitungen fehlen, die Arbeiterschaft wird bewaffnet ... Und das einzig Gewisse ist die Ungewißheit.

*

*Nachschrift.* Auf dem Bahnhof hieß es, »bei derer Gaudi« wisse man nicht, wann ein Brief nach Leipzig komme; ich sende also auf Geratewohl dem Brief von heute morgen noch einige Zeilen nach.

Als ich hier für das Feld ausgebildet wurde, mußte ich manchen Sonntag in der Kaserne vertrauern: die Garnison hatte Arrest, weil irgendein Soldat in irgendeiner Rauferei zum Messer gegriffen hatte. Jetzt habe ich wieder Arrest, mit der gesamten Bevölkerung zusammen, zum mindesten von 7 Uhr abends an, und gerade so unschuldig wie damals. Der Fanatismus eines einzelnen hat es mir eingebrockt, wie damals der Alkoholismus eines einzelnen ... An Stelle der unterdrückten bürgerlichen Zeitungen ist »Jahrgang eins, Nummer eins« – eines für alle – das »Nachrichtenblatt des Zentralrats« erschienen; es wehrt sich gegen die Unterstellung, daß *Auer* einem spartakistischen Racheakt zum Opfer gefallen sei, und hält »derartig mörderische Gemetzel im Noskestil, wie sie in Berlin, Bremen und anderswo verübt wurden«, in München für eine Unmöglichkeit.

Wir sollten eigentlich zufrieden sein; der Tag ist ruhig verlaufen, Plünderern und Dieben drohen Maueranschläge mit Erschießung, die Waffen der Arbeiterschaft, die die Revolution schützen sollen, sind nirgends eingesetzt worden, weil sich nämlich kein Gegner fand. (Aber nun ist das natürlich nur die Feigheit der Bourgeoisie und Reaktion!) Und auch eine Zeitung haben wir ja wieder, sie bringt sogar, aus altem Material offenbar, die Todesanzeige eines Korpsstudenten mit dem Korpszirkel.

Und doch muß jedem, der nicht ganz, aber auch ganz verbohrt die Lage ansieht, übel genug zumute sein. Niemand weiß hier, wo der *Landtag* geblieben ist. Ich sprach drei Arbeiterräte. Der eine sagte: Er habe sich verkrochen, der andere: »Wir schmeißen ihn heraus«, der dritte: »Wir sind alle einig, die Bauernräte auch; von heute ab wird es nur noch eine Räterepublik Bayern geben!« Und alle sagten, es gebe hier keine Mehrheitssozialisten, Unabhängigen und Spartakisten mehr, nur noch ein einiges Proletariat, und dessen Elfmännerausschuß, darunter auch Dr. Levien, regiere souverän. So heißt denn die Einigung hier: Vorherrschaft der äußersten Linken. Man darf sich fragen, wie viele Bayern (die doch eben einen so ganz anderen Landtag gewählt haben!) hinter dieser Diktatur des Proletariats stehen, man darf auch fragen, was denn die Nationalversammlung, was das Reich mit dieser Räterepublik anfangen solle, die ein Hohn auf die Demokratie werden muß. Ein Hohn auf die Freiheit! Denn heute schon ist *die bürgerliche Presse unterdrückt*, heute schon arbeitet die humane Regierung *mit dem Mittel der Schutzhaft*, »um die Bourgeoisie vor der Bestie zu schützen, die eben die Bourgeoisie losgelassen hat«. Aus der gleichen mündlichen Quelle will ich noch hier zitieren: »Wir werden die Bande ausräuchern, wir müssen Geiseln verlangen.« Ich erwiderte aus guter Kenntnis der Universitätsstimmung, die Korpsstudenten, soweit sie im geringsten mit dem Täter oder dessen Gesinnung sich solidarisch erklärten, hätten nirgends erbittertere Feinde als in der Universität selber. Antwort: Warum ist die Studentenschaft nie für Eisner eingetreten?! – Was soll man darauf erwidern? In solchem Aburteilen über ganze Gruppen, über alle Gruppen, die nicht zum Proletariat selber gehören, ergeht sich die gegenwärtig herrschende Partei. Und fühlt sich im Recht und stark, weil sie einen Märtyrer für sich hat. Von Auer übrigens redet man nur nebenher; er lebt ja noch, und dann: er hat ja immer gegen Eisner konspiriert!

Wenn ich heute den Brief lese, den ich unmittelbar unter diesen Eindrücken für die »Leipziger Neuesten Nachrichten« schrieb, so bin ich eigentlich verwundert, daß sie ihn abgedruckt hat, denn er paßt nur notdürftig in ihr reaktionäres Gewebe. Gewiß, ich empfand die drohende Spartakusherrschaft als sinnlose Sklaverei und hielt auch wenig von Eisners Regierungskunst. Aber ich unterstrich sehr stark die völlige Lauterkeit seiner Absichten, die Reinheit seiner Hände von Geld und von Blut. Ich nannte die Mordtat des Grafen Arco, die man sehr bald von rechts her zu verherrlichen begann, »erbitternd sinnlos«, ich nannte das Verhalten der Korpsstudenten, zu denen man den Grafen rechnete, »möglichst unerfreulich und herausfordernd«. Wenn ich hinzufügte, daß die Mehrzahl der Studierenden und Dozenten dies Verhalten durchaus ablehne, so war das damals nicht nur meine ehrliche Überzeugung, sondern wahrscheinlich traf es in diesem Augenblick auch noch wirklich zu. Erst die nächsten Monate brachten einen Umschwung. Es kam nun nicht so, daß auf Eisners Ermordung unmittelbar die Münchener Räterepublik folgte.

Vielmehr herrschte bis in den Anfang April ein sich allmählich verschlechternder Zwischenzustand. Es wurde gestreikt, man unterdrückte die bürgerlichen Zeitungen,
man schoß gelegentlich, man plünderte gelegentlich eine
Villa; aber eine gewisse Bewegungsmöglichkeit der Gemäßigten und der Rechtsparteien bestand noch immer, eine
wirkliche Diktatur des Proletariats war noch nicht erreicht,
offener Krieg mit dem Reich oder, wie man sich aus-
drückte, mit »Weimar« wurde noch nicht geführt. In dieser Zwischenzeit ließ ich die Journalistik ruhen. Eine Weile
fehlte der äußere Anreiz, weil die Leipziger Presse durch
Generalstreik matt gesetzt war, und eine Weile nahm mich
eine schwere Erkrankung meiner Frau sehr in Anspruch.
Das begann harmlos als Zahnabszeß und steigerte sich
rasch zu einer bösen Sepsis. Hier bewährte sich unser Zim-
mernachbar Leo Ritter aufs menschlichste. Halbe Nächte
war er hilfreich zur Stelle. Ich war so in Sorge, daß ich nur
mühselig meiner Dozentenpflicht nachkam. Darüber hinaus langte es allenfalls zu einer Notiz im Tagebuch, aber
keineswegs zu einer geformten Studie. Erst Ende März
konnte meine Frau wieder aufstehen, wir glaubten, sie habe
das Unheil ganz überstanden, und mein Kopf wurde freier.
Mit alledem ist aber nicht gesagt, daß ich in der wechselnden Atmosphäre des Krankenzimmers und der Universität
die Politik vergessen hätte. Sie ließ sich nirgends vergessen,
sie drang überall ein und dominierte. Wenn Ritter zu meiner Frau kam, erzählte er von Graf Arcos Befinden und
von den Bemühungen der Spartakisten, ihn ins Gefängnis
zu überführen. Der Mörder war am Tatort selber von
einem Wachtposten übel angeschossen worden und lag

nun auf den Tod in Sauerbruchs Klinik. Sauerbruch wei-
gerte sich, ihn herauszugeben, und je schroffer die Spartakisten auftraten, um so mehr verklärten die Bürgerlichen
und insbesondere die Studenten den Grafen zu ihrem Helden. Ging ich zur Universität hinüber, so sah ich von ihrem
Dach die rote Fahne wehen, und ihre Eingänge waren bis
auf einen Spalt geschlossen, niemand passierte ohne Legitimation. Daß die Gespräche in oder vor dem Arbeitssaal
der Politik galten, versteht sich, aber kaum anders als 1915
in Neapel drang sie nun auch in den Kollegsaal. Ich hatte
in meinem Abiturientenkurs Referate verteilt. Ein junger
Mann erhob sich in straffer Haltung: »Leutnant Strasser.«
(Es war ganz unüblich, hier seinen militärischen Rang zu
nennen. Der sehr junge Mensch sprach übrigens ohne
Stimmaufwand und betonte Schneidigkeit.) »Ich habe
Goethes Jugend übernommen, nach ›Wahrheit und Dichtung‹. Würden Herr Professor gestatten, daß ich statt dessen über Wesen und Ziele des Spartakusbundes spreche; es
ist so nötig, meine Kommilitonen darüber aufzuklären.«
Sofort erhob sich sehr heftiges Scharren, es war deutlich,
daß kaum ein Anwesender mit dem Spartakusbund sympathisierte. Ich bat um Ruhe und sagte ungefähr das gleiche (nur unpathetischer), was ich damals den Studenten
in Neapel gesagt hatte: wir sollten die Politik hier beiseite
lassen und arbeiten. Der Erfolg war gut, Strasser setzte sich
ohne Widerspruch, und ich konnte fortfahren. Nach dem
Kolleg kam er an mein Katheder, ob er mir seinen Standpunkt erklären dürfe. »Gern – nur eben nicht im Kolleg –
begleiten Sie mich.« Er erzählte, er habe den Krieg als österreichischer Freiwilliger mitgemacht, er habe vorhin seinen

Offiziersrang betont, weil die Offiziere im allgemeinen auf der rechten Seite stünden, er habe es für notwendig gehalten, gerade in der Universität vom Spartakusbund zu sprechen, weil die Studenten sich täglich reaktionärer zeigten; er sei überzeugt, daß die Herrschaft des Kommunismus nicht aufzuhalten sei, daß nur sie die allgemeine Rettung zu bringen vermöge … Ich unterbrach ihn, für meine Person sei ich vom mittleren Standpunkt nicht abzubringen und jedem Extremismus abgeneigt, und als Lehrer müßte ich durchaus darauf halten, daß meine Unterrichtsstunden von ihrem eigentlichen Lehrgegenstand erfüllt blieben. Er verabschiedete sich und ließ sich im deutschen Kurs nicht mehr sehen. Aber sein Name sollte mir wieder begegnen. Um einmal abends mit Lerch Vossler aufzusuchen, mußte ich einen Passierschein von der Polizeiwache holen, denn von 7 Uhr ab war der Aufenthalt auf der Straße verboten. Der Passierschein wurde mir nach längerem Erwägen und Zögern »zum Zweck einer wissenschaftlichen Konferenz« gegeben, eigentlich sollten ihn nur Ärzte und Hebammen haben. Es war mir nicht unlieb, daß bei dieser Konferenz »politisiert« wurde, denn wenn ich mit Vossler und Lerch allein war, fühlte ich mich auf philologischem Gebiet einer erbarmungslosen feindlichen Übermacht gegenüber; ich ging nur hin, um mich nicht in die peinliche Lage gekränkter Abseitigkeit versetzt zu sehen. Politisch gab es gar keine schroffen Gegensätze zwischen uns. Noch war ich überhaupt der Meinung, mit meiner akademischen und bürgerlichen Umgebung im wesentlichen in Einklang zu stehen. Selbst zwei sehr unangenehme Zwischenfälle bei den peinlichen Antrittsvisiten hatten mich nicht übermäßig stutzig gemacht. Diese Antrittsvisiten, die sich über das ganze Jahr 1919 hinzogen und nie ein Ende nahmen! Die Fakultät hatte über 70 Mitglieder, und es galt als Pflicht des Neuhinzukommenden (und nun gar des Anfängers und Privatdozenten), alle zu besuchen, alle nach Möglichkeit am Sonntagvormittag, alle in Gehrock und Zylinder, die Verheirateten gemeinsam mit der Frau, die Ledigen und Witwer allein. Lange und unentschieden diskutiert wurde zwischen Lerch und mir über den Fall Jordan (dessen Gattin befand sich in einer Nervenklinik). An dem Sonntag, bevor meine Frau zum Liegen kam, konnten wir nur zwei Besuche machen, denn beidemal wurden wir empfangen. Zuerst bei dem Anglisten Schick, den ich schon 1902 gehört hatte. Die Frau Geheimrat, eine grauhaarige Engländerin, nach mehreren Münchner Jahrzehnten fließend Deutsch sprechend, aber mit penetrant englischem Akzent, empfing uns in Abwesenheit ihres Mannes mit überströmender, stark pastoral getönter Herzlichkeit. Sie ergriff meine Frau an beiden Händen, zog sie dicht neben sich auf das Plüschsofa: »Wir Frauen« müßten jetzt zusammenhalten, um die Wunden des Krieges zu heilen, es dürfe nicht Engländerinnen geben und Deutsche und Französinnen, nur eben Frauen, nur eben Frauen und Gattinnen. Ja, und ob wir denn wirklich dächten, daß die Engländer den Krieg gewollt hätten? So wenig wie die Deutschen, so wenig wie die Franzosen seien sie blutgierig gewesen, niemand, nein niemand habe dieses Morden auf dem Gewissen außer ganz allein die Juden, denen allein er Gewinn gebracht habe. Wir sahen die alte Dame in schweigender Verblüfftheit an, sie nahm es für Mitgefühl und predigte weiter über die schwesterliche Verbundenheit aller weiblichen Herzen. Die Nächsten in der Reihe dieses Sonntags, an dem wir sechs Besuche abzutun gehofft hatten – man gab die Visitenkarte ab, und »Die Herrschaften werden sehr bedauern, Sie verfehlt zu haben«, sagte das wohlerzogene Dienstmädchen –, waren Joachimsens, ein Ehepaar in mittleren Jahren. Der Mann, Historiker der neuern Geschichte, war als deutschnational bekannt. Gleich war das Gespräch bei der Schwäche des Landtags und dem Abgleiten ins Bolschewistische. Ich sagte, ich sei mit Eisners Politik gar nicht einverstanden gewesen, aber die Mordtat des Grafen Arco bringe alles in eine noch größere Verwirrung, als sie Eisner hätte anrichten können. Da bekam Frau Joachimsen einen hysterischen Anfall. »Sie wagen es, den Grafen einen Mörder zu nennen«, schrie sie, »Sie wagen es, ihm schuld an unseren gräßlichen Zuständen zu geben. Aber er hat sich für uns geopfert, er hat uns aufgerüttelt, er hat uns von dem Galizier befreit, ich verehre ihn wie einen Erlöser, ich wünschte, ich dürfte ihn pflegen, ich bin nicht wert, ihm die Schuhriemen zu lösen« – und sie lief schluchzend aus dem Zimmer. Ihr Mann sagte verlegen und begütigend, seine Frau sei mit den Nerven gänzlich herunter; ihr leidenschaftlicher Patriotismus habe allzusehr gelitten, ich sprach mein Bedauern darüber aus, sie erregt zu haben, und wir gingen mit betrübtem Händeschütteln auseinander. Unten erklärte ich, wir dürften uns durch die Duplizität der Ereignisse nicht in unserer Meinung beeinflussen lassen und von der Verschrobenheit zweier hysterischer Weiber nicht auf die Gesinnung der Fakultät oder gar der gesamten Universität schließen.

Gewiß, die Mehrzahl der Professoren und Studenten mochte eher ein bißchen reaktionär als demokratisch gesinnt sein, aber wenn ich den spartakistischen Fanatismus bei Hans zu spüren bekam, dann schien mir die Gesinnung der Akademiker begreiflich, und ich empfand sie mindestens als das kleinere Übel. Wie ein böser Engel stand Weckerle neben Hans und unterjochte ihn täglich mehr. Was mich an Weckerle so über alle Maßen abstieß, war das unreine Element, die gemeine, seinem Fanatismus beigemischte Schlauheit. Einen reinen Fanatiker betrachte ich als den Feind der Menschheit; man muß ihn unschädlich machen. Aber man kann ihm seine Unzurechnungsfähigkeit zugute halten und braucht ihn nicht zu hassen. Ich fragte Weckerle einmal, warum er gerade in München für seine Idee wirke, er sei doch so stolz auf seinen württembergischen Kopf, er spotte doch so oft über die »bayrischen Kluibenschädel«. Da platzte er lachend heraus: »Eben deshalb – je dümmer, je besser, und mit ihnen kann man alles anfangen.« Es kam ihm nicht aufs Überzeugen an, nur aufs Verführen … Ich sprach wiederholt darüber mit Hans, es half nichts. Für ihn waren die Kluibenschädel schuldlose Kinder, die man mit kindlichen Mitteln für das Gute gewinnen mußte, und das Gute war im Kommunismus, im Spartakusbund, in der Sowjetrepublik verkörpert. Es fehlte Hans auch nicht an einem guten Engel, der ihn vielleicht gerade deshalb ein klein wenig vor den ärgsten Verstrickungen zurückhielt, weil er in seinem robusten Wesen gar nichts Engelhaftes an sich hatte. Das war der kräftige Bayer Hamecher, vor dem Krieg, den er an vielen Fronten mitgemacht hatte, Bankbeamter, jetzt stellungslos und gezwungen, irgendwie den Unterhalt für sich und eine Kriegswitwe zu erwerben, eine zarte, stille Person, mit der er in unstandesamtlicher, aber guter und friedlicher Gemeinschaft lebte. Er war Händler wie Hans, und ganz ohne Schleichhandel ging es bei ihm auch nicht ab. Doch lag ihm gar nicht an Räuber- und Schmugglerromantik, er bewahrte in allem, was er tat, einen Fonds von bon sens und Biederkeit, er strebte zur Bürgerlichkeit zurück. Als ich ihn kennenlernte, war er gerade dabei, sich als Markenhändler aufzutun, und durch ihn kam ich auch ins Markensammeln. Gerade damals wurde das Markensammeln aus einer Beschäftigung der Halbwüchsigen und einiger erwachsener Spezialisten zu einer Angelegenheit aller, und durch Hamecher wurde mir das Ineinander des idellen und des praktischen Grundes hierfür klar. Jetzt, wo die Staatsgrenzen und Regierungsformen flüssig geworden waren, wechselten die Markenbilder immerfort, und wer sie sammelte, erwarb sich eine Bildergalerie der Zeitgeschichte – er erwarb zugleich aber auch – das Wort war neu – etwas Wertbeständiges. »Wenn ich mit einem Bündel Hundertmarkscheine nach Zürich reise«, sagte mir Hamecher, »so weiß ich nicht, wieviel Franken sie mir dafür zahlen. Wenn ich aber ein paar gute Marken im Portefeuille habe, dann weiß ich, woran ich bin, in jeder Währung wird mir ihr voller Sammlerwert ausgezahlt.« In späteren Jahren wurde Hamecher ein angesehener Markenhändler, das behäbig gewordene und nun ganz legitime Ehepaar besuchte uns in Dresden, und wir plauderten über die wilden Münchner Tage. Damals, das ganze Jahr 1919 hindurch, vermochte er vom Markenhandel allein noch nicht zu leben. Einmal

bat er mich um Rat über den Wert einer kleinen Bibliothek, die ihm zum Verkauf übergeben worden und auf dem
Fußboden des Hinter- und Gerümpelzimmers einer kleinen Schwabinger Dachwohnung aufgestapelt war. Ich sah
nach wenigen Blicken, daß hier kein hoher Preis herauszu-
schlagen war. Es handelte sich um die typische Büchersammlung eines Journalisten, der mehr Interessen als Geld
besessen hatte. Die teuren Stücke waren meist broschiert
und mit dem Aufdruck »Rez. Ex.« versehen, sie gehörten
den verschiedensten Wissensgebieten an, häufiger der
schönen Literatur und der Kunst als der Geschichte und
Politik. Die eigenen Anschaffungen bestanden zum über-
wiegenden Teil aus Reclambändchen, von denen viele, die
verwandte Themen behandelten, in billigen Pappdeckeln
fest zusammengebunden waren. Hier dominierte durchaus das philosophische und ästhetische Interesse, Politisches war nicht zu finden. Als einzigen fremdsprachlichen
Band fand ich ein Schulbuch – Abrégé de la Syntaxe française. Ich öffnete es, da enthielt der Deckel eine in Zürich
gedruckte antimilitaristische und kommunistische Flugschrift vom Jahre 1916. Alle diese Bücher trugen in klci-
nem blaum Stempel den Namen ihres Besitzers: Kurt Eisner. Es ist im allgemeinen nicht schwer, den Beruf eines
Menschen aus seiner Bibliothek zu erkennen ..., daß dies
aber die Büchersammlung eines Staatsmannes und Ministerpräsidenten darstellte, wäre ohne den eingezeichneten
Namen keinem erkennbar gewesen. Eisners Witwe hatte
sie an Hans und Hans an Hamecher gegeben. Viel vermö-
gen gute Engel gegen böse selten auszurichten, und Hans
ließ sich nicht davon abhalten, in den Spartakusbund ein-

zutreten. »Hans«, sagte ich, »es ist doch unmöglich, daß du diesen Levien für einen ehrlichen und gutartigen Menschen hältst?« – »Der, ehrlich und gutartig? Ein Zuhälter ist er, ein geisteskranker Verbrecher, und ich sage es ihm ins Gesicht. Aber was hat das mit dem Wesen des Spartakusbundes zu tun. Ich bin beigetreten, gerade weil ich für die Reinheit seiner Ziele wirken will. Es ist so notwendig, sich gegen die Reaktion zu wenden, die Regierungssozialisten sind ja schlimmer als die Junker vor dem Krieg, dieser Bluthund Noske ...« Hamecher stand dabei, als Hans so deklamierte. »Da kannst nix macha ...«, sagte er lächelnd. »Aber hören's, Meyerhof, mir sind ein paar Tausend Schweizer Stumpen angeboten worden, da könnten wir zusammen etwas unternehmen.« – Die Räterepublik, von der seit Eisners Tod täglich geredet wurde, kam zuletzt doch überraschend und geheimnisvoll. Für die Münchner Allgemeinheit begann sie am Montag, dem 7. April, mit einer Proklamation des Zentralrats und einigen Aufrufen und Flugblättern. Die russische und die ungarische Räterepublik wurden brüderlich begrüßt, von Weimar, von dem »Kaiserdeutschland mit republikanischem Aushängeschild«, wie es in einem Aufruf Erich Mühsams hieß, sagte man sich los. Wo der bayrische Landtag, wo die von ihm bestätigte mehrheitssozialistische Regierung Hoffmann steckte, war im Augenblick unbekannt. Eigentlicher Herr über die neue Räterepublik schien oder war an diesem 7. April und für etwa acht Tage der Volksbeauftragte für die geistigen Angelegenheiten Gustav Landauer. Für mich selber hatte dieser Umschwung eine besondere Überraschung. An dem Gitter vor dem Universitätseingang hing ein großer Zettel in Maschinenschrift. Die Universität sei geschlossen, Rektor, Senat und Professorenschaft seien abgesetzt, nach den Osterferien werde hier eine neue, dem Volke dienende Hochschule mit neuem Lehrkörper eröffnet werden. Nach Anordnung Landauers, »im Auftrag Strasser«. Das war mein Leutnant vom Spartakusbund. Das Gitter der offiziell also geschlossenen Universität ließ aber wie in den vorangehenden Wochen einen Spalt offen, und es herrschte ein starker Verkehr. In der Halle redete ein Student mit erregter überschriener Stimme auf ein Kommilitonenknäuel ein. Ich verstand einzelne Satzstücke: »Wir vom Betriebsrat ... mit unseren Köpfen haftend ... beschwöre Sie, nach Hause zu gehen ... Maschinengewehre können gleich eintreffen ... Gefahr eines Blutbades ...« Die Rede hatte keinerlei Wirkung, weder aufreizende noch einschüchternde, man hörte interessiert, teils lachend zu und ging nicht nach Hause.

## Die Vorgänge an der Universität München

*A.B., München, 8. April [1919]*

Das ist nun ein ganz besonders tragikomisches Kapitel. Und da es sich immer mehr zu besonderer Wichtigkeit auswächst und da einiges davon charakteristisch und sozusagen symbolisch ist für die Reife und den Geist der neuen Herren, so darf ich wohl ausführlicher erzählen, was mir sehr genau bekannt ist. Nur bitte ich, nicht für einen

Aprilscherz zu nehmen, was den Tatsachen entspricht. Die Universität hatte hier, wie ja gewiß auch in Leipzig, sogenannte Vorbereitungskurse eingerichtet. Darin wurden Kriegsteilnehmer, die ohne Abiturium ins Feld gegangen waren, zur Ablegung des Abiturientenexamens vorbereitet, während sie zugleich ihr Studium beginnen durften. Es handelt sich da also um ganz junge Menschen, die eigentlich noch gar keine Füchse, sondern sozusagen Minus-erste-Semester sind. In einem dieser Kurse verteilte ein Privatdozent vor etwa 14 Tagen Vortragsthemen als Vorübungen zum deutschen Prüfungsaufsatz. »Herr Strasser, bitte, sprechen Sie nächste Woche über den jungen Goethe.« Herr Strasser erhebt sich, 19jährig, in österreichischer Uniform ohne Abzeichen. »Dürfte ich Herrn Doktor bitten, statt über den jungen Goethe über den Spartakus-

bund und seine Ziele zu sprechen? Davon wissen meine Kommilitonen weniger, ich möchte sie aufklären.« Verblüffung des Dozenten, furchtbares Scharren der Klasse – Pardon! des Auditoriums. Zur Ehre des Herrn Strasser sei gesagt, daß er sich von der Unmöglichkeit seiner Bitte überzeugen ließ. Wie verwundert aber war ich, am Montag einen fast wörtlich so lautenden Anschlag an der geschlossenen Universität zu finden: »Als Bevollmächtigter des Zentralrates erkläre ich die Universität für geschlossen, den Senat für abgesetzt, den Lehrkörper für aufgelöst. Nach den Ferien wird eine revolutionäre Volkshochschule eröffnet werden. Strasser.« Der Anschlag ist von den Ereignissen überholt, aber sein wesentlicher Inhalt hat Geltung: tatsächlich besteht die Universität in diesem Augenblick, besonders seit einem heute vormittag gefaßten Beschluß aller Fakultäten, nicht mehr. Es darf noch bis zum 12. April gelesen werden, und dann kann die Komödie der revolutionären Hochschule beginnen. Herr Landauer leitet, und seine Bevollmächtigten bestehen aus 6 Leuten, von denen einen gezeichnet zu haben wohl genügend ist. Man hat einen revolutionären Betriebsrat (!) gebildet, hat aber den Studenten zur Abreise geraten, will über Ostern die Neuschöpfung vollziehen.

Von vielen Versammlungen und Beratungen zu dieser Sache will ich zwei entscheidende schildern. Gestern tagte im Auditorium maximum eine Studentenversammlung, in der aufgeklärt und beschwichtigt werden sollte. 1000 Sitzplätze sind vorhanden, eine doppelte Hörerzahl drängte sich, die Fenster zu den Korridoren des ersten Stockwerks waren entfernt, auch dort hingen ganze Büschel von Akademikern. Nie habe ich so viel Toben, so mannigfaltigen Menagerielärm, so virtuos gellendes Pfeifen gehört, nie auch so wütende, antisemitische Ausbrüche. Aller Zorn richtete sich gegen die kleine radikale Studentengruppe, die mit den neuen Regierungsmännern geht. Und dann kam ein Augenblick, in dem etwas zugleich Komisches und Hinreißendes geschah. Jemand verlas ein irgendwie hereingebrachtes, Ihnen in Leipzig gewiß längst bekanntes, uns von der wahrheitsgetreuen sozialisierten Presse gespeisten Münchnern ganz neues Manifest: »Die alte Regierung besteht, sie allein kann Änderungen treffen, sie hat München verlassen, sie wird neue Weisungen geben. Nürnberg, am 7. April. Ministerpräsident Hoffmann.« Minutenlanger wahnsinniger Jubel, Trampeln, Klatschen, Schreien, ein Begeisterungsausbruch, wie man ihn seit dem

August 1914 hier nicht mehr gehört hat, war die Folge. »Ich habe gar nicht gewußt, daß ihr Kommilitonen so sozialistisch gesinnt seid«, sagte nachher Professor *Schmid Noerr*. Und das war ja das Komische und zugleich das Tragische an der Sache. Nein, sozialistisch sind die Studenten hier gar nicht und leider auch zu einem sehr großen Teile nicht ein bißchen sozial gesinnt und nicht ein bißchen politisch reif. Aber sie haben doch das Gefühl, zwischen Hoffmann und Landauer das kleinere Übel mit Hoffmann zu wählen, in Hoffmann, in der alten Regierung verkörpert sich ihnen wenn auch in trauriger Verfassung, so doch noch Staat, Ordnung, Vaterland. Traurig und komisch zugleich war dieser Jubel. Professor Schmid Noerr, der ihn ironisierte, war der eigentliche Redner der Versammlung. Er sollte die Reformpläne der sozialistischen Studentengruppe

entwickeln. Er tat es derart, daß er wirklich Ruhe und Beruhigung erzielte. Schmid Noerr, aus Heidelberg, ist ein reiner Idealist. Was er an Plänen für eine neue Volkshochschule aufstellte (und dieser Tage in einem Buche veröffentlichen wird), ist schwärmerisch schön, enthält nur leider manche Utopie und auch manche verschwommene Banalität.

Um dies alles geht es jetzt ja gar nicht in erster Linie. Worum es geht, das wurde heute in einer entscheidenden Sitzung des gesamten Lehrkörpers unter dem Vorsitz des Prorektors *von Müller* (des bedeutenden Mediziners) klar. »Sie wollen Skalpe sehen«, sagte ein Professor, der mit Landauer verhandelt hat, »die internen, die eigentlich wissenschaftlichen Änderungen sind ihnen viel weniger wichtig.« Kurz gefaßt: aus dem Nichts können sie ihre neue Volkshochschule nicht stampfen, sie brauchen einen Teil der alten Lehrkräfte. Aber eben nur den Teil, der ihnen politisch genehm ist – der andere Teil soll verschwinden. So z. B. Max von Weber: er ist ihnen nicht »freiheitlich« genug. Dagegen nun hat man heute einstimmig beschlossen: wird einer entsetzt, so gehen alle, um der Lehrfreiheit willen. D. h., sie hören auf zu lesen: ihr Amt legen sie nicht nieder, sie erklären die neuen Machthaber für unberechtigt, es ihnen zu nehmen.

Die wirkliche Schließung der Universität erfolgte auch nachher nicht: der abgesetzte Senat amtierte weiter, die abgesetzten Professoren hielten vor dem ganz nahen Ferienschluß noch einige schwach besuchte Vorlesungen, es fanden auch mehrere stürmische Versammlungen im Auditorium maximum und in der Kleinen Aula statt, ohne daß die angedrohten Maschinengewehre eintrafen. Es wurde nur von einem nichtakademischen Parteigenossen eine einmalige Abendvorlesung über das Kommunistische Manifest gehalten. Das Auditorium maximum war dicht besetzt, keineswegs nur von Studenten, aber bestimmt auch nicht von Proletariern. Ich sah nichts als Intelligenz, viel Schwabing, viel ausgesprochenen Mittelstand, im ganzen das übliche Publikum populärwissenschaftlicher Vorträge. Und der Vortrag des Genossen Otto Thomas unterschied sich auch in gar nichts von aberdutzenden populären Vorträgen, wie sie unter dem alten Regime an Volkshochschulen gehalten worden waren. Er war nicht tiefsinniger, nicht freier von Fremdwörtern, nicht aufreizend. Aber die Räterepublik sorgte für einen pompösen Auftakt. Vor dem Redner betrat ein Student vom revolutionären Hochschulrat das Katheder und rief: »Genossen! Kameraden! Ich begrüße euch hier, heute noch als halbe Gäste, von morgen an als Eigentümer dieses Hauses, dieser ganzen Einrichtung. Auf drei Säulen stützt sich die Bourgeoisie: auf den Militarismus, auf den Bürokratismus und auf das Bildungsmonopol der Besitzenden. Heute zerschlagen wir die dritte Säule.« Strasser – ich habe ihn nicht wiedergesehen, mich auch in den letzten Jahren vergeblich gefragt, ob irgendeine Beziehung zwischen ihm und den gleichnamigen Akteuren der Nationalsozialistischen Partei bestanden haben mag – Strasser versuchte vergeblich, seinen Willen durchzusetzen, indem er einige Aktenschränke des renitenten Senats abschloß und die Schlüssel an sich nahm. Die Sache hatte ein komisches Nachspiel. Am Tag nach der Besetzung Münchens durch die Reichstruppen kam ein kleines Mädchen zum Prorektor Müller, demselben Mediziner, der mir 1914 den Amtseid abgenommen hatte und der jetzt sehr ruhig und würdevoll den Rektor Baeumker vertrat. (Baeumker, einen Augenblick als Geisel verhaftet, hatte sich den Aufregungen nicht gewachsen gefühlt und krank gemeldet.) Die Kleine erzählte weinend, sie habe die Senatsschlüssel abliefern sollen; sie habe sie von ihrer älteren Schwester erhalten, der sie von einer Freundin übergeben worden seien, die ihrerseits mit der Schwester des verschwundenen Strasser befreundet sei. Das kleine Mädchen hatte unterwegs Angst bekommen und die Schlüssel in die Isar geworfen, es hatte sich dann erst recht gefürchtet und beichtete nun alles.

## Die dritte Revolution in Bayern
(Von unserem A.B.-Mitarbeiter)

*München, 9. April [1919]*

Gerüchte. – Die Gleichgültigkeit des Bürgertums. –
Dr. Quidde. – Die Männer des Tages. – Levien, Landauer,
Epp. – Kein Bürgerstreik »nach Leipziger Art«. – »Preiß und
Jude«. – Der Flieger.

Bis Sie diesen Brief erhalten – Telefon und Telegrafie »ins Ausland« sind überwacht, die Drohung mit dem Revolutionsgericht wiederholt sich an jeder Straßenecke und in jedem Zusammenhange, und warum ich mich wenig zur Märtyrerkrone für das bayerische Bürgertum dränge, wird Ihnen aus meinen Schilderungen klar werden – bis Sie also meinen Brief haben, sind wir hier vielleicht beim vierten oder fünften Partner schon. Große Neuigkeiten aus München hat mein Bericht nicht zu bieten; aber er kann doch einiges erzählen, was das heroisch Große ein klein bißchen menschlicher erscheinen läßt.

Man muß die schöne Gemütsruhe des *Münchener Bürgertums* miterlebt haben, um den gelungenen Handstreich der Rätepartei nicht allzusehr zu bewundern. Ahnungslos waren die Bürger und alle Gemäßigteren diesmal nicht, das tuschelte überall seit Wochen, im April käme »es«. Aber der gute Bürger dachte eben, er habe sich lange genug politisch aufgeregt, und einmal müsse der Mensch auch »sei Ruh« haben. Also kümmerte man sich um Butter und Eier statt um Mühsam und Landauer. Die Sowjetleute waren vernünftiger, vereinten das Nützliche mit dem – Nützlichen, Hamsterfahrten nämlich mit Aufklärungsreden auf dem Lande. Ich weiß von solchen Propagandafahrten, dort draußen ist gearbeitet worden und in den Münchener Kasernen auch. Nun zieht die Münchener Garnison mit roten Fahnen durch die Stadt, um für die Räterepublik zu demonstrieren, nun kann sich die dritte Revolution rühmen, buchstäblich ohne einen einzigen Schuß, ohne einen Tropfen Blutvergießens gesiegt zu haben. Bisher wenigstens – denn schließlich kommt es der Mehrheit ja doch allmählich ins Bewußtsein, daß sie nur überrumpelt worden ist.

Wie charakteristisch war das am letzten Freitagabend. Demokratische Versammlung. Dr. *Quidde*, der Demokrat und Abgeordnete für Weimar, sollte über bayrische Außenpolitik, ein hiesiger Landtagsabgeordneter über bayrische Innenpolitik reden. Die Versammlung war für bürgerliche Verhältnisse sehr gut besucht, wohl ein halbes Tausend aufmerksamer und wohltuend stiller und friedlicher (auch in ihren Zwischenrufen friedlicher) Hörer und Hörerinnen saßen beim Bier. Der hiesige Abgeordnete, der über Münchener Politik reden sollte, war »leider durch Heiserkeit verhindert«, aber Herr Dr. Quidde, lang, fein, kahl, ergraut, mit spitzigem Bärtchen und spitzer (urbayrischer!) Aussprache, man hörte die s-pringenden Punkte und eleganten Gedankens-piele, Herr Dr. Quidde unterhielt uns ja auch aufs beste. Er gab einen »provisorischen Rechenschaftsbericht aus Weimar«, und es wurde ein Loblied auf Weimar. Wo man doch eigentlich gar nicht so viel rede und sehr viel mehr handle, wo man dem Reich eine Leitung und eine Notverfassung gegeben, wo man behutsam zu sozialisieren angefangen habe. Behutsam, und wenn Bayern bei seinem zerstörten Wirtschaftsleben ein anderes Tempo vorziehe – »so warten wir ab!«. Das haben wir denn auch redlich getan, abgewartet.

Inzwischen, während draußen die letzte Masche am Rätenetz geknüpft wurde, geriet Herr Dr. Quidde ins patriotische Feuer. Sprach von unserer deutschen Not im Osten, die auch Bayerns Not mit bedeute, trat für die Freikorps ein. Aber daß hier jede Werbung bei schweren Strafen verboten ist, daß jämmerlich heimlich nur aus dem Norden Werbeaufrufe herüberdringen und nicht verbreitet werden können, das wurde nur mit lahmstem Protest erwähnt. Dafür mußten um so nachdrücklicher und eifriger die bayrischen Sondergefühle gestreichelt werden. Denn es konnten ja und mußten ja

Meinungen erweckt werden, daß man im Osten dem Preiß diene. Nein, das nicht, wahrhaftig nicht! Und nun wurde er wirklich warm, nun kam er ja auf die bayrische Sonderstellung, auf die Reservatrechte, und als Demokrat konnte er für die Reservatrechte nicht eintreten – nur für bayrische Sicherungen. Das mußte mundgerecht gemacht werden, und das war der einzige Punkt, wo auch dieses sanfte Publikum sich zu Zwischenrufen und Anfragen erhitzte. Ihr wollt einen eigenen bayrischen Kriegsminister? Um Gottes willen, nicht! Sonst bekommt auch Preußen wieder einen eigenen Kriegsminister, und der regiert uns dann, wie er früher über uns geherrscht hat. Zurufe, Berlin herrsche doch noch in allen Punkten. Herr Dr. Quidde wird ganz Manneshohn. »Wollt ihr euch vor Berlin noch fürchten?« Zuruf: »Es hat die Kopfzahl für sich!« Mit

schön auflächelndem Genie-
blitz erwidert der Redner:
»Kopfzahl? Wenn wir nur die
Köpfe haben!« Ja, wir haben
sie in Hülle und Fülle, lauter
echt bayrische und ganz von
politischer Weisheit übervolle
Köpfe: Landauer, Mühsam,
Levien, Lipp, Toller, Neurath
und Wadler ... ich könnte die
homerische Aufzählung fortsetzen und schließlich auch zu
Dr. Quiddes Namen kommen.

Den Schluß der Quidde-
schen Rede bildete die Aufforderung zu einer *Protestent-
schließung* gegen den Gewalt-
frieden. Sie wird angenommen,
und dann kommen die Diskussionsredner. Natürlich gegen
Berlin und Preußen. Darin
finden sie sich immer zusammen, die von rechts und von
links und aus der Mitte. Und
nun der Witz des Abends. Einer erklärt: Wozu sich noch
über Weimar und die gegenwärtige Republik streiten? Das
gehört ja fast schon in diesem
Augenblick der Vergangenheit

an! Und Parteifreunde rufen
dem Mann zu, er möge nicht
aus der Schule schwatzen.
Dann geht man beruhigt nach
getaner Bürgerpflicht nach
Hause und erfährt aus der
Zeitung, daß man vor »ernste-
sten Ereignissen« stehe, und
hört, daß in einer gleichzeiti-
gen radikalen Versammlung
die Räterepublik schon offen
angekündigt worden sei und
daß der *Landtag* nicht mehr
zusammentreten dürfe! Und
dann legt man sich schlafen.
Und am Sonnabend hört man
mit völliger Gemütsruhe, daß
der Zentralrat tage, und daß
die *Räterepublik* bestimmt proklamiert werde, und daß dies
nun einmal so sei, und daß
man sich zufriedengeben müsse. Keinerlei äußere Unruhe,
kein leisestes Anzeichen von
Widerstand. Das Eigentüm-
lichste ist, daß diesmal keinerlei Namen genannt werden.
Weder von der alten Regierung noch von der kommen-
den neuen. Die alte ist für

München verschwunden – die neue namenlos, in Dunkel gehüllt. Der Zentralrat, mehr wissen die meisten nicht. Erst am Sonntag und Montag hat sich der Schleier einigermaßen gelüftet. Da erfuhr man dann auch mit Staunen, daß es im Zentralrat sehr »gemäßigt« zugegangen.

Jawohl, das schöne Manifest, das uns an die russischen und ungarischen Brüder schließt und uns von Weimar trennt, von dem »Kaiserdeutschland mit republikanischem Aushängeschild«, wie Mühsam heute in einem Erlaß sehr hübsch sagt, ist eine maßvolle Kundgebung. *Levien* hat in der entscheidenden Sitzung die *sofortige Kriegserklärung* an eben dies »Kaiserdeutschland« gefordert und ist damit nicht durchgedrungen. Vorläufig wenigstens nicht. Es ist gut, das für die weitere Entwicklung zu wissen. Denn da sich der Widerspruch nun doch allmählich zu regen be-

ginnt, so wird die neue Regierung mit ihrer roten Armee, ihrem Revolutionstribunal und ihren guten Absichten aller Wahrscheinlichkeit nach, wenn sie erst kämpfen muß, noch weiter nach links rükken. Ich will nicht prophezeien, ich glaube aber: der kommende Mann heißt *Levien*, der gegenwärtige: *Landauer*, der übernächste: *Epp*. Levien schilderte ich in einem früheren Brief, Landauer, der heute Volksbeauftragter für Aufklärungswesen und tatsächlich wohl der geistige Leiter der neuen Regierung ist, scheint mir der wieder lebendig, um kein Atom klüger, um einige Atome radikaler gewordene Eisner. Idealist wie er, Dichter wie er, Bohémien wie er, allen politischen Notwendigkeiten und Selbstverständlichkeiten meilenfern wie er (nur noch einige Meilen ferner), mit Fingern, die von Blut und Geld rein sind wie Eisners Finger, und sicherlich bald wie Eisner zu Gewalttaten gedrängt oder von Gewalttätigen beiseite geschoben. *Epp:* im Jahre 1904 ein Kolonialoffizier und Draufgänger, danach der erste Bürgerliche im Leibregiment, seit Dezember 1914 *Oberst* und Führer der Leiber, streng gefürchtet und doch von der Truppe geliebt, bei Verdun und auch sonst im heißesten Sturm ihr voran, und nun der fast schon geheimnisvoll gewordene Werber eines »Noske-Freikorps« an der Grenze Bayerns. Ist es wirklich nur »Noske-Korps«, wird es wirklich nur gegen den Osten gebraucht werden, steht es wirklich noch außerhalb Bayerns? Seit gestern wissen wir hier, daß die alte Regierung noch vorhanden ist – wo, ist uns Münchenern noch verborgen, und das »In deinem Lager ist Österreich!« bringt kein Straßenanschlag, der auf »unsinnige Gerüchte« schwerste Strafen setzt, zu völliger Ruhe.

Ich frage mich rückblickend, seit wann eigentlich das gar zu träge bürgerliche Gewässer hier einige Kräuselungen zeigt, die auf kommende Flut deuten. Es war so jämmerlich, so armselig, wie man am Sonnabend und Sonntag und noch am Montag in den ersten Stunden nach der Proklamation der Räterepublik und des »Nationalfeiertags« dies alles mit mehr Gemächlichkeit als Würde in stumpfer Verblüffung hinnahm. Wie in einer gelehrten Versammlung resigniert erklärt wurde, an einen *Bürgerstreik nach Leipziger Art* sei nicht zu denken, unter den Beamten herrsche keine Einigkeit und von den Ärzten würden 30 Prozent nicht mithalten. Aber der Zentralrat kam sich wie Xerxes vor und peitschte das träge Meer. Die *Schließung der Banken* ging vielen über den Spaß, sie mußten denn auch heute wieder geöffnet, und beruhigende Erklärungen, zugleich mit Drohungen natürlich, mußten abgegeben werden.

Aber was hilft die beruhigendste Erklärung, wenn ich nicht über 100 Mark täglich abheben darf? Und wenn meine Zeitung mir die bevorstehende Wohnungsenteignung ankündigt? Und mit schönen, Proletarierelend und »-erlösung« fast futuristisch schildernden Holzschnitten illustriert? Zu solchen Bildern muß die Zeitung greifen, um ihre dürftig gewordenen Blätter nur halbwegs zu füllen. Denn sonst stehen ihr außer spartakistischen Feuilletons nur die Verordnungen des Zentralrats zur Verfügung. Nichts anderes, aber auch buchstäblich gar nichts anderes hat sie mehr zu drucken. Deutschland und die Welt existiert nicht mehr – nur noch die Sowjetrepublik München. Übrigens machen die hiesigen »Neuesten Nachrichten« nun nicht mehr mit, und die Presseabteilung des Zentralrats gibt die Zeitung selber heraus.

Die Erregung also, von der ich vorwegnehmen will, daß sie bis heute noch in einem Stadium der Dumpfheit, noch immer im ganzen eine Stille vor dem Sturm ist, schwoll doch allmählich. Sie äußerte sich weder schön noch klug: *antisemitisch*. Damit gab sie der tyrannischen Regierung die Möglichkeit, sich freiheitlich zu gebärden: die Anschläge des Zentralrats warnen vor *Judenverfolgungen*. Wirklich haben die Juden es hier nicht besser als die Preußen; sie teilen mit ihnen das Schicksal, an allem schuld zu sein, sie sind, je nachdem, die Kapitalisten und die Bolschewisten. Ich glaube, wenn man einen echten Spartakus fragt, ob Noske ein Preuß oder ein Jud sei, antwortet er: »Beides.« Und fragen Sie einen Münchener Kleinbürger, ob Levien Jud oder Preuß sei, so bekommen Sie die gleiche Antwort: »Beides.« Und übrigens stimmt es beidemal nicht. ... Am Odeonsplatz hielt ein Automobil, die Insassen verlasen, verteilten Flugblätter über die Diktatur des Proletariats; gleich brüllte ein Chorus: »Juden, Saujuden!« Aber ein Soldatentrupp marschierte an, Infanteristen und Matrosen gemischt, Gewehre geschultert und auch leichte Maschinengewehre: da stob alles auseinander, nahm auch abwartend Deckung in Hausfluren ... Vor der geschlossenen Universität lärmten Studenten, ebenfalls antisemitisch genug; ein Kommilitone vom »Betriebsrat« beschwor sie auseinanderzugehen, weil gleich Maschinengewehre hiersein, weil »unsere Köpfe durch das Revolutionstribunal fallen« könnten. Man ging – aber böse antisemitische Flugblätter tauchten auf.

Eben, da ich den Bericht schließe, um ihn vielleicht noch zum Abendzug bringen zu können, schüttet ein *Flieger* aus blauem Himmel seine Nachrichten. Aus Nürnberg oder woher sonst? Vom Hoffman, vom Epp? Ich brauche nicht zu warten, bis die Kinder unten die Nachricht erjagt haben werden. Die draußen in Leipzig wissen ja doch längst, was uns verborgen ist. ...

## Revolutions-Tagebuch

*München 17. April 1919*

Kein Brief mehr, nur noch ein Tagebuch, unternommen in völliger, dreifacher Abgeschlossenheit. Dreifacher: denn draußen halten die »weißen Garden« München umstellt, und innen hält höchstens, aber auch allerhöchstens ein Zehntel der Bevölkerung – denn München ist keine Industriestadt! – die übrigen Hunderttausende wie in Ketten, und dieses Zehntel wiederum, »rote Garde« und klassenbewußtes Proletariat, ist absolut willenloses und ahnungsloses Werkzeug einer winzigen Handvoll landfremder Abenteurer, die sich untereinander befehden und deren Schwärmer- und Bohémiennaturen mit Notwendigkeit von Stunde zu Stunde robusteren Verbrechergestalten weichen müssen. Das ist ganz unübertrieben: die vollkommene Ahnungslosigkeit ist der Seelenzustand, der sich bei allen Bevölkerungsschichten und Parteien immer wieder beobachten läßt. München nimmt sein tragikomisches Schicksal passiv hin, auch das scheinbar herrschende Proletariat ist ganz passiv, es läßt sich da- und dorthin schieben.

Die Passivität ist die einzige echtbayrische Zutat zu dieser Revolution, die von Nichtbayern gespielt wird und fremde Namen und fremde Institutionen kindisch nachahmt.

Der erste Teil meiner leichten Prophezeiung: »Auf Landauer: Levien, auf Levien: Epp«, traf am Sonntag ein, nachdem bei einem Haar (wenn nur eben die Münchner Bürgerschaft Mark in den Knochen gehabt hätte statt irgendeiner bierartigen Flüssigkeit) dies immerhin peinliche Mittelstück der Entwicklung durch die Tapferkeit eines kleinen Häufchens der Stadt erspart geblieben wäre. Es kam so. Daß sich die Räterepublik nicht sicher fühlte, beargwohnt von den Bürgern zur Rechten, bedrängt von den Kommunisten zur Linken, die nur »Spott und Hohn für das Monstrum von Räterepublik hatten« (»Mitteilungen des Vollzugsrats der Betriebs- und Soldatenräte« vom 16. April; dieses Blatt wird umsonst abgegeben und ist unsere einzige Zeitung) – die wachsende Unsicherheit der Regierenden ging aus der Unmenge von Flugblättern hervor, die sie aus Automobilen auf die Straßen schütten, die sie überall verteilen und ankleben ließen. Beschwörungen zur Einigkeit innerhalb des Proletariats, Verkündungen, daß diese Einigkeit erreicht sei, indem nun kommunistische Obmänner dem Zentralrat beigegeben würden, und Werbungen vor allem, immer wieder Werbungen zur roten Armee. In einem dieser Flugblätter heißt es: »Nach zuverlässigen Nachrichten drohte Noske mit seinen berüchtigten bezahlten Meuchelmördern nach Bayern zu marschieren ... Auch in München marschiert die Reaktion, und die berufensten Blüten derselben, die Studenten, haben den ehrlichen Vertretern des Proletariats bereits das Todesurteil gesprochen ... darum, Kameraden und Genossen, meldet euch in Massen zur Roten Armee!« Aber die Massen blieben vorerst aus, obwohl man sehr gut zahlt. Jetzt bekommt so ein roter Gardist seine 19 M täglich; dafür lassen sich denn auch die gegenwärtigen »ehrlichen Vertreter des Proletariats« die bourgeoisen Safes der Banken öffnen. Aber ich nehme die Einfälle (und Einbrüche) der namenlosen Führer vorweg; ich bin noch bei der »alten« Regierung, beim Zentralrat. Am Sonntag mittag staunte ganz München. Eben noch hatten sich die Regimenter einzeln und namentlich hinter den Zentralrat gestellt, höchst idealistisch, da sie ja noch keine 19, sondern selbst als eingeschriebene rote Gardisten »nur« 14 M erhielten – und nun hieß es in einem Anschlag, der lakonisch-mystisch »Die Garnison

München« unterzeichnet war, der Zentralrat sei gesprengt worden, die Garnison »berate« ihre Stellungnahme zur Regierung Hoffmann, Lebensmittelzüge stünden für München bereit. Allgemeines Staunen. Was vorgefallen war, wußte keiner, aber jeder konnte doch merken, daß die »Macht« der Regierung, des so beliebten Zentralrates, irgendwo geborsten war. Welche Folgerungen zieht der Münchener Bürger aus so etwas? – Wer wird in München an einem heiligen Sonntag Folgerungen ziehen? Das wäre preußische Geschäftigkeit! Aber am Abend, als hier draußen am Siegestor noch alles friedlich spazierenging, begann ein Knattern in der Innenstadt. Erst Gewehrschüsse, dann immer längere Streifen Maschinengewehr, dann ein kräftiges Ineinander beider Musiken, gemischt mit einigen Handgranaten, dann, nach etwa einer Stunde, drei

mächtig dröhnende Erschütterungen und gleich darauf was der Franzose unweigerlich un silence tragique nennen würde, was aber der Münchener nur als ein willkommenes Aufhören der nächtlichen Ruhestörung begrüßte. Wir schliefen dann auch köstlich und erwachten am Montag unter dem Schutze Leviens, der, ohne mit seinem Namen hervorzutreten, tatsächlich als Führer der hiesigen Spartakisten München nunmehr beherrscht. »Proletarier! Soldaten! Kämpfer! Sieg! Sieg! Sieg! der Bahnhof gestürmt! ... der erste Tag glorreichen Kampfes des Münchner klassenbewußten Proletariats! ... Mögen die Noskes, Epps, Schneppenhorsts nur kommen! Wir werden sie empfangen!« So jubelt ein kommunistisches Flugblatt in ellenlanger Geschwollenheit. Es war aber wahrhaftig kein glorreicher Kampf gewesen. Die sich gegen die Münchener russische Republik auflehnten, waren ein kleines Häufchen republikanische Schutztruppe unter dem rühmlichst verhaßten Bahnhofskommandanten Aschenbrenner gewesen. Wahrscheinlich hatten sie in kindlich sonnigem Optimismus auf Unterstützung aus den besonneneren Kreisen gezählt. Sie blieben allein, sie erlagen der Überzahl und ihren Minenwerfern. Und nun war natürlich die Stunde Leviens gekommen. Die Kommunisten hatten den Bahnhof gestürmt, das edle russisch-bayrische Staatswesen gerettet: so stießen sie denn die schlaffe zentralrätliche Regierung beiseite und errichteten die ersehnte völlige Diktatur des Proletariats. In dem erwähnten Zeitungsersatzblatt vom 16. April steht auch eine dickgedruckte Erklärung Landauers: »Die Umgestaltung erkenne ich an und begrüße ich. Der alte Zentralrat existiert nicht mehr, dem Aktionsausschuß

stelle ich meine Kraft, wo immer man mich brauchen kann, zur Verfügung.« Aber noch kann man diese Kraft nicht brauchen, denn sie ist gemäßigt.

Eines muß man der neuen Regierung bewundernd zugestehen: sie gibt der Stadt ein überaus kriegerisches Gepräge, sie versteht es, die Bevölkerung zu »beeindrucken«, ja sie versteht es, der fast schon langweilig gewordenen Gleichförmigkeit des seit Monaten in vielen deutschen Städten bekannten Revolutionsbildes mit neuen kräftigen Farben auf die etwas betrunken schwankenden Beine zu helfen. Daß gestreikt wird, bedarf als selbstverständlich keiner Erwähnung. Aber wir haben auch Maueranschläge, daß die Bürger »bei Todesstrafe« ihre Waffen binnen 12 Stunden abliefern müssen. Und wir haben in immer vermehrter Anzahl bewaffnetes Zivil; klassenbewußtes, die

Flinte auf dem Rücken – gelegentlich sogar weibliches. Und das Militär! Infanteristen und Matrosen marschieren zusammen, richtiger: spazieren durcheinander. Das Gewehr, Lauf nach unten, hängt lose kokett am Riemen; um den Hals, bis zum Gürtel herab, hängen baumelnd feldgraue Schals, in denen Patronenrahmen stecken, im Gürtel trägt man drei, vier langgestielte Handgranaten, um den Arm breite rote Binden. Es sieht mehr wildwestlich als münchnerisch aus – und doch auch wieder münchnerisch: Texas nach Gulbranssonschen Entwürfen. Um drei Uhr nachmittags erstattet die Regierung dem Volke unmittelbaren Bericht. Auf dem Balkon des Wittelsbachschen Palais, des festungsartigen englischen roten Schloßbaus, steht ebendort, wo Anfang August 1914 König Ludwig stand und zu den jubelnden Freiwilligen unter den hohen Bäumen des Vorplatzes sprach, von seinem Stabe umgeben, der Berliner Kommunist Werner und predigt seinen Getreuen, die nun den Platz der Freiwilligen von 1914 einnehmen, »Kameraden, Genossen! Ihr dürft Vertrauen zu unserer Sache haben: im Kriegsministerium arbeitet für euch Kamerad Levien, und Kamerad Toller hat sich den gefährlichsten Posten ausgebeten: er steht an der Front!« Die »Front«, die den weißen Garden trotzt, und gestern – denn schon haben wir auch richtige Kriegsberichte – einen großen Sieg erfochten haben soll – wird in der Dachauer Richtung vermutet, und ein besonderes Münchener Heerlager füllt den abgesperrten Hofgarten, und dort ist auch das Hauptquartier, im Armeemuseum nämlich, wo der Stadtkommandant Egelhofer sitzt. Von ihm sagt man (was ich nicht nachprüfen kann, aber für sehr wahrscheinlich halte), daß er seine Vorstudien bei den Kieler Matrosen gemacht habe. Auf die Emotion eigentlicher Gefechtstätigkeit haben wir, da die Front so weit vorgeschoben ist, seit letzten Sonntag verzichten müssen, denn das bißchen Knallen ängstlicher oder stillvergnügter Posten gehört zum üblichen Stadtgeräusch wie einst in nicht streiklosen Zeiten der Lärm der elektrischen Bahnen; aber auch dafür hat die findige Regierung originalen Ersatz gefunden. Sie läßt nämlich die Kirchenglocken Sturm läuten, sobald sich außerhalb der Stadt etwas regt. Das war vorgestern abend der Fall; da brach man auch Theatervorstellungen mitten im Akt ab. Und gestern wiederholte sich das Sturmläuten sehr romantisch um Mitternacht; man war versucht, in der Überraschung »Prost Neujahr!« zu rufen. Auch bei Tage fehlt das Kriegsspiel nicht und

begnügt sich keineswegs mit den abgeklapperten rotfahnigen Militärspazierfahrten. Der Flieger der Bamberger Regierung erscheint, zieht tiefe Kreise, und schon umknattert ihn Infanteriefeuer, da er der Türkenkaserne nahe gekommen; die Leiber dort drin hatten sich erst neutral verhalten wollen – aber wer kann bei 19 M Löhnung neutral bleiben? Doch die neue Regierung ist nicht nur kriegerisch; sie sorgt auch für Volksernährung und -bildung. Daß sie die Banksafes öffnet, erwähnte ich schon; sie öffnet auch die Speisekammern der Hôtels, Pensionate u. der bürgerlichen Bevölkerung. Patrouillen suchen überall nach Lebensmitteln, da vor allem die Ernährung der »arbeitenden« Klassen sicherzustellen ist. Und für das nutrimentum spiritus sorgt dieses Plakat meines jungen Freundes Strasser: die Universität, bisher das Eigentum einer bevorzugten Klasse, gehöre jetzt dem Volke. Am Donnerstag abend beginne Genosse Thomas im Auditorium maximum ein Kolleg über den Kommunismus. Ob sie mich hineinlassen? – Dagegen steht es sehr schlecht um Zeitungslektüre. Ob freilich schlechter als unter dem Zentralrat, weiß ich nicht. Jetzt bekommt man nur jenes Nachrichtenblatt in die Hand gedrückt, damals glaubte man eine richtige Zeitung zu lesen und las doch nur außer den Dekreten der Räterepublik Aufsätze von Voltaire, Stirner, Marx und Hölderlin (!), allerdings nicht unbegabten bolschewistischen Journalisten. Und dazu durfte man futuristische Holzschnitte bewundern. In den letzten Tagen der Landauerschen Herrlichkeit kam eine Setzer-Abordnung der »Münchener Neuesten« zu ihm. Er möge sie doch nicht brotlos machen durch Unterdrückung des Verlages.

Landauer erwiderte, die Räterepublik werde keinen Arbeiter brotlos machen, im Gegenteil! Da brachten sie ihm eine Bitte vor: er möge doch um Gottes willen wenigstens die Veröffentlichung der fürchterlichen »Bilderln« unterlassen. Da hielt er ihnen einen Vortrag über revolutionäre Künste. Die gänzliche Unterdrückung aller Nachrichten hat natürlich Gerücht über Gerücht zur Folge. Als man gestern den Flieger beschoß, hieß es gleich darauf, er sei abgeschossen worden, und wenige Stunden später, Hoffmann selber, der Ministerpräsident, habe sich im Flugzeug befunden und sei nun mausetot. Und was man von der »Front« alles erzählt. Bald stehen genau 120 000 weiße Gardisten in Dachau, und Epp ist schon in Nymphenburg, und heute nacht (immer »heute«) schießt er München mit schwerer Artillerie zusammen, bald sind die »Weißen«

von der Roten Armee bei Allach aufs Haupt geschlagen worden und jämmerlich davongelaufen ....

Eines nur ist bei all diesem Wechsel der Bilder und Nachrichten, der romanartig genau zu dem herrschenden tollsten Aprilwetter paßt, vollkommen unveränderlich: die stoische Ruhe, mit der das Münchner Bürgerehepaar stundenlang im Fenster liegt, so unbewegt, als gehöre es zur Architektur des Hauses. Immer wieder: das eigentliche München sieht dem Revolutionsspiel fremder närrischer Gesellen zu. Und freilich: jetzt kann es nichts anderes mehr tun als zusehen, es ist ganz hilflos. Und kommt keine Rettung von außen, so wird schließlich doch alle Gemütlichkeit aufhören und das komische Moment der Münchener Tragikomödie ganz und gar einschrumpfen. Eine richtige Tragödie wird ja auch dann wohl nicht aus alledem werden, denn dazu würden Größe und Würde der Sieger wie der Unterliegenden gehören. –

*18. April 1919*

Gestern nachmittag lernte ich Gustav Landauer kennen, der einige Tage das Schicksal und speziell das geistige Schicksal Münchens – er selber hoffte: Bayerns – bedeutet hat. Nur die lang herabfallenden Haare verrieten den Sonderling; sonst macht der hagere Mann mit dem ergrauenden Vollbart einen völlig kultivierten, weder revolutionären noch proletarischen Eindruck; die großen braunen Augen blicken viel eher gütig als fanatisch, Stimme und

Ausdrucksweise sind von geschliffener Milde. »Wenn Sie die Zukunft der Universität kennenlernen wollen (sagt er etwas schwermütig), dann wenden Sie sich an Herrn Hoffmann. Hier geht es ja nicht mehr lange so weiter. Und ich kann nichts verfügen, Herr Levien müßte ja alles unterschreiben. Diese Menschen fassen ihre Republik rein materialistisch auf, sie haben auch nur noch die engste Stadtrepublik, das ganze Land ist gegen sie … Ich dagegen, ich wollte auf den Geist wirken.« Ich glaube es ihm aufs Wort und kann ihn doch nicht bedauern: wer so rasch von den schlimmsten Elementen beiseite gedrängt werden konnte, hat dadurch seine politische Unfähigkeit erwiesen. Die deshalb noch längst keine geistige Unfähigkeit ist. »Ich hätte bestimmt in den drei Ferienwochen die Universität reformiert«, sagt Landauer. Ob sie bei dieser Reform wohl gewonnen hätte? Es ist sehr fraglich. Er wollte die zum Lehren unfähigen Gelehrten abschieben, er wollte die Dozenten finanziell sichern, er wollte den Unterricht lebendiger gestalten – aber er wollte für Nationalökonomie und Geschichte in den »Übergangszeiten« nur und ausschließlich Sozialisten heranziehen, die über das »zusammengestohlene« Preußen und Bayern die »Wahrheit« verkündeten, die sich nicht zu Verteidigern des Kapitalismus aufwürfen wie der »Erzreaktionär« Max Weber. Da ich ihn etwas lächelnd ansah, als das Wort »Wahrheit« fiel, setzte er sofort hinzu, daß ja auch er die Relativität dieses Begriffes kenne, beharrte aber darauf, daß jetzt eben den Mund auftun müsse, ganz allein, ganz weit auftun müsse, was bisher zum Schweigen verurteilt war. Und die juristische Fakultät, soweit sie Beamte heranbildete, hätte er ganz kassiert! Er hat ja auch den oberen Beamten seines Kultusministeriums sagen lassen, sie hätten nun »ihren juristischen Geist zu vergessen«. Nein, ich kann nicht bedauern, daß er als Alleinherrscher seine Rolle so rasch ausgespielt hat. Er ist ein Anregender, ein Journalist, eine große, aber ganz kindliche Begabung. Und auch das begabteste Kind richtet Schaden an, wenn es selbstherrlich mit den Dingen der Erwachsenen umspringt. So hat ja dieser feine Journalist auch der Presse bei aller Vergeistigung geschadet, solange er sie leitete. »Ich werde ein Buch aus meiner Zeitung machen«, sagt er stolz und spricht ihr damit selber das Urteil; indem nämlich ein Unterschied besteht zwischen einer Sammlung von Essays und einer Zeitung. Er ist ein Kind, und ich wünsche ihm (und uns allen), daß ihn niemand zum Märtyrer mache …

Ich fragte Landauer noch, wer der Genosse Otto Thomas sei, der am Abend in der Universität über das Kommunistische Manifest reden sollte. »Ein Arbeitersekretär, der soeben sein kommunistisches Herz entdeckt hat, der mit einem Fuß im jetzigen München, mit dem andern in Bamberg steht.« Um sieben ging ich ins Auditorium maximum. Mindestens 1500 Menschen drängten sich dort. Wen ich aber vermißte, das waren die Arbeiter. Nichts als Intelligenz. Sehr viel Schwabing (Café Stefanie dürfte leer gewesen sein), viel ausgesprochener Mittelstand, im ganzen das übliche Publikum populärwissenachaftlicher Vorträge. Und solch ein üblicher Vortrag, wie man ihn an Volkshochschulen und ähnlichen Bildungsstätten unter dem ancien régime genau so gut und durchschnittlich zu aberdutzenden Malen gehört hat, wurde denn auch vor geduldigen Ohren brav gehalten. Da fehlte jede Aufregung, jede Sensation, jede Neuerung. Aber das Kind hatte freilich einen Namen. Vor dem Redner betrat ein Student vom revolutionären Hochschulrat das Katheder: »Genossen, Kameraden! Ich begrüße euch hier, heute noch als halbe Gäste, von morgen an als Eigentümer dieses Hauses, dieser ganzen Einrichtung. Auf drei Säulen stützte sich die Bourgeoisie: auf den Militarismus, auf den Bürokratismus, auf das Bildungsmonopol der Besitzenden. Heute zerschlagen wir die dritte Säule!« Es klang wunderschön, stand nur in ziemlich heiterem Gegensatz zu dem, was wirklich geschah.

Aber damit nehmen wir's nicht so genau. Wir stürzen ja auch den »Militarismus«, indem wir ihn aufs köstlichste nachahmen. Die Generalstabsberichte von der Front werden immer ludendorffischer im Stil. »Rosenheim ist fest in unserer Hand« – »Dachau genommen. Unsere Truppen, die sich hervorragend geschlagen haben, stießen darüber hinaus. Einige hundert Gefangene, vier Geschütze … (etc. etc.) blieben in unsern Händen.« Nun fehlt nur noch das alte »Fahnen heraus!«. Vorläufig begnügt man sich statt dessen mit einem: »Lebensmittel heraus!«, wobei nun aber doch die Komik in Jämmerlichkeit zu ersaufen droht. Ein Anschlag ermahnt nämlich heute die Kontrollkommissionen, die beschlagnahmten Hamstervorräte auch wirklich abzuliefern, damit die Räterepublik sie gerecht an »Kranke, Greise und Kämpfer« verteile. Viel wird es unter dieser Regierung freilich nicht mehr zu verteilen geben; denn selbst die größten Optimisten berechnen die Münchner Lebensmittelvorräte nur noch auf höchstens vierzehn Tage. Dagegen ist man offenbar reichlich mit Munition versehen: was gestern zu zwei verschiedenen Malen auf Bamberger Flieger verknallt wurde, hätte zur Abwehr eines kleinen Sturmangriffs in Flandern zur Not ausgereicht.

A.B.

Lächerlichkeit war eines der Hauptmerkmale, das für mich der Räterepublik anhaftete, klägliche und so starke Lächerlichkeit, daß ich die längste Zeit einen wahrhaft blutigen Ausgang der jämmerlichen Affäre für ganz unwahrscheinlich hielt. Ein paar Opfer mochte es wohl geben, weil nun einmal die Rauferei zur Gaudi gehörte – aber wirkliche Blutströme, wie sie in einer richtigen Schlacht fließen? Unsinn! es war ja alles Komödienspiel. War der berühmte Gustav Landauer eine weniger lächerliche Gestalt als der namenlose Strasser? Im Februar, zu Eisners Lebzeiten, als er selber noch kein führender Staatsmann, nur ein angesehener Schriftsteller war, hatte ich ihn im Musiksaal des Odeons als Gedächtnisredner für Karl Liebknecht gesehen und gehört. Ein schmächtiges schwarzberocktes Männchen mit schwarzer wallender Prophetenmähne hatte in schwärmerischem Prophetenton von dem Nachfolger Luthers gesprochen – auf ihn führte Liebknecht seinen Stammbaum zurück –, der als irdischer Heiland der Welt den Frieden hatte geben wollen und als Märtyrer gestorben war. Sich selber hatte Landauer damals als »unpolitischen Politiker« bezeichnet, zugleich als Verehrer der wahren, der Räterepublik und als Feind der Weimarer Verlogenheit. Jetzt

1 Im Leipziger Café Merkur begann Klemperers Karriere als »A.B.-Mitarbei-
ter« der »Leipziger Neuesten Nachrichten«. Wenn durch die Streiks zu Hause
alle Beleuchtung ausfiel, wurde das Merkur »vom Café zum Asyl«.

Der Revolutionsliterat

(Zeichnung von Karl Arnold)

„Maniküren Sie mir Schwielen an die Hände. Ich bin jetzt im Arbeiterrat."

2 Die Karikatur, über die sich Klemperer mit dem Journalisten Paul Harms unterhielt: »»Das paßt genau zu Ihren Erzählungen von Eisner und vom *Rat der geistigen Arbeiter*‹, sagte Harms, nachdem wir genügend über das Bild gelacht hatten, ›Sie sollten uns wirklich Berichte aus München schreiben.‹«

3  Erich Mühsam, 1918.

4 Kurt Eisner, erster Ministerpräsident der am 8. November 1918 gebildeten Revolutionsregierung Bayerns, »und sein entzücktes Publikum – ich mußte mir das immer wiederholen – war nicht das Literatenhäufchen der ›geistigen Arbeiter‹, sondern buchstäblich das Volk von München«, notierte Klemperer 1942.

5 Eisner und seine Frau Else bei einer Demonstration für das Münchner Rätesystem am 16. 2. 1919.

6  Ab dem 7. Februar 1919 unterrichtete der Privatdozent Victor Klemperer Kriegsheimkehrer an der Ludwig-Maximilians-Universität München.

7 Der »Rat der Volksbeauftragten«, Dezember 1918, für die Revolutionäre »die Bluthunde in Berlin«: Philipp Scheidemann, Ministerpräsident (2.v.l.), Gustav Noske, Reichswehrminister (Mitte), Friedrich Ebert, Reichspräsident der am 13. Februar 1919 gebildeten Regierung (2.v.r.).

## München nach Eisners Ermordung.

(Von unserem A. B.-Mitarbeiter.)

München, 22. Febr.

8 »Man ist descartisch gestimmt. Die einzige Gewißheit ist der Zweifel an allem«, schreibt Klemperer in seinem Bericht »München nach Eisners Ermordung«, der am 24. Februar 1919 erschien.

9  Kurt Eisners Beisetzung am 26. Februar 1919 auf dem Münchner Ostfried-
hof wurde zu einer der größten revolutionären Protestkundgebungen. Inmit-
ten der Menge die Kutsche mit Else Eisner.

10 Gustav Noske, der mit äußerster Härte gegen die Räteexperimente vorging, in seinem Arbeitszimmer, 1919.

Aus Berlin

(Zeichnung von Karl Arnold)

Jede ordnungsliebende Familie betet jetzt vor Tisch ihr Pater Noske.

11 Klemperer notierte am 30. April 1919: »Der Simplicissimus hatte vor einiger Zeit das Bild der Berliner Familie, die ihr ›Pater Noske‹ betet; wie viele, viele Tausende wünschen sich hier einen solchen Pater Noske.«

12 In München riefen die Linksradikalen am 7. April 1919 die Räterepublik aus, Klemperer schrieb zwei Tage darauf: »Landauer [...] scheint mir der wieder lebendig, um kein Atom klüger, um einige Atome radikaler gewordene Eisner.«

13 Schon nach einer Woche waren die pazifistischen Intellektuellen ausgebootet, eine 2. Räterepublik wurde proklamiert. Max Levien, der Mann der Stunde, galt Klemperer als »brutaler ›Kriegsminister‹«.

14 Soldaten der Roten Armee in der Nähe des Stachus mit Minenwerfer, Handgranaten und Munitionskasten, 1919.

15  »Der Stachus hatte ein wildromantisches Aussehen. Hier war in der Mitte des Platzes ein Ladenhäuschen ausgebrannt und die Litfaßsäule neben ihm von einer Granate zerschlagen.«

16 Regierungssoldaten am Marienplatz. Nach den Kämpfen hielt Victor Klemperer am 10. Mai 1919 fest: »Es herrscht keine Feststimmung in München, sondern Sorge und Bedrückung auf der einen, furchtbare Erbitterung auf der andern Seite. Allzu wütend ist der Kampf gewesen, und der verzweifelte Widerstand der Kommunisten überstieg alle Erwartung.«

lernte ich ihn persönlich kennen. Weckerle war sein Sekretär, und mit ihm zusammen saß er bei Hans Meyerhof, wo
er sich wohl zu fühlen schien, wohler als im Kultusmini-
sterium, dessen Räte und Sekretäre ihn ärgerten. Er hatte
verkündet, er wolle mit dem Bürokratismus aufräumen, er
wolle alles selber in Ordnung bringen. Daraufhin war ihm
der gesamte Posteingang eines Tages in einem Waschkorb
an den Schreibtisch gestellt worden: Für die Oberklassen
einer Realschule wurde Erlaubnis erbeten, ein Sportfest zu
veranstalten, die Turnhalle einer Töchterschule bedurfte
der Reparatur, ein Gymnasium suchte Ersatz für den verstorbenen Schuldiener und so weiter und so weiter. Er
hatte gefragt, was sein Amtsvorgänger mit diesem Lappa-
lienhaufen angefangen habe. Ja, da hätten die Herren der
einzelnen Ressorts dem Herrn Minister vorgearbeitet, so
daß er von Kleinigkeiten unbeschwert gewesen sei. Dann
möge es vorläufig bei der alten Einrichtung bleiben, hatte
Landauer entschieden. Als ich ihn das erstemal bei Hans
traf, war er noch Minister, aber schon über die Höhe seiner buchstäblich ephemeren Macht hinaus. Im privaten
Umgang verflüchtigte sich die Prophetenaura seiner Erscheinung einigermaßen. Freilich wirkten die langen Haare
exzentrisch, und in die Stimme kam auch jetzt leicht ein
schwärmerischer Klang, aber er sprach durchaus unaffek-
tiert, und seine braunen Augen blickten eher gütig als ho-
heitsvoll oder fanatisch. Mein Eindruck war, daß er in
allem etwas mehr war als Eisner: etwas ernster, etwas ge-
bildeter, etwas idealistischer, etwas radikaler (ohne alle
Blutgier) und etwas ungeeigneter als Staatsmann. »In drei
Wochen«, sagte er, »hätte ich die Reform der Universität

durchgeführt – sie liegt mir am meisten am Herzen und ist auch das Wichtigste –, aber ich kann ja nichts mehr verfügen ohne Leviens Gegenzeichnung.« – »Wie hätten Sie's von sich aus gemacht?« Er erwärmte sich, er wurde ausführlich und blieb doch an wesentlichsten Punkten im bequemen Allgemeinen. Er hätte den Zutritt zur Universität erleichtert, er hätte die Professoren gezwungen, lebensnäher vorzutragen, er hätte die ganz Verzopften abgesetzt, er hätte die juristische Fakultät kassiert, soweit sie dazu da war, Beamte auszubilden, er hätte auf Freiheit der Wissenschaft gedrungen, der Historiker müßte offen und ohne falsche Glorifizierung darlegen können, wie Preußen zusammengestohlen worden sei. Ich fragte ihn, wie er's mit der Freiheit der Lehre im Nationalökonomischen halten wollte. Er sagte, hier müsse eine Ausnahme gemacht werden, aber nur für eine Übergangszeit, nur zur Erziehung und Zurechtrückung einer Generation. Die sozialistische Lehre sei allzulange an der Universität mundtot gewesen, jetzt müßten ausschließlich Sozialisten auf die nationalökonomischen Katheder kommen. Ich hatte die Geschichte von den Posteingängen im Waschkorb von Vossler gehört, dem sie ein gar nicht aufschneiderischer Ministerialrat erzählt hatte, und hatte sie damals für einen Scherz oder mindestens für eine Übertreibung gehalten; jetzt glaubte ich sie wörtlich. Ich traf dann noch einmal mit Landauer zusammen, drei Tage vor dem Ende dessen, was ich noch immer für eine Komödie hielt. Er war von seinem Posten zurückgetreten, er mochte keine Mitschuld tragen an dem von Levien angerichteten Unheil. Er selber habe eine ideale Räterepublik in Bayern, in Deutschland

angestrebt, sagte er, Levien mache ein Münchener Zuchthaus daraus. Hans Meyerhof zeigte lachend – denn bei
aller Begeisterung war ihm das Ganze doch ein herrliches
Spiel – den Ausweis, den er eben vom Büro des Spartakusbundes erhalten hatte: »Der Parteigenosse Hans Meyerhof
ist berechtigt, kontrarevolutionäre Personen zu verhaften.«
Ich fragte ihn wie er zu diesem Ausweis gekommen sei. Er
sei ihm aufgedrängt worden, wenn ich wolle, könne er mir
auch einen verschaffen, es gehe da jetzt ziemlich wild zu.
»Benutzen Sie Ihre Vollmacht«, sagte Landauer, »und verhaften Sie Levien.« Das ist der letzte Ausspruch, den ich
von dem armen Don Quijote gehört habe: er wurde auf
der Flucht von Bauern mit Knütteln totgeschlagen.

Es gab derbere Lächerlichkeiten in der Räterepublik als
Landauers feine Tragikomik. Repräsentativsten Ausdruck
des neuen Staates bildeten zwei Institutionen, die ihn
durch ihre tönenden Namen der russischen Räterepublik
und der großen französischen Revolution verknüpften: die
Rote Armee und das Revolutionstribunal. Teile der Roten
Armee, soweit sie nicht, auf Lastwagen stehend, mit schußbereiten Gewehren die Straßen durchfuhren, trotteten,
denn marschieren konnte man es nicht nennen, ständig in
gemischten Trupps einher, Soldaten und Matrosen durcheinander. Die roten Armbinden, die schief aufgesetzten
Mützen und die abwärts gekehrten Gewehre am Riemen
waren mir aus Wilna und Leipzig bekannt. Die Münchner
Revolutionäre gaben sich noch weit malerischer. Hinab bis
zum Gürtel, dem mit drei bis vier langstieligen Handgranaten gespickten, baumelten breite feldgraue Schals, in denen Patronenrahmen staken. Es gab auch in jedem Trupp

nicht wenige Soldaten, die den Gewehrlauf nach oben ge-
kehrt trugen, um einen Federschmuck darin zur Geltung
zu bringen. Diese Federn waren jetzt an die Stelle der Blumensträuße vom Sommer 1914 getreten; sie stammten aus
der Fasanenzucht des Englischen Gartens. Das rote Militär
jagte dort teils mit dem Infanteriegewehr, teils mit leichten Maschinengewehren. Ganz harmlos war diese Belustigung nicht, denn wenn die Kameraden in der Stadt das
Knattern aus dem Englischen Garten hörten, täuschten sie
sich manchmal, glaubten, es drohe Gefahr, und gaben
ihrerseits Warnschüsse ab. Einmal täglich wurde in der ganzen Stadt geschossen, aus einem andern Grunde, aber ganz
offensichtlich in ebensolcher Vergnüglichkeit wie auf der
Fasanenjagd. Regelmäßig am Spätnachmittag erschien
nämlich ein Flugzeug und warf Aufrufe ab. In ihnen sprach
die nach Bamberg geflüchtete legitime Regierung Hoffmann der Münchner Bevölkerung Mut zu: Befreier seien
im Anmarsch. Fliegerabwehrgeschütze standen im Hofgarten, zu ihrer Unterstützung wurde von den Straßen her,
aus den Fenstern und von den Dächern der Häuser und
der Kasernen mit Gewehren geschossen, Lachen und Zurufe mischten sich in das Knallen, es war eine rechte Gaudi.
Dem Flieger geschah nichts, und diese Szene gehörte sogar mit solcher Gewißheit zum Tagesprogramm wie der
Sonnenuntergang. Anfangs sagte mir Hans: »Es werden
keine Befreier kommen, bayrische Truppen gegen München zu schicken, wagen sie nicht, und Preußen – wer nicht
Bayer ist, ist Preiß! – zu schicken, wagen sie erst recht nicht.
Und wer sollte auch befreit werden. Die Bourgeois sind ruhig, und es geschieht ihnen auch nichts, wenn sie ruhig

bleiben. Deine Studenten freilich mögen sich hüten.«
Dann aber – man erfuhr nichts Genaues, die Zeitungen
waren bis auf das Nachrichtenblatt der Münchner Regierung unterdrückt, die Postverbindungen unterbrochen –,
dann mußten doch wohl Truppen im Anmarsch sein. Die
Werbungen zur roten Armee nahmen einen flehentlichen,
beschwörenden Ton an, Maueranschläge bedrohten die Reaktionäre innerhalb Münchens mit dem Tode, man sah außer den Soldaten bewaffnetes Zivil mit roter Armbinde,
meist Arbeiter der Maschinenfabrik Maffei, von Zeit zu
Zeit läuteten Kirchenglocken und heulten Fabriksirenen
Alarm. Und dann kamen Siegesberichte von der Front, die
sich bei Dachau befinden sollte, Siegesberichte, die in ihrer Nachahmung der Heerestelegramme über die großen
Schlachten des Weltkrieges wieder komisch klangen. Nein,
ich glaubte nicht an den Ernst dieser ganzen Affäre, es war
ein Faschingstrubel im Frühjahr, es war eine Maskerade, es
war allenfalls eine Rauferei. Und auch den bürgerlichen
Geiseln, die man in einem Hotel anständig untergebracht
hatte, würde nichts geschehen. Man spielte ja nur Revolution. Eine Art Beweis für die Sicherheit der Geiseln glaubte
ich im Verhalten des Revolutionstribunals zu finden. Man
kann das Wort nicht hören, ohne das blitzende Hackmes-
ser vor sich zu sehen und das abtropfende Blut zu riechen.
Und wie gut paßte zu den zahlreichen Androhungen der
Todesstrafe in den Maueranschlägen, daß nun ein wirkliches Revolutionstribunal in dem alten Justizpalast tagte.
Ich besuchte eine Sitzung. […]

»Revolutionstribunal« im Justizpalast. Mit dem üppigen Rokokoschmuck seines prunkvollen Treppenhauses paßt der Justizpalast trefflich zu 1792er lebenden Bildern aus der Dantonzeit; ich möchte wetten, daß die künstlerischen Leiter unserer Münchener Revolution das sehr wohl erwogen haben. Landauer ist ja Fachmann, wie seine Briefe aus der Französischen Revolution beweisen. Am Stachus-Eingang fordern ein paar Matrosen meine Legitimation. Da sie fatal bürgerlicher Natur ist, werden meine Taschen sehr höflich auf Waffen abgeklopft. Danach darf ich passieren, ohne mein Federmesser, das ich vorzeigte, abgeben zu müssen. Oben in den Korridoren ist Kommen und Gehen. Ein Sitzungssaal des Landgerichts trägt die neue große Inschrift: »Sitzungssaal des Revolutionstribunals«, daneben ist ein Raum als »Empfangszimmer des Revolutionstribunals« bezeichnet, und überhaupt wiederholt sich das bedeutende Wort gern und oft. Arbeiter mit umgehängten Flinten und roten Binden, Soldaten mit Handgranaten stehen in ziemlicher Anzahl herum. Der Sitzungssaal sieht nicht anders aus als zur Zeit des alten Regimes; irgendein Fürst in Generalsuniform hängt noch ungestört über der Estrade der Richter. Ich muß ziemlich lange auf den Eintritt des »in Permanenz« tagenden Gerichtshofes warten. Und das ist gar nicht langweilig, denn im Zuhörerraum, in dem uniformierte und zivile »Genossen und Kameraden« rauchend und bewaffnet sitzen, in dem auch das weibliche Element nicht fehlt, ist die angeregteste Unterhaltung im Gange. Ein langer Arbeiter, der mit der Flinte spielt, ist gerade von der Front zurück und berichtet über den großen Sieg bei Dachau. Wie die Weißen davongelaufen sind, wie sie »alle« Eiserne Kreuze erster Klasse trugen, die man den Gefangenen abnahm, wie die Sieger eine Zulage von zwei Pfund G'selchtem bekamen. Ein anderer erzählt, dass jetzt nur noch Arbeiter die Eisenbahn benutzen dürften, die »Besseren nöt« – »aber alle wollen's Arbeiter san, geistige Arbeiter«. Unbeschreiblich, welche Verachtung er in das Wort »geistige« legt, und wahrhaftig, er hat recht mit seiner Verachtung. Wieviel Mantelhängerei und wieviel Modeäfferei macht sich hier breit. Schwabing spielt Weltrevolution – es wäre zum Lachen, wenn es nicht auch zum Verzweifeln wäre, weil eben die zunehmende Verbohrtheit der eigentlichen Proletarier kein Spiel ist. Einer machte den neuesten Vorschlag, die

»Kapitalisten«, die »andere Menschen sind als wir«, endgiltig matt zu setzen. »In jedes Haus, wo zwölf Bourgeois wohnen, quartieren wir gleich zwanzig Proletarier ein. Dann können sie sich gar nicht mehr rühren, und wenn dann doch die Weißen kommen, schießen wir aus allen Fenstern.« Hierauf wird die Frage der sittlichen Erneuerung ernsthaft behandelt. »Prostitution« wird nicht mehr sein, denn an ihr seien ja nur die Bourgeois schuld. Die wissen, daß sie alle ums Geld heiraten müssen, da wollen sie vorher lieben und verführen die Töchter des Volkes!! Das wird mit Überzeugung vorgetragen und findet lebhaften Beifall. Nun erscheint der Gerichtshof. Eine grauhaarige Frau und vier Männer als Richter, zwei Männer als »Sprecher« (vordem Staatsanwalt) u. Protokollführer. Ich hätte beinahe von einer Dame und fünf Herren gesprochen, denn sie haben nichts Proletarisches und nun gar Blutdürstiges an sich, sehen vielmehr bieder bürgerlich und beinahe stilwidrig gutmütig aus, als wollten sie beruhigend andeuten, daß sie nicht Löwen seien, sondern Schnock der Schreiner. (Es ist noch niemand zum Tode verurteilt worden – höchstens zu ein paar Monaten Gefängnis, höre ich hinter mir flüstern.) Eine stark bewaffnete Macht führt nun den Verbrecher herein: es ist ein schmächtiger knabenhafter Bursche mit wilder Haarfülle, in abgeschabtem Feldgrau. Zugleich erscheinen zwei Zeuginnen. »I bin die Geliebte vom Frank Ludwig, i schwör net«, erklärt die Jüngere sofort. »Jetzt geben's mir die Hand und versprechen's, die Wahrheit zu sagen – dös is, als wenn's vereidigt wären«, sagt der Vorsitzende. Dann verliest er, immer halb im Dialekt, sehr kurz den Tatbestand und führt ein kur-

zes kräftiges Verhör durch. Der Frank Ludwig ist im Soller, einer für solche Geschäfte wohl beleumundeten Schenke, abgefaßt worden, als er 100 Fleischmarken für 145 M gekauft hatte und eben für 200 M weiterverkaufen wollte. »Haben Sie sich nicht gesagt, daß Sie damit die Armen schädigen?« – »Naa!« Viel mehr ist aus dem »Verbrecher gegen die Revolution« nicht herauszubekommen. Er wiederholt nur immer, er sei Hausierer auf dem Lande, er hätte nicht heimgekonnt, weil keine Züge net gingen, und er hätte doch leben müssen. Auch sei er kriegsbeschädigt, drei Anfälle in der Woche – die Geliebte und die Zimmerwirtin könnten es bestätigen. Nach wenigen Minuten erhält der »Sprecher« das Wort. Der Mann müsse bestraft werden, sagt er nur. Der Vorsitzende erhebt sich, aber sein Nebenmann zupft ihn am Rock. Er setzt sich wieder: »Ja so, der

Verteidiger!« Hinter dem Angeklagten erhebt sich ein Herr, diesmal ein richtiger Herr, mit leisem Schwabinger Anflug, ohne Dialekt. Auch er sehr kurz: man möge doch kein »Exempel statuieren«, das sei immer ungerecht. Der Gerichtshof zieht sich zurück und ist gleich wieder da. Der Angeklagte erhält zwei Tage Gefängnis, die durch die Untersuchungshaft verbüßt sind. Außerdem erhält er einen Verweis. »Und nun handeln's mit Schuhbandeln und net mehr mit Fleischmarken!« Ohne Jurist zu sein, glaube ich, daß man so etwas früher vor Jugend-, Gewerbe- und Schöffengerichten nicht übermäßig anders behandelt haben dürfte. Aber wieviel schöner klingt »Revolutionstribunal«! ... Ein zweiter Fall ist ernsthafter. Ein Soldat, der »Waffenkontrolle« in Bürgerhäusern abhielt, hat sich zu trinken geben lassen, hat sich bezecht und hat gegen Abend eine Bürgersfamilie schwer mit dem Revolver bedroht. Man telefonierte erschreckt um Hilfe, und andere Soldaten trafen ein, als der Angeschuldigte gerade im dunklen Hausflur zu feuern drohte. Der Vorsitzende wird erfreulich grob, und das Urteil lautet auf sechs Monate Gefängnis. Gegen den Gerichtshof ist nichts zu sagen: ihm ist es ernst um die Heiligkeit seiner Sache. Aber hier zeigt sich deutlich die fatale Zweischneidigkeit der Institution. Das Publikum murrt lebhaft. Das sei eine Strafe wie unter dem alten Regime, dazu habe man keine Revolution, keinen Umsturz der alten Gerichtsbarkeit nötig gehabt, wenn man solch eine kleine Einschüchterung der Bourgeois an einem braven roten Gardisten so grausam heimsuchen wolle! Der Gerichtshof ist allmächtig, Strafen zu verhängen, kein Gesetz bindet ihn, keine berufliche Vorbildung gibt den Richtern Halt. Und die Allmacht dieses Gerichtshofes muß im gegebenen Moment zur völligen Ohnmacht werden vor eben diesem Publikum, dem »souveränen« Volk …

Es ist überall in München die gleiche Komik, die gleiche Gefahr. Ich glaube, noch stellt man sich draußen unsere Zustände zu schauerlich vor; noch herrscht hier mehr Revolutionsspiel als blutige Revolution, noch gehen hier mehr Schreiner Schnock als wirkliche Löwen um – – aber in jeder Stunde kann es anders und sehr anders kommen. Und der Schaden, den München erleidet, ist jetzt schon ungeheuer groß. Ich kam an den Bahnhof, zu fragen, ob man Post nach Norddeutschland befördern könne. Wo früher einzelne Posten standen, stehen jetzt vor den Säulenhallen in »Tuchfühlung« ganze Reihen Bewaffneter; meist Arbeiter mit einem

Schildchen am Rockaufschlag: »Maffei«. In den Fenstern darüber und auf den Dächern drohen Maschinengewehre. Es hieß, man könne Briefe in den Kasten tun, auch Einschreibebriefe würden wieder angenommen, aber ob und wann sie befördert würden, könne niemand sagen. Und wie der Zug- u. Postverkehr fast ganz stockt, so nun schon seit reichlich einer Woche auch aller Handel, alle Industrie in der Stadt. Ein völliger Generalstreik ist nicht durchzuführen, ab und zu werden einzelne Betriebe, einzelne Geschäftszweige durch Anschlag ausdrücklich vom Streik ausgenommen. Aber das Ganze stockt doch von Tag zu Tag mehr, und die große Mehrzahl der Bevölkerung leidet von Tag zu Tag stärker. Als besondere Vergünstigung hat man über die Feiertage den Trambahnbetrieb wieder aufgenommen; es heißt, die Kassen der

Machthaber seien völlig leer und sie müßten irgendwoher Geld herbeischaffen; denn wenn die Truppen nicht gelöhnt werden, stellen sie sich »geschlossen hinter« – ja, hinter wen wohl? Sie stehen immer geschlossen hinter dem Zahlenden. Die Elektrische, sagt man, bringe nun wieder ein paar Löhnungstage ein.

Ein Soldat, der in betrunkenem Zustand »Waffenkontrolle« in Bürgerhäusern abhielt – Waffen hatten die Bürger »bei Todesstrafe« abgeben müssen –, hatte die Familie mit dem Revolver bedroht, die Erschrockenen hatten um Hilfe telefoniert, nachgeschickte Kameraden hatten den gefährlich Randalierenden entwaffnet. Urteil: sechs Monate Gefängnis. Mir schien es fast zu mild, das Publikum aber murrte in der Pause, dazu hätte man nicht Revolution gemacht und proletarische Richter anstelle der studierten Beamten eingesetzt, daß nun ein tüchtiger Soldat der roten Armee wegen einer solchen Kleinigkeit doch wieder ein halbes Jahr sitzen müsse. An dieser Kritik wurde es mir deutlich, daß auch die Komik des sanften und biederen Gerichtshofes mit dem blutrünstigen Namen gefährlicher Art war, genauso gefährlich wie die lächerliche Undiszipliniertheit der roten Armee. Nach den neuen Bestimmungen waren die auszuwerfenden Strafen sehr weit in das Ermessen der Richter gestellt, die volkstümliches Recht sprechen sollten. Wie lange würde es dauern, bis sie dem Druck der Volksstimmung nachgeben und ein wirkliches Revolutionstribunal würden? Nein, ich konnte nicht bloß

lachen über dieses Spielen mit der Räterepublik; es war mir
zuwider, und es war mir unheimlich, noch bevor es ernst
wurde. Aber wohin mit meinen Sympathien? Für das
Münchner Bürgertum hatte ich gar nichts übrig. Es schien
eine völlig apathische Masse. Aus einem Fenster der Schellingstraße sah ich Tag für Tag, wann immer ich vorbeikam,
ein altes Ehepaar herauslehnen. Jedes der alten Leute hatte
sein Kissen, unbewegt beobachteten sie, was unten vorging, auch wenn nichts vorging; ich bin überzeugt, die
Mahlzeiten ausgenommen, lagen sie vom Morgen bis zur
Nacht an ihrem Fenster und hatten sie mit demselben
gleichmütig stumpfsinnigen Interesse dort gelegen, als statt
der Revolution noch Krieg und als vor dem Krieg noch der
Frieden des weiß-blauen Königreiches geherrscht hatte.
Dieses Ehepaar im Fenster nahm ich als Symbol des
Münchner Bürgertums schlechthin. Am strahlenden
Ostersonntag waren Ludwig- und Schellingstraße buchstäblich schwarz von den Tausenden, die aus der Messe
strömten, und in der schwarzen Masse leuchteten Hunderte weißer Punkte: kleine weißgekleidete Mädelchen,
die, ihre Kerzen steif vor sich hin haltend, von der Kommunion kamen. Alle paar Minuten hörte man ein gellendes Pfeifen. Dann jagte ein Militärauto, rotbewimpelt und
mit Maschinengewehr besetzt, in rücksichtsloser Schnel-
ligkeit heran. Die Menge schob sich von der Mitte der
Fahrstraße weg, das Auto jagte durch, die Menge floß wieder zäh zusammen: die Münchener Räterepublik und das
Münchener Bürgertum schienen nichts miteinander zu
schaffen zu haben und sich nichts zuleide zu tun.

*Ostersonntag, 20. April 1919*

Kommunion und Kommunismus. Ludwigstr. und Schellingstr. sind buchstäblich schwarz von den Tausenden, die aus der Messe strömen. Und in der schwarzen Messe Hunderte von weißen Pünktchen, man könnte, wenn die Zeit danach wäre, beinahe lyrisch werden und von Schneeglöckchen in schwarzer Frühlingserde reden: die kleinen weißgekleideten Mädelchen, ihre Kerzen steif vor sich her haltend, die von der Kommunion kommen. Die Menge drängt ängstlich auseinander, denn ein Militärauto, rotbewimpelt, Maschinengewehrbesetzt, jagt pfeifend heran. Kein Tag, an dem dieses gewissenlose Jagen, das eine bloße Gaudi ist, nicht seine Opfer fordert. So stirbt man für die Freiheit! Das Fahren ist Gaudi, das Knallen auch. Man kann jetzt schöne Fasanenfedern, wie Bajonette an den Gewehren steckend, sehen: die Fasanen im Englischen Garten sind sehr verlockende Jagdobjekte. Aber wenn Mair Franz im Englischen Garten Fasanen schießt, glaubt Huber Xaver am Feilitzschplatz, die Weißen machten einen Putsch, und schießt auch, und schon läutet der Posten auf der nahen Erlöserkirche Sturm, und nun knattert es eine Viertelstunde lang in der ganzen Umgegend. Das ist ja sehr vergnüglich, besonders für die Jugend; die Kinder spielen auf den Straßen mit roten Lappen »Revolution«, und ich kenne einen ganz kleinen Jungen, der sagt als ersten Sprachversuch strahlend »bum bum!«, wenn die Flinten knallen, und wenn die Maschinengewehre rattern: »knatta, knatta, knatta!« Aber auch diese Gaudi fordert naturgemäß täglich Opfer, und sehr häufig Frauen und Kinder.

Das tolle Fliegerschießen dagegen, zu dem man schon Abwehrgeschütze in den Hofgarten gestellt hatte, ist vorläufig wenigstens aus der Mode gekommen. Das hängt mit einer Besserung der Lage für die hiesige Regierung zusammen. »Die Fliegerabteilung Schleißheim hat sich geschlossen hinter die Räterepublik gestellt. Sie tut mit roten Wimpeln Dienst. Es ist streng verboten, auf Flieger zu schießen.« Gleich darauf freilich flatterte ein Bamberger Zettel herab, Hoffmann–Schneppenhorst unterzeichnet, die Bevölkerung Münchens möge ausharren, die Regierung »kenne ihre Leiden« und werde Hilfe bringen. Aber der Glaube an diese Hilfe ist schwach geworden. Ein Mitarbeiter Landauers erzählte mir, die neueste Räterepublik fühle sich wieder sicherer. Das zweite und dritte Armeekorps

hätte sich »geschlossen hinter sie gestellt« (dies ist nächst »Verankerung« das beliebteste Modewort), die Bauern der Umgebung seien durch Agitatoren gefügiger gemacht und lieferten wieder Lebensmittel: so könne man weiterwirtschaften. Tatsächlich kommt jetzt wieder Eßbares herein; die Kommunisten hatten gedroht, bei weiterer Absperrung die Bürger hungern zu lassen. Nun soll auch der Geist wieder zu seinem Rechte kommen, Levien will Landauer als Kultusminister neben sich dulden. Ich fragte, wie der idealistische Landauer neben dem notorisch gehirnerweichten brutalen »Kriegsminister« amtieren könne. Die Antwort lautete, in Rußland wirke ja auch segensreich Gorki neben Lenin, in der Räterepublik sei jeder frei in seiner Sphäre!

So werden wir also die prachtvollen Reformen und Entbürokratisierungen Landauers vielleicht doch noch genießen dürfen. Ich hörte übrigens von einem schönen Streich, den ihm neulich während seiner ersten Amtsführung die Referenten spielten, und dieser Streich wurde mir von der Landauerschen Seite bestätigt – nur daß er hier eben für Ernst, für Bürokratismus genommen worden war. Landauer hatte die Referenten rufen lassen. Er wolle von jetzt an als wahrer Volksbeauftragter alles selber sehen und einfach, unbürokratisch ordnen. Am nächsten Morgen standen zu beiden Seiten seines Schreibtisches je zwei Waschkörbe, lauter Ein- u. Ausgänge mit allen zugehörigen Aktenbündeln. In einer Klosterschule war ein Fensterflügel zu reparieren, in einem Gymnasium wollten die Schüler einen Fußballverein gründen – all das mit allem Aktenmaterial lag dem Herrn Volksbeauftragten vor. Verzweifelt ließ er die Referenten wieder

antreten. Ob denn das alles unter dem alten Régime auch an den Minister gelangt sei. Nein, es sei in den verschiedenen Ressorts aufgearbeitet worden, aber Herr Landauer – die Titel hat er ja abgeschafft – habe doch ausdrücklich befohlen … Dann befehle er, alles so zu machen wie vorher! Und so könnte es schließlich mit dieser Reform eine ähnliche Bewandtnis einnehmen wie mit der des Gerichtswesens. Aber auch hier droht natürlich das Chaos, kann das Kinderspiel in vollkommene Zerstörung ausarten.

Und wenn uns Herr Hoffmann nur Flugblätter als Hilfe schickt, dann muß die Zerstörung kommen.

Aus sich heraus wird sich das Münchener Volk nicht helfen. Einer der neuen Führer zweiter Rangstufe, ein eifriger Agitator, überzeugter Volksfreund, verriet mir neulich halb unbewußt seine wahre Meinung, seine wahre

Wertschätzung der Bayern. »Führen müssen wir Badenser und Norddeutschen. Das Volk ist urteilslos, ist von sich aus träge. Aber wir predigen ihnen jetzt alle Tage: Ihr wart die ersten, die den König hinausgeworfen, die ihren Eisner gehabt haben; nun müßt ihr auch weiter die ersten Revolutionäre bleiben, die erste Räterepublik haben! Und mit diesem Appell an ihren Ehrgeiz erreichen wir alles!«

Die Hoffnung sinkt, und heute kann man hier schon hören, aus sich heraus werde die Regierung Hoffmann, werde Bayern überhaupt keine Hilfe schaffen können. Nun geht freilich seit gestern in der ganz und gar zeitungslosen Stadt ein Gerücht um, es seien württembergische Truppen in Anmarsch und die würden helfen. Auf der Straße, auf der freudig begrüßten Elektrischen, im Friseurladen erzählen es Bürger und kleine Leute, ängstlich tuschelnd, halb gläubig, halb ungläubig. Und alle setzen sie hinzu: »Wann's nur kane Preußen san!«

*Ostermontag, 21. April 1919*

Friedlichstes Treiben im Englischen Garten: Eltern und Kinder und zahllose »Hunderln« und Pärchen über Pärchen in allen Alleen, auf allen Bänken. Wo soll man auch sonst hin? In die Umgebung getraut man sich nicht; es heißt ja immer wieder, ein Angriff der Weißen stehe bevor. Auch ist die Eisenbahn nur noch für solche zu benutzen, die dreimonatige Zugehörigkeit zur U. S. P. oder zum Spartakusbund nachweisen! Auch werden Räder sehr gern von den Posten »beschlagnahmt«. Plötzlich knattert ein Maschinengewehr in nächster Nähe. Niemand erschrickt. »Da jagen's wieder an Fasan!« Alle Genüsse fürs »werktätige Volk«. Ihm behält ein neuester Maueranschlag auch das Nationaltheater vor: »Billette werden nur gegen Arbeitsausweise abgegeben.« Und geruhsam, beglückt über die erneuerte Welt, schon völlig eingelebt in ihre seltsame Neuartigkeit, geht der Bürger spazieren.

## 22. April 1919

Du sollst den dritten Feiertag heiligen! Bis um zehn Uhr durften die Bäckerläden nach zweitägiger Pause verkaufen. Dann hieß es: »Alles schließen. Letzter Tag des Generalstreiks. Die Stadt legt roten Flaggenschmuck an; um elf Uhr Vorbeimarsch der Arbeiterbataillone am Kriegsministerium, um fünf Uhr allgemeiner Demonstrationszug.« Ich habe beides mitangesehen. Der Marsch der Bataillone war gut, soweit es nicht Soldaten waren, die marschierten. Die Feldgrauen sind junge Burschen, die frech, aber unkriegerisch aussehen, die alle noch kein Pulver gerochen haben. Dagegen die Zivilisten! Das sind die eigentlichen Soldaten; sie treten auf, sie tragen das Gewehr nicht anders, als sie es draußen getan haben, wenn sie in Stellung gingen. Festigkeit in der Haltung, entschiedene Gesichter. Einige fallen durch ihr Alter, andere durch Verkrüppelungen, manche durch besondere Verbitterung in den Zügen auf. Alle haben sie Haltung. Kommt es wirklich zum

145

Kampf, so werden die Arbeiter kämpfen und die Soldaten laufen. So kräftig, in seinen zivilen Teilen wenigstens, die die eigentlich militärischen waren, sich der Vormittagszug mit seinen paar tausend Leuten ausnahm (von den angeblichen 45 000 Arbeitern mag ein Zehntel vor dem Herrn Kriegsminister Levien defiliert haben), so ganz in den hier üblichen Stil der Gaudi verfiel die größere Nachmittagsdemonstration. Wieder durchzogen sie geordnet die Ludwigstraße, diesmal in Massen, Bewaffnete und Unbewaffnete, Männer, Frauen, halbwüchsige Knaben, mit den schönsten roten Fahnen, fabelhaft vergnügt, besonders die Mädeln. Alle Minute brachte ein Ordner irgendein »Hoch« oder »Nieder« aus, und dann brüllten sie alle, selig, jubelnd, aus Leibeskräften, und warfen die Arme hoch, und ganz Verwegene schwangen gar die Gewehre über dem Kopf. Besonders schön klangen die langgedehnten »Nieder«. »Nieder die Hohenzollernsozialisten, niedäär, niedäär, niedäär!« – Nun soll morgen wieder gearbeitet werden, und die Württemberger sollen ja auch wirklich im Anmarsch sein, und einige hoffen auf Einlenken und Kapitulieren der hiesigen Machthaber. Ob dies heute doch vielleicht ihre Abschiedsvorstellung war?

A. B.

Aber dann wurde die Lage doch ernster, und dies für beide Teile. Der Dienstag war wohl der letzte Tag ungetrübter Gaudi. Die Zeit vorher hatten wir reichlich viel Streik gehabt, vollkommenen Generalstreik übrigens nie, trotzdem ihn die Regierung proklamiert hatte. Besonders lästig war der Fortfall der Trambahnen gewesen. In den Ostertagen hatten sie fahren dürfen: das Geld des Stadtstaates war erschöpft, und dies war eine gute Einnahmequelle. Jetzt hieß es: »Letzter Tag des Generalstreikes; die Stadt legt roten Flaggenschmuck an, um 11 Uhr Vorbeimarsch der Arbeiterbataillone am Kriegsministerium, um 5 Uhr allgemeiner Demonstrationszug.« Ich sah beides mit an. Der Marsch der Bataillone war gut, soweit es nicht Soldaten waren, die marschierten. Die Arbeiter in Zivil, ältere Leute mit ernsten, oft verbitterten Gesichtern, trugen das Gewehr und hielten sich nicht anders, als sie draußen getan, wenn sie in Stellung gingen. Die Soldaten dagegen waren junge Burschen, die das Ganze offenbar für einen frechen Spaß nahmen. »Wenn es wirklich ernst wird«, schrieb ich, »werden die Arbeiter kämpfen und die Soldaten laufen.« Aber bei der großen Nachmittagsdemonstration war ich überzeugter als je, daß es nicht ernst werden würde! Welch ein Volksfest. Vormittags waren ein paar Tausend defiliert, jetzt zog eine große Masse durch die Ludwigstraße mit einer Unzahl flatternder roter Fahnen, Bewaffnete und Unbewaffnete, Männer und Frauen und Mädchen und Jungen, und alle so lustig plaudernd und aus Leibeskräften mitschreiend, wenn die Ordner ein Hoch auf die Räterepublik ausbrachten, und noch seliger brüllend, wenn es ein »Nieder!« war. »Nieder mit den Hohenzollernsozialisten!« Sie warfen die Arme hoch, und ganz Verwegene schwenkten die Gewehre über den Köpfen. Und dann wurde gesungen und dann wieder geplaudert – – nein, es würde nicht ernst werden, es war bloß ein Spiel. Und vielleicht war dies die Abschiedsvorstellung der phantasievollen Regierung, denn nun ging ja das Gerücht, daß Reichstruppen in größerer Anzahl im Anmarsch seien. Da würde gewiß beizeiten eingelenkt und kapituliert werden. – Und dann wurde es doch ernst. In den nächsten Tagen verschlimmerte sich die Lage. Die Lebensmittel wurden knapp, die Plünderungen nahmen zu, es wurde mehr geschossen, häufiger Sturm geläutet. Nur das allgemeine Schießen auf den Bamberger Flieger wurde streng verboten, und das hing mit einem militärischen Vorteil der Räteregierung zusammen. Sie besaß jetzt selber Flugzeuge, die nicht mit den feindlichen verwechselt werden durften, die Schleißheimer Fliegerabteilung hatte sich »geschlossen hinter sie gestellt«. Wie oft in diesem Jahr habe ich dies Modewort gehört: Truppen, Gemeinden, Vereine stellten sich geschlossen hinter eine Regierung, eine Partei, eine Resolution, hinter das Wichtigste und das Geringste, stellten sich heute geschlossen hinter Rot und morgen geschlossen hinter Weiß. Gleich häufig begegnete man damals nur noch einem Ausdruck: Die bayrischen Sicherungen werden, wie man jetzt sagt, »in der Verfassung verankert werden«, erklärte der demokratische Abgeordnete Quidde, den ich im letzten Augenblick vor der Proklamation der Räterepublik vor seinen Münchener Parteifreunden über die Arbeit der Nationalversammlung sprechen hörte. Sich geschlossen hinter eine Sache stellen und eine Sache verankern – die ganze Sehnsucht zerrissener und entwurzelter Millionen spricht aus beiden Schlagwörtern, die in kürzester Zeit nicht nur trivial wurden, sondern ominös gegensätzliche Bedeutungen annahmen: die sich geschlossen hin-

148

ter etwas stellten, waren bestimmt unzuverlässig, und das »Verankerte« blieb bestimmt nicht an Ort und Stelle. Die bayerischen Sicherungen übrigens, deren Verankerung Quidde den Münchner Liberalen verhieß, waren Ersatz der offiziell nach Wort und Inhalt verpönten alten Reservatrechte. »Ihr braucht nicht auf einem bayrischen Kriegsministerium zu bestehen, ihr dürft es nicht einmal, denn sonst verlangen auch die Preußen wieder ein besonderes preußisches Kriegsministerium, und das hätte die alte preußische Vorherrschaft zur Folge«, mußte der Mann seine Leute beruhigen. So stark war der engherzige Partikularismus selbst im kleinen fortschrittlichen Teil des bayrischen Bürgertums. Nein, für diese Bourgeoisie zum mindesten konnte ich mich kaum mehr erwärmen als für die Spartakisten. Und jetzt, da die Bürger zu merken begannen, daß das räterepublikanische Spiel, dem sie bisher halb apathisch, halb mißmutig zugesehen hatten, für sie doch wohl Schlimmeres bedeuten konnte als nur eine wilde karnevalistische Veranstaltung, wie zeigten sie jetzt ihr Erwachen zum Widerstand? Durch spontanen Antisemitismus. Saujuden! schimpften einzelne vor den Maueranschlägen, Saujuden! brüllte manchmal ein kleiner Chor, und Flugblätter tauchten auf, die den Juden alle Schuld an der Räterepublik, an der Revolution überhaupt, an der Anzettelung des Krieges, an seinem unseligen Ausgang zuschrieben. Der Unterschied zwischen den Flugblättern und den auf der Straße geführten Reden bestand bloß darin, daß die Flugblätter die Juden allein für alles verantwortlich machten, während der bürgerliche Volksmund neben den Juden die Preußen nannte, und dies in so enger Gemeinschaft,

daß Jud und Preiß oft wie Synonyma für dasselbe Prinzip
des Bösen klangen.

Wohin sollte ich mit meinen Sympathien? Am natür-
lichsten gehörten sie dem Universitätskreis, in dem man
sich für den Zusammenhalt des Vaterlandes, für Frieden
und Ordnung im Innern einsetzte, schon deshalb, damit Deutschland bei den Friedensverhandlungen mit der
Entente nicht allzu hilflos sei. Es fehlte auch auf der akademischen Seite nicht an Verhaftungen, die mir wenig zusagten. Wie komisch war der grenzenlose Jubel einer Studentenversammlung im Auditorium maximum gewesen,
als das erste Fliegertrostblatt der Bamberger Regierung bekannt wurde. Von einem ganz winzigen Grüppchen abgesehen, waren die Studierenden weder sozialistisch noch
liberal – wenn es nach ihnen gegangen wäre, hätte Deutschland wohl eine Monarchie zurückerhalten und eine sehr
konservative Verfassung. Und wie tobten sie vor Entzük-
ken, weil die mehrheitssozialistische Regierung des Frei-
staats Bayern ein Lebenszeichen gab. Immerhin, die Komik dieses Ausbruchs hatte etwas Rührendes an sich. Der
schwache sozialistische Ministerpräsident Hoffmann ver-
körperte ihnen dem Unfug der Räterepublik gegenüber die
Ordnung des Reiches. Wie peinlich war das lange und
schlaffe Hin und Her der Professoren, ehe sie sich darauf
einigten (ich muß schon sagen, nach vielem Salbadern),
gemeinsam ihr Amt niederzulegen, falls die Räterepublik
einen von ihnen am Dozieren hindern sollte, wie lau standen auch sie in ihrer Gesamtheit Weimar gegenüber. Dennoch: bis über Ostern hinaus fühlte ich mich den Akademikern durchaus verbunden. Und nun griff auch hier der

Antisemitismus um sich, und für die Masse der Studierenden war der Jude der bequeme allgemeine Feind, und der
Mehrzahl der Professoren fiel es nicht ein, dem steigenden
Antisemitismus entgegenzutreten. Ich will nicht übertreiben: es gab in München damals eine ganze Reihe von Dozenten und Studierenden, die diese aufflammende Judenfeindschaft durchaus verwarfen, und persönlich habe ich
die ganze Münchener Zeit über niemals unter Antisemitismus zu leiden gehabt, aber bedrückt und isoliert fühlte
ich mich doch durch ihn. Und gerade in diesen Tagen
wurde das Gefühl der Isoliertheit, dem ich durchaus entgehen wollte, von anderer Seite her aufs peinlichste in mir
verstärkt. Seit dem März war, äußerlich kaum, innerlich
stark verändert, die arme Sonja Lerch in Gestalt ihrer älteren Schwester von den Toten auferstanden. Als Lydia Rabinowitz in Lerchs Gesellschaft das erstemal zu uns kam,
waren wir beinahe erschrocken, so groß war die Ähnlich-
keit mit der Toten. Auch hatten wir beide sofort den Eindruck, daß Lerch hier Trost gesucht und gefunden hatte.
Lydia Rabinowitz war mir ihrer harten Augen und ihrer
allzu selbstsicheren Art halber von Anfang an wenig sympathisch, aber sie benahm sich gegen uns einwandfrei, und
sie war nicht uninteressant. Sie rühmte sich, ein Dutzend
Berufe versucht und Studium und mancherlei Studien
– insbesondere Kunstgeschichte und Medizin – getrieben
zu haben; sie war eine geschiedene Frau und hatte, irgendwo in der Schweiz, einen zehnjährigen Sohn, sie wollte
sich jetzt zur Lehrerin für rhythmische Gymnastik ausbilden. Nachdem wir eine Reihe von Wochen leidlich miteinander ausgekommen, auch einmal zu viert bei Vossler

zusammengetroffen waren, traf ich sie kurz nach Ostern in der belebten Universitätshalle. Ich ging mit ausgestreckter Hand auf sie zu und sagte: »Wir haben uns eine Woche nicht gesehen, kommen Sie doch einmal mit Lerch in unsere Pension.« Sie nahm meine Hand nicht, sah mich starr an und sagte so laut, daß die Umstehenden es hören mußten: »Ich habe gehört, daß Sie den Protestanten spielen. Ich verkehre nicht mit konvertierten Juden.« Und damit wandte sie mir den Rücken. Am Abend dieses Tages sollten wir bei Vossler sein und fanden dort »Lerchs«, wie wir die beiden nannten, vor. Meine Frau und ich plauderten mit Vosslers und Lerch immer über die dazwischensitzende Rabinowitz hinweg, als wenn ihr Stuhl leer wäre; es mußte sehr auffallen. Wir gingen bald, und unten sagte ich: »Jetzt fallen sie über mich her.« Anderntags vor dem Arbeitssaal gab es peinliche Auseinandersetzungen, erst mit Vossler, dann mit Lerch. Vossler sagte, die Rabinowitz sei eine fanatische Zionistin und ihm gingen alle Fanatiker wider den Strich; aber die Rabinowitz stehe sehr in Lerchs Gunst und Lerch sei ihm notwendig (eine Notwendigkeit, auf die ich noch zurückkommen muß). Die Rabinowitz habe im Bayrischen Kurier einen Artikel veröffentlicht, wonach es die Deutschen an Antisemitismus fehlen ließen, ihr erschienen alle Juden, die sich zum Deutschtum bekannten, als Verräter. Nachher kam Lerch, halb wollte er vermitteln, halb wollte er mich einschüchtern, und beides brachte mich gleichermaßen auf. Er sagte, »konvertierter Jude« sei keine Beleidigung, die ich so schroff hätte zu vergelten brauchen; seine Schwägerin schlage jetzt eine Art Religionsgespräch vor, wenn ich das ablehnte, würde sie mich öffentlich zur Rechenschaft ziehen. Ich lehnte jede Auseinandersetzung mit ihr ab und warnte Lerch vor den Folgen, die jeder weitere Angriff seiner Schwägerin für sie und auch für ihn haben würde. Tatsächlich hatte ich keine Ahnung, was das für Folgen sein würden, wie ich mich verhalten sollte, wenn mich die rabiate Rabinowitz im Kolleg vor den Studenten beschimpfte. Aber Lerch war doch wohl ängstlich geworden und mochte an dem Aufsehen genug haben, das seine erste Frau erregt hatte. So hielt er die Schwester wohl in Schach – jedenfalls erfolgte nichts weiter. Wir gingen uns sorglich aus dem Weg, und Vosslers nächste Einladungen pflegten zu lauten: »Lerch war gestern da – die Luft wird rein sein.«

Inzwischen ging es mit der Räterepublik rasch zu Ende. Einen Augenblick lang sah es noch einmal so aus, als sollte der Schluß ein unblutig lächerlicher sein. Nach dem Ende des Generalstreiks durften wieder Zeitungen erscheinen, freilich unter Vorzensur. Die »Post« brachte den Bericht über eine Sitzung, in der die Volksbeauftragen Rechenschaft über den Stand ihrer Ressorts abgelegt hatten. Der Ernährungsminister hatte erklärt, noch vierzehn Tage mit seinen Vorräten reichen zu können, falls er den Bürgerlichen nichts abzugeben brauche. Der Finanzminister hatte erklärt, etwa ebenso lange zu reichen, falls nicht die Papierfabrik in Dachau an den Feind verlorengehe. Mehr sei aus der Papierfabrik nicht herauszuholen, weil die Regierung Hoffmann alle Prägstöcke außer denen für Einmark- und für Fünfzigpfennigscheine mitgenommen habe. Daraufhin war Levien vom Vorsitz zurückgetreten, und nun dürfte es zu Verhandlungen mit Bamberg kommen. Sei auch nicht alles verwirklicht worden, was die Räterepublik angestrebt habe, so habe man doch vorbereitend, aufklärend und segensreich in ihrem Sinn gewirkt.

*30. April 1919*

Heute hat es endlich den Anschein, als sollten wir endlich aus dieser Hölle der Lächerlichkeit und Sinnlosigkeit befreit werden, die wir seit dem 7. und deren untere Regionen wir seit dem 13. April bewohnen. Gestern abend war besonders starker Alarm, zu den schon üblichen Glocken und Gewehrschüssen fügten sich Dampfsirenen der Fabriken, deutliches Rollen von Eisenbahnzügen, die offenbar Verstärkungen hinausbrachten (denn sonst geht ja kein Zug mehr, und über Dachau hinaus nimmt auch die Post längst nichts mehr an), ferne Kanonenschläge, die die Nacht über anhielten und auch am Tage vernehmbar blieben. Und dann kamen zwei ominöse Maueranschläge: der eine bezeichnete eine Reihe in München eingerichteter Verbandplätze, der andere trug die Überschrift: »Die Garde-Kavallerie-Schützen-Division von Berlin vor München«. Darin hieß es, die »Luxemburg- und Liebknechtmörder« seien auf München losgelassen, sie erschössen die Gefangenen haufenweise, auch die Sanitäter, auch alte wehrlose Leute, ihre Ausweise seien »mit Noske unterschrieben«. »Unter dem geeinigten Münchener Proletariat soll jetzt ein Blutbad von Noske angerichtet werden. Arbeiter! Soldaten! Schüttelt die preußische Herrschaft ab!« Das Interessanteste an diesem Anschlag, der noch einmal für die Rote Armee warb, war das Verhalten des Publikums. Einige lachten, einige schimpften – aber nicht auf die Preußen. »Wenn sie nur kämen und uns endlich von dem Gesindel befreiten!« Es war aber doch auch nicht zu verkennen, daß sich überall halb stumpfer, halb wehmütiger Unglaube in solche Gefühle des Zornes und der Hoffnung mischten. Ja ich notiere gewiß nach vielem Beobachten das Richtige, wenn ich sage, der Gemütszustand der Münchener Majorität bestehe heute in einer abgespannten Ergebenheit. Man sagt sich, auf ernstliche Abhilfe sei nicht zu hoffen, es werde so oder so fortgewurstelt werden. Die Anschauung ist sehr deutlich erkennbar aus zwei Wurzeln erwachsen. Einmal: man glaubt gar nicht mehr an die Kraft und nur noch sehr wenig an den guten Willen der Regierung Hoffmann »draußen«. Allzuoft hat sie uns durch ihre Flieger Hilfe angekündigt, und nichts ist erfolgt. Nun sagt man sich, von sich aus, mit unsicheren bayerischen Truppen, werde es die Regierung nicht mehr schaffen, und fremde Truppen und nun gar preußische heranzuführen, werde sie nicht wagen. (Und dabei wäre es kein Wagnis mehr, wie die Erlöser würden sie hier empfangen von Bürgern und Kleinbürgern und von der Mehrzahl der Arbeiter auch, die nur noch unwillig das wahnwitzige Spiel mitmacht!) Zum anderen aber wurzelt unsere Ergebenheit gerade in der Schwäche der hiesigen »Regierung«, die längst keine mehr ist. Jeder weiß, sie kann sich nicht mehr halten, und so fürchtet man eben Verhandlungen. Verhandlungen zwischen zwei Schwachen führen zu faulen Kompromissen, auf die dann nach kurzer Ruhe

neue Gewalttaten der skru-
pelloseren Partei folgen. Der
Simplicissimus hatte vor einiger Zeit das Bild der Berliner
Familie, die ihr »Pater Noske«
betet; wie viele, viele Tausende
wünschen sich hier einen solchen Pater Noske, ob er nun
Epp oder sonstwie heiße. Nur
strenger abrechnen könnte
uns helfen, und niemand wagt
es mehr so recht zu erhoffen,
trotz der Berliner Gardeschützen, deren wirkliche Gegenwart vor den Toren wir ja
nicht nachprüfen können. – –

Die Schwäche der hiesigen
Machthaber, die niemand
mehr genau kennt, da sie auf
einzelnen Posten alle sechs
bis zwölf Stunden wechseln,
macht sich seit der großen
Demonstration zur Beschlie-
ßung am Ende des General-
streiks immer komischer bemerkbar. So stand am 27. in
der »Post«, die wieder erscheinen durfte, ein Bericht über
die Sitzung der Betriebsräte,
in der die einzelnen »Volks-

beauftragten« Rechenschaft
über die Lage gaben. Der Vertreter des Proviantamtes sagte,
man werde noch vierzehn
Tage reichen, sofern man der
Zivilbevölkerung nichts abzugeben brauche. Wobei es bekannt war, daß die Zivilbevölkerung mit Milch und Fett
ganz zu Ende, mit Fleisch fast
gar nicht mehr versorgt ist.
Der Finanzminister Maenner
aber gab die schöne Erklärung
ab, finanziell könne man es
noch vier Wochen aushalten,
»wenn die weiße Garde nicht
die Papierfabrik Dachau er-
obere«. Und auch die Papierfabrik Dachau kann nur spär-
liche Reichtümer verschaffen,
denn man besitzt nur Druck-
platten für Zwei-, Eine- und
halbe Markscheine; das andere Druckmaterial hat die
Regierung Hoffmann fortge-
schafft!

Der Erfolg dieser Aussprache am 27. war, daß Genosse
Levien zurücktrat, daß eine
gemäßigtere Richtung die

Oberhand gewann – man wußte freilich nicht, inwieweit und auf wie lange –, daß man bürgerliche Zeitungen unter Vorzensur freigab und daß man resigniert erklärte, man werde verhandeln, und wenn man den Rätegedanken auch noch nicht ganz habe durchführen können, so sei doch immerhin einige Wochen »aufklärend« gewirkt worden. Aber gleich darauf forderte doch die »Rote Fahne« zum Widerstand bis zum äußersten auf und verfluchte alle Verräter, auch hörte man von neuen Geisel-Festnahmen, auch wurden jedem schwere Strafen angedroht, der dem Genossen Levien im besonderen und der Räterepublik im allgemeinen Böses nachsage. Wie leicht man aber zu solch einer Strafe kommen kann, das bewies mir ein guter, etwas abenteuerlicher Bekannter, der einige Schwabinger Freundschaften besitzt. Er geht am Wittels-bacher Palais vorbei, dem Sitz der Regierung. Einer ruft ihn: »Grüß di Gott – ja warum dienst denn du nicht unserer Sache?!« Gegenfrage, seit wann man sich duze und womit denn zu dienen sei. Antwort: Wir Kommunisten hier duzen uns alle, und natürlich kannst du uns dienen. Freund H. wird in ein Zimmer geführt und erhält dort ohne weiteres einen schön gestempelten Ausweis, den er mir vergnügt zeigt. »Komitee zur Bekämpfung der Gegenrevolution. Genosse H. hat das Recht, Waffen zu tragen und Verhaftungen vorzunehmen, die er im Interesse der Revolution für notwendig hält.« Im Lauf des Gesprächs bot er mir einmal an, mir einen gleichen Schein mühelos zu verschaffen, ein andermal bedrohte er mich mit Verhaftung, wenn ich ihm nicht mit Zigaretten aushälfe. Was zwischen uns Scherz war, konnte in vielen andern Fällen Ernst sein, und ist auch oft genug bitterer Ernst.

Von den bürgerlichen Zeitungen machte die Staatszeitung von der freundlichen Erlaubnis Gebrauch und erschien am 28. Ihr Beiblatt enthielt einen sehr charakteristischen Scherz. Im amtlichen Teil nämlich brachte sie die Bekanntmachungen der verschiedenen Staatsministerien (des Innern, des Kultus, der Land- und Forstwirtschaft) von Anfang bis Ende April, jede dieser Verordnungen ordnungsgemäß von den in München arbeitenden Referenten unterzeichnet. Daß die Ministerien abgeschafft, die Referenten abgesetzt, die Einrichtungen, denen diese Verordnungen galten, von Grund aus umgekehrt waren durch viele Erlasse immer neuer Volksbeauftragter und Betriebsräte und revolutionärer Ausschüsse, darum hatten sich die braven Herren Referenten eben gar nicht geküm-

mert, waren vielmehr auf ihrem Platz geblieben, hatten weitergearbeitet und abgewartet.

Weniger vergnüglich war die Lektüre der auswärtigen Zeitungen, von denen seit der Beendigung des Generalstreikes einige mit großer Verspätung unregelmäßig eintreffen (während Briefpost ganz und gar ausbleibt). So haben wir Reichszeitungen zu Gesicht bekommen, die sieben bis acht Tage alt waren, Wiener Zeitungen etwas frischgebackener. Darin hieß es, daß Lettow-Vorbeck im Anmarsch sei und daß »München vor dem Fall« stehe, was wir um so weniger glaubten, als uns bereits am 25. Flugblätter eines Fliegers aufgefordert hatten, um sechs Uhr abends zu Hause zu sein, da der Kampf beginne – und dann war wieder alles ruhig geblieben. –

Aber als das eigentlich Unerfreuliche empfanden wir nicht diese uneingetroffenen

Prophezeiungen, vielmehr die über München verbreiteten Schauergeschichten. Es sollte bei uns schon entsetzlich viel Blut geflossen, es sollten Häuser in Flammen aufgegangen sein, und die Kommunisten sollten mit der Kommunisierung der Bürgerfrauen und -mädchen begonnen haben. An alledem ist (bis heute wenigstens) kein wahres Wort; bis heute haben sich die Kommunisten unnützer Bestialitäten enthalten. Nun rühmen sie sich natürlich; die Bourgeoispresse lüge, sie würden den irregeleiteten Truppen zeigen, was die Kommunisten für feine Leute seien, sie würden sie auf diese Weise zum Überlaufen bringen, wie ihnen das schon neulich bei ihrem großen Siege in Dachau gelungen sei. Und ich fürchte wirklich, die Kommunisten könnten sich auf solche Weise reinwaschen und könnten damit das gehäufte Unrecht verschleiern, das sie

auf dem Gewissen haben. Denn wenn sie bisher auch noch nicht gemordet und München noch nicht eingeäschert haben, so haben sie doch sonst nichts unterlassen, was eine entzügelte Menge des Rechtsgefühles entwöhnen und Schritt für Schritt schließlich zu den schlimmsten Verbrechen führen muß. Willkürliche Verhaftungen, Festnahmen von Geiseln, Haussuchungen, die in gemeinste Plünderung ausarten, und immer, immer wieder Aufhetzungen der schlimmsten, blutigsten, ruchlosesten Art gegen das wehrlos gemachte, ganz entrechtete, ganz eingeschüchterte Bürgertum. Wenn morgen die »Preußen« wirklich angreifen – wer bürgt für die Sicherheit der Geiseln, für die längst nicht mehr vorhandene Unantastbarkeit privaten Eigentums? Aber die »Preußen« werden nicht kommen, und wir werden mit Herrn

Hoffmann verhandeln, und der Augiasstall, den der Münchner gut deutsch »Saustall« nennt, wird vielleicht durch einen Türspalt etwas frische Luft und Verbindung mit der Außenwelt bekommen, gereinigt werden aber wird er wohl nicht.

[...] Ich ging eine ganze Weile durch die Ludwigstraße. Überall war es dasselbe: die Leute sprachen mit Abscheu von dem Geiselmord und mit Befriedigung von den Befreiern, sie stießen sich gar nicht daran, daß die Befreier Preußen sein sollten. Kaum war ich wieder zu Haus, um elf Uhr etwa, da fielen in nächster Nähe ein paar Schüsse, gleich darauf klirrte unten ein umfallendes Fahrrad. Ich lief ans Fenster, da standen neben dem Rad ein Rotgardist und ein alter Herr, der ihn am Arm gepackt hielt, und ein junger Mann, der ihm den patronengespickten Schal vom Hals zerrte, das Gewehr lag neben dem Rad auf dem Rand des Bürgersteigs. Der Gardist riß sich los, rannte davon und streifte im Rennen die rote Binde ab. Das war der Anfang der bürgerlichen Gegenrevolution.

Ich ging wieder aus, ich war ja als A. B. nun im Dienst. Am 8. April hatte mich Harms telegrafisch um Nachrichten gebeten, seitdem schrieb ich ein Revolutionstagebuch. Freilich hatte ich nur den Anfang davon noch absenden können, alles andere speicherte sich bei mir auf, aber nun würde der Weg wieder frei werden. Als ich auf die Ludwigstraße kam, herrschte Ruhe. Auf dem Kriegsministerium wehte die blau-weiße Fahne, auf der Residenz die blau-weiße neben der roten, auf dem Wittelsbacher Palais (einem Zentralpunkt der Räteregierung) ein weißes Tuch. Zivilisten, denen man mit großer Wahrscheinlichkeit den Studenten und gewesenen Offizier ansah, ein Gewehr oder einen Revolver in der Hand, eine weiße Binde, ein Taschentuch oder ein Stück Verbandszeug um den Arm, eilten einzeln oder in kleinen Gruppen, ich weiß nicht wohin. Auch Soldaten der Garnison trugen weiße Armbinden, obwohl sie gestern noch »geschlossen« hinter der Räterepublik gestanden und rote Binden getragen hatten. Blitzschnell war dieser Umschwung gekommen, obschon noch nichts vom Einmarsch der Reichstruppen zu merken war. Die Spartakisten mußten also vollkommen vernichtet sein. Erst am frühen Nachmittag zogen die Sieger ein. Es ist heute ein allgemein übliches und allerverlogenstes Zeitungscliché, daß einziehende Eroberer »von der erlösten Bevölkerung jubelnd als Befreier begrüßt werden«. Aber von diesem Truppeneinmarsch in München am 1. Mai 1919 kann ich wirklich nichts anderes sagen als eben dies. Bayrische schwere Reiter kamen und württembergische Dragoner mit schwarz-roten Fähnchen und das Eppsche Freikorps mit dem goldenen Löwenkopf in der schwarzen Raute am Oberarm und Preußen mit dem weißen Totenkopf der Potsdamer Husaren an der Mütze. Und alle wurden mit Zurufen und Schwenken der Taschentücher begrüßt, und Zigaretten und Zigarren wurden ihnen gereicht. Zu einem wirklichen Volksfest kam es vor der Universität, in der preußische Truppen für den Augenblick einquartiert wurden. Zum ersten und einzigen Mal in meinem Leben – die Herrlichkeit dauerte keine zwei

Tage – sah ich eine freudige bayrisch-preußische Verbrü-
derung. Männer, Frauen und Kinder waren auf das Siegestor geklettert, kauerten malerisch auf dem Löwengespann,
schwenkten Fahnen, winkten und schrien. Um das Halbrund vor der Universität, in dem Wagen und ein erobertes
Geschütz aufgefahren waren, drängten sich die Münchener
und plauderten mit den Posten und beschäftigungslos
umherstehenden Soldaten – es war das drolligste Gegeneinander von Berlinisch und Münchnerisch. […]

*2. Mai 1919*

Nun ist man also doch noch
zur wirklichen Reinigungstat
geschritten. Aber leider: der
ungeheure Jubel, der besonders in den gestrigen Nach-
mittagsstunden hier einen
wirklichen Maifeiertag schuf,
einen ganz anderen freilich als
den von der »sozialistischen
Jugend« erträumten, den
»Vierzehn- bis Achtzehnjähri-
gen«, die in Massen gegen alle
rückständigen Regierungen
protestieren wollte, wozu sie
auch noch die hiesigen Räte
zählte, einen Feiertag, wo Bayern Preußen zujubelten, ver-
bissene Antimilitaristen straf-
fen Soldaten, ja sogar – horribile dictu! – Offizieren mit
richtigen Achselstücken, mit
Stahlhelmen und Mann-
schaftsgewehren freilich auch.
– Der beglückte Jubel hat sich
gegen Abend gelegt und will
heute nicht mehr recht auf-
kommen, obwohl noch im-
mer Tausende von Taschentüchern den ständig einrückenden Truppen zuwehen; denn
seit dem Nachmittag und die
ganze Nacht hindurch und

nun den Freitag über, vom Gefecht zur Schlacht anwachsend, tobt ununterbrochen der bitterste Kampf, und beinahe pausenlos schüttern die Einschläge der Minen und Granaten und übertönen das wilde Rasseln der Maschinengewehre und den Knall der Schüsse. Es fließt sehr viel Blut in der inneren Stadt, wo die Spartakisten mit Verzweiflung standhalten, da sie ja von Ergebung nun wohl nichts mehr zu erwarten haben.

Am Morgen des 1. Mai sah es noch ein letztes Mal so aus, als sollte der Stadt München selber der Straßenkampf erspart bleiben. Zwei Maueranschläge ersetzten uns wieder die Zeitungen. Generalstreik war ja schon den Tag vorher wieder erklärt worden, ohne übrigens mehr gänzlich von den verzweifelnden Inhabern kleiner Läden beachtet zu werden. Das eine Plakat sprach die Entrüstung der Regierung über den in der Nacht verübten Geiselmord aus. Sie sei unschuldig daran. Unschuldig, nachdem sie so lange gehetzt, unschuldig, nachdem sie die wehrlosen Menschen dem systematisch vertierten Pöbel überliefert hat! Wir wissen in diesem Augenblick hier noch immer nicht alle Namen der Getöteten, die Leichen sind ja gräßlich verstümmelt. Aber daß ein Eisenbahnsekretär und ein Gymnasiallehrer unter diesen »Kapitalisten« und »Aristokraten« und daß eine Frau darunter ist, wissen wir. Auch spricht man von Döderlein, dem genialen Gynäkologen, der so vielen Menschen geholfen hat ... Die unschuldige Regierung erklärte in einem zweiten Anschlag, es sehe so aus, als solle der Rätegedanke durch rohe militaristische Gewalt niedergetreten werden. Aber ein Gedanke sterbe nicht (er mordet nur!), und zum Zeichen hierfür möchten Arbeiter und Soldaten waffenlos auf

der Theresienwiese demon-
strieren. Das »waffenlos« war
stark hervorgehoben, und so
sah das Ganze nach angstvol-
ler Kapitulation aus, und in
die allenthalben geäußerte
Wut über den schmählichen
Mord mischte sich doch ein
Gefühl der Erleichterung und
Befriedigung: es hieß allenthalben, der Ostbahnhof sei
schon nachts von Preußen genommen worden, die befrei-
enden Truppen würden in wenigen Stunden kampflos einrücken. Da, um elf Uhr etwa,
erhebt sich ein Knattern in
der Ludwigstraße, und unter
meinem Fenster in der be-
nachbarten Schellingstraße
rennen verängstigte Men-
schen vorbei. Gleich darauf
wird ein ahnungslos heran-
radelnder roter Gardist vom
Rad gezerrt, ein alter Herr hat
ihm mit einem Griff die Pa-
tronentaschen fortgerissen,
ein junger Mann zieht ihm
das Gewehr über den Kopf,
nimmt ihm den ebenfalls patronengespickten Shawl fort,
haut ihm die Mütze herunter
und läßt den Verdutzten stehen. Das war der Anfang der
»Gegenrevolution« hier. Als
ich auf die Straße kam, war
dieser erste Schauer schon
vorüber. In seiner Schnellig-
keit hatte er ungeheure Wirkung gehabt. Schon wehte auf
dem Kriegsministerium eine
weiß-blaue Fahne, auf der Residenz die weiß-blaue über der
roten und auf dem Wittels-
bacher Palais ein weißes Tuch.
All das in den Händen der
Weißen? Wo waren sie so rätselhaft schnell hergekommen?
Denn Truppen von außerhalb
befanden sich noch gar nicht
in München. Und die Bour-
geoisie war doch gänzlich entwaffnet worden. Demnach
eben nicht so gänzlich. Mancher hatte sein Gewehr zu ver-
stecken und nun wieder her-
vorzuholen gewußt. Und
dann die Truppen. Die Pio-
niere hier waren ja immer das
Schmerzenskind der Sowjet-

leute gewesen: Studenten, Kaufleute, Bürgerliche – das konspiriert, das wartet seinen Moment ab. Und die Leiber – ja die Leiber hatten sich wieder einmal »neutral« erklärt, so neutral, daß man in ihrer Kaserne Waffen abholen konnte. Es war sehr, sehr merkwürdig. Der vor meinem Fenster entwaffnete rote Gardist war der letzte Mann, den ich mit roter Armbinde gesehen habe; von jetzt an traf ich nur noch Soldaten mit weißen Binden, vielfach aus Verbandstoff rasch umgesteckt. Aber häufiger als Soldaten waren Zivilisten anzutreffen, denen man den Studenten, auch den gewesenen Offizier teils am Gesicht, teils an den tadellosen hohen Ledergamaschen anmerkte. Sie hatten einfach ein Taschentuch um den Arm geschlungen, eine Flinte um die Schulter gehängt. Bisweilen lugte auch ein Revolver aus der Manteltasche oder lag schußbereit in der Hand. Um

wenige Bewaffnete scharte sich meist ein Zug Unbewaffneter, junger und alter Leute, man sah auch Arbeiter unter den Bürgerlichen. Und jeder dieser Züge führte ein weißblaues Fähnchen, und wo die Leute vorbeikamen, erschienen jubelnde Gesichter in den Fenstern, Taschentücher wehten, Fahnen, weiß-blaue, nicht rote!, wurden herausgesteckt, es war wie nach einem großen Siege, es war wie ein friedliches Volksfest. Und das Festtreiben steigerte sich noch. Am frühen Nachmittag ritten die ersten Truppen ein: bayrische schwere Reiter durch die Barer Straße. So sind sie nicht begrüßt worden, als sie aus dem Feldzuge heimkehrten. Aber den Gipfelpunkt erreichte das Fest am Siegestor und vor der benachbarten Universität, die von der Straße durch ein breites Halbrund getrennt liegt. Preußische Truppen zogen hier ein und nahmen in der Universität selber momentanes Quartier. Auf das Siegestor waren Männer, Frauen und Kinder geklettert, winkten, schwenkten eine Fahne, kauerten malerisch auf dem Löwengespann. Und unten im Torweg und bei den Posten vor dem Halbrund, in dem Wagen und ein erobertes Geschütz aufgefahren waren, drängten sich die Menschen und plauderten mit den Soldaten und schenkten ihnen Zigaretten und konnten des Fragens und Erzählens nicht satt werden. Und aus der Menge hörte man immer wieder: »Preußen san's freili, aber unsere Befreier san's auch«, und von den Posten erzählte einer, Potsdamer Totenkopfhusar mit vielen Orden, Stahlhelm auf und geschenkte Zigarette hinterm Ohr, in unverfälschtem Berliner Dialekt, dat sie alle Freiwillige seien und den Klamauk schon von Berlin und anderwärts her kennten, und daß alte Männer unter ihnen

seien, Förster mit grauen Bärten bis an den Bauch, aber Mensch, die jehn ran! (Woas hat er g'sagt?), und daß sie vor zwei Tagen aus Berlin gekommen seien, und bei Schleißheim hätten die Spartakisten ihre Sänge jekriejt, und da stamme auch die Haubitze her, und hier in München sei's viel schöner, als sie jegloobt hätten, nich ein bißchen feindlich bejejne ihnen die Bevölkerung – im Jejenteil! Wirklich im Gegenteil. Man konnte sich in bessere Zeiten zurückversetzt glauben, ja man konnte beinahe Hoffnung auf schönere künftige Zeiten fassen, so herzlich gestaltete sich hier der Umgang zwischen Zivil und Militär und – immer wieder muß es betont werden – zwischen Bürgern und preußischen Offizieren. Jeder einzelne wurde mit Winken und Blicken und Rufen, auch mit Zigaretten begrüßt, und das Danken und Jubeln nahm kein Ende.

Dann aber fiel einem der Anlaß dieser patriotischen Erregung ein, die Kommunistenherrschaft hier, die jämmerliche Rolle des Bürgertums, die Schwäche der alten, nun wahrlich nicht aus eigenen Kräften siegreichen Regierung – und in die freudige Stimmung mischte sich allerhand Bitterkeit.

Von vier Uhr an wurden wir dann auch immer mehr an den Ernst der Lage erinnert. Noch war München durchaus nicht erobert, in der inneren Stadt saßen die Kommunisten. Während ein froher Menschenstrom die Ludwigstraße durchflutete und mit vieler Genugtuung den Anschlag der Regierung Hoffmann las, wonach bayrische Truppen unter General von Möhl, preußische unter Oberstleutnant Oven eingezogen seien, nur um die Ordnung wiederherzustellen, und worin zugleich das Standrecht und die Bereitstellung von Zügen mit Lebensmitteln und Kohlen angezeigt war, tönten immer stärkere Detonationen in immer rascherer Folge herüber. Ich machte später noch einen Orientierungsgang in der Richtung auf den Stachus zu. Überall Menschenhaufen, die zurückprallten, wenn das Heulen und Krachen gar zu nahe kam, um später wieder die Nasen vorzustrecken, einige Beherzte oder irgendwie Gezwungene, die weiter vordrangen, ein schwarzer Rauch über der Bahnhofsgegend. Und immer mehr Trupps mit farbigen Stahlhelmen, Absperrungen vornehmend, dem Kampfplatz zustrebend. Am Abend hörten wir Truppen mit Gesang marschieren, wie 1914. Das Krachen hatte noch immer nicht aufgehört, aber man erhoffte doch überall Ruhe für den nächsten Tag. Es sollten ja noch 35 000 Mann einrükken, Widerstand war ja nun, wo ein ganzes Heer in München stand und wo neun Zehntel von München den Befreiern zujubelte – und dieses Zujubeln ist keine Zeitungsphrase, keine Lüge eines bourgeoisen Blattes, ich kann es nach hundert Beobachtungen und nach dem Vergleich mit der Aufnahme der Räterepublik und ihrer Demonstrationen beschwören! –, Widerstand war ja nun Unsinn. Und dennoch: heute bis in den späten Nachmittag hinein, wo ich diese Zeilen schreibe, tobt buchstäblich eine donnernde Schlacht. Ein ganzes Fliegergeschwader kreuzt über München, das Feuer lenkend, selber beschossen, Leuchtkugeln abwerfend; bald ferner, bald näher, aber immerfort krachen Minen und Granaten, daß die Häuser beben, ein Sturzregen aus Maschinengewehren folgt den Einschlägen, Infanteriefeuer knattert dazwischen. Und dabei marschieren, fahren, reiten immer neue Truppen mit

Minenwerfern, Geschützen, Fouragewagen, Feldküchen durch die Ludwigstraße, bisweilen mit Musik, und am Siegestor hält eine Sanitätskolonne, und in alle Straßen verteilen sich starke Patrouillen und Abteilungen verschiedener Waffen, und an allen Ecken, wo man gedeckt ist und doch Ausblick hat, drängt sich das Publikum, häufig das Opernglas in der Hand. Wenn ein Mann mit der »Post« erscheint, gibt es Stoßen bis zur Prügelei um die immer zu wenigen Exemplare. Ich habe noch keines erhalten können. Und wenn sich einer verdächtig macht – er hat ein Spartakusbuch! oder der will noch Mitleid haben mit die Roten, na mein Lieber, dös gibt's jetzt nimmer! –, gleich ist man mit Tätlichkeiten oder Denunziationen bei der nächsten Patrouille zur Hand, und bei den energischsten Patrioten möchte man fast drauf schwören, daß sie gestern noch

statt der weißen oder weiß-
blauen Binde die rote trugen.
Und dann gibt es eine Verhaftung, und alles Interesse lenkt
sich auf dies Intermezzo – bis
zum nächsten dröhnenden
Einschlag, der dann wieder an
die Schlacht erinnert.

Nun, lange kann sie nicht
mehr toben, der Widerstand
muß förmlich erdrückt werden, und morgen wird es wohl
höchstens noch Säuberungs-
aktionen geben. Aber darauf
allerdings wird auch alles an-
kommen: denn dem Wechsel
der Armbinde zu trauen,
würde ich dem Ministerium
Hoffmann weder der Garni-
son noch den unabhängigen
und spartakistischen »Klassenbewußten« gegenüber raten.
Ich habe schon heute aus dem
Lager der Sowjetidealisten,
derer um Landauer, der weder
von Hoffmann noch von
Levien Gutes zu erwarten
hatte und denn auch bereits
verhaftet ist, von diesen un-
belehrbaren Ideologen habe

ich schon heute sagen hören:
an der eben zusammengebro-
chenen Mißwirtschaft sei
nichts gelegen, die wahre Räterepublik (die uns so schön, ja
schuldlos schön in eben diesen Mischmasch aus Lächerlichkeit und Verbrechen gleiten ließ!) werde drei Tage nach
dem Abmarsch der Noske-
garden ihre Auferstehung
feiern. Ich glaube, es bedarf
dreier Maßnahmen, um das
zu verhindern. Die erste ist
selbstverständlich, die zweite
mindestens ebenso nötig und
die dritte die wichtigste. Die
erste heißt Entwaffnung, völlige Entwaffnung der Kom-
munisten und Unabhängigen,
die zweite: Bürgerwehr, und
die dritte: Demission Hoff-
manns, dem jede, aber auch
jede Partei mehr zu verzeihen
hat, als man in politicis verzeihen kann. Man sagt, es gehe
Auer wieder leidlich gut. Und
ob sich nicht schließlich im
bayrischen Bürgertum auch
noch ein Kerl findet, einer

wenigstens? Denn den dritten Mann könnte ja die Bauernschaft stellen. Aber drei Männer brauchen wir: einen festen Mehrheitssozialisten, einen Demokraten, der sogar dann noch auf seinem Posten bleibt, wenn es knallt, und einen »Schwarzen«, der genau weiß, was der Bauer und was der katholische Bürger in Bayern will. Und wenn wir eine solche Koalition nicht bekommen, so hilft uns freilich keine militärische Reichsunterstützung und keine Militärdiktatur, sie werde nun acht Tage oder acht Wochen aufrechtgehalten und von einem bayrischen oder außerbayrischen General ausgeübt.

A. B.

## 4. Mai 1919

Irgendwo knattert es immer noch, bald aus der Nebenstraße, bald von den nächsten Dächern; irgendwo hört man immer noch das »Straße frei!«, und dann läuft das Publikum, aber schon längst nicht mehr so angstvoll eilig wie in den ersten beiden Kampftagen. Man hat sich eben ganz an den Zustand der noch hier und da flackernden Straßenkämpfe, der wechselnden Absperrungen, des kriegerisch phantastischen Lebens gewöhnt. Was früher ein Erlebnis gewesen wäre und endlose Erzählungen hervorgerufen hätte, wird jetzt selbstverständlich und gleichgültig hingenommen. Das seltsame Einrücken immer neuer Truppen: erst marschieren stahlhelmige Infanteristen in je einer langen Linie dicht an beiden Häuserreihen entlang, sich gegenseitig deckend, schußbereit, das Schließen der Fenster fordernd, wo ihnen etwas verdächtig vorkommt; dann, in ziemlichem Abstand, folgt Artillerie, Train, Sanität, alles Geschütz und Gerät, auch die Helme mit mattbunten Farbenstücken bemalt. Das Durcheinander der Stämme: neben Preußen und Bayern – auch Epps Korps ist nun eingerückt – sind jetzt viele Württemberger hier, und die schwarz-roten Fähnchen ihrer Lanzenreiter flattern dekorativ. Das freundliche, aber energische Abfordern der Legitimation in mannigfachen Dialekten an den verschiedensten Straßenecken ... Alles das ist nun selbstverständlich. Und nur das Zentrum der eigentlichen Schlachthandlung, der Stachus und die Bahnhofsgegend, werden von vielen Tausenden besucht und eingehend besprochen. Wenn freilich das auch nicht mehr ziehen wollte! Das ausgebrannte Ladenhäuschen in der Mitte des Platzes, die

Litfaßsäule daneben, in die eine Granate mitten hineingeschlagen ist, der zerstörte Dachstuhl des großen Mathäsergebäudes, die zahllosen weißen Kugelspuren an den grauen Häusern, besonders am Justizpalast, dem ein Loch in die Kuppel geschossen ist, die durchlöcherten Fensterscheiben, die Granatwunden des eckigen Turmes auf der evangelischen Kirche und der Schutt auf dem Platz dahinter, eine zerschossene Regentraufe, ein zerschmetterter Laternenpfahl und überall ein zerfetztes Gewirr herabhängender Leitungsdrähte. Und zwischen alledem überall Soldaten in kriegerischer Ausrüstung, und überall am Boden stehend Maschinengewehre, das lange Schußband gebrauchsfertig eingelegt, und kommt man einem harmlosen Lastautomobil näher, das sich als Gefährt einer Käse- und Buttergroßhandlung bezeichnet, so trägt es auch ein ge-

fechtsbereites Maschinengewehr. Kein Kino vermag größere Sensationen zu schaffen.
Und dazu immer und immer
wieder das flackernde Knattern. Und das erregte Publikum verstärkt sich selber die
herrliche Sensation ins Super-
lativische. Gespräche, Debat-
ten, Anschuldigungen, Flucht
des Verdächtigen, der nun natürlich ein Spartakist ist, und
Verhaftung. Wenn sie den
Kerl dann abführen, Bewaffnete umringen ihn, minde-
stens einer droht ihm mit der
Pistole, er muß die Hände
hochhalten und faltet sie auf
dem Kopfe – es sieht schauerlich schön aus, es entschädigt
für die lange Schließung der
Kinos.

Und so sind wir, trotzdem
München nun ganz erobert
ist, von normalen Zuständen
noch sehr weit entfernt. Wohl
haben wir gestern, am 3. Mai,
wieder Zeitungen gehabt, richtige zensurfreie bürgerliche
Zeitungen, das erstemal seit

dem 7. April, weshalb sie
dann auch einen Geschichts-
kalender der letzten Wochen
brachten, aber es sind doch
bisher nur Lokalblätter, denn
immer noch fehlen uns Post-
möglichkeiten, wir wissen
nicht, was draußen vorgeht,
wir können nicht genaue
Nachricht von unserem Er-
gehen geben, und beides ist
ein gleich fatales Empfinden,
streicht einen aus dem Leben
der Gegenwart aus.

Ein Ansatz zu neuer politischer Entwicklung nach der
blutigen Katastrophe ist noch
nicht recht erkennbar. Nur bemüht sich die altneue Regierung dem Volke klarzuma-
chen, daß nicht »weiße Garden« (und nicht »Preußen«
schlechthin, täte sie gut hinzu-
zufügen!) die Spartakisten geschlagen haben, sondern daß
»sozialistische Truppen der sozialistischen Regierung« Freiheit und Ordnung zu bringen
gekommen sind. Man kann
das bei der hier herrschenden

Begriffsverwirrung gar nicht oft und stark genug betonen. Denn die geschlagene Partei arbeitet mit den plumpsten Gerüchten und Unterstellungen. So hieß es und wurde viel geglaubt, in »ganz Deutschland« sei, genau am Tage der Eroberung Münchens!, die Räterepublik ausgerufen worden, Noske stütze sich jetzt allein auf München! Die Regierung betont auch, daß sie die Betriebsräte »verankern« werde: aber von einer Bildung der Bürgerwehr hat sie bis heute noch nichts verlauten lassen. Und doch ist die Bürgerwehr jetzt das Wichtigste hier. Entweder man stellt sie eiligst auf, oder wir spielen nächstens, nach dem Abzug der Truppen, wieder einen Akt Sowjetrepublik. Es gibt ja noch so viele fähige Köpfe in Schwabing, und rote Armbinden sind so schnell wiedergefunden. Mein München lob' ich mir. Es sollte sich Klein-Petersburg beehrentiteln.

*Abends.* Das Vaterland ist definitiv gerettet: die gesamten bürgerlichen Parteien machen einen schönen Aufruf, reden von Einigkeit, Arbeit und Brot und stellen sich geschlossen hinter die Regierung Hoffmann. Kann man größere Taten verlangen? Daneben, da es nun ja nicht mehr verboten ist, fordert das Freikorps Epp zum Eintritt auf und scheint sich besonders an die Akademiker zu wenden. Es hieß schon neulich einmal, man werde die Universitäten Bayerns schließen, um den Studenten Gelegenheit zum militärischen Dienst zu geben. Das verlorene Semester werde man ihnen anrechnen. Gerecht kann ich das nicht finden, es erregt auch bei sehr vielen, im übrigen sehr und sogar leidenschaftlich patriotischen Studierenden Bitterkeit. Seit Jahren halten gerade die Studenten wieder und wieder her; was nützt ihnen schließlich die »Anrechnung« all der Semester, in denen ihr Studium ruht. Man spricht so viel von der gerechten Verteilung aller Staatslasten – wo bleibt hier die Gerechtigkeit? Auch ein schwäbisches Freikorps Wolf wirbt durch Anschlag: es bietet neben der mobilen Löhnung noch 10 M Tagegelder und sieht achttägige Kündigung auf Gegenseitigkeit vor. Dann ist ein Anschlag des bayrischen Oberkommandierenden Möhl da, der den norddeutschen Truppen dankt und die anständige Bevölkerung warnt, sich nicht gegen die Preußen aufhetzen zu lassen; es sei nicht wahr, daß die Preußen Münchens Lebensmittel verzehrten, sie hätten eigenen Proviant mit. Ich darf konstatieren, daß das Publikum fast durchweg mit Entrüstung von dem Versuch erfährt, gegen die Preußen Stimmung zu machen; ich höre manches: »A Schand' is!« Immerhin: wenn ein Panzerauto-mobil mit der schwarz-weißen Fahne und den weißen Totenköpfen der Potsdamer Husaren durch die Ludwigstraße fährt, sieht man ihm still nach; und wenn die württembergischen Dragoner ihre schwarz-roten Fähnchen zeigen, winken viele, viele Taschentücher … Den ganzen warmen Frühlingstag war das Volk überall in der Stadt auf den Beinen. Wieder gab es so viel zu sehen, fast noch mehr als gestern, denn der Truppenzustrom hält ja noch immer an. Musik und eine kleine Parade in der Ludwigstraße und an der Feldherrnhalle, eine Batterie von den Leuten auf der Straße geputzt, Soldaten, die im Torweg ihre Gewehre reinigen … Besonders charakteristisch war ein Bild auf dem Goetheplatz. Dort stand eine drohende Kanone. Ihr gegenüber zog eine stattliche Truppe ein, Kavallerie, Infanterie, Artillerie. Und aus einer andern Straße näherte sich langsam demselben Platz ein merkwürdiger Leichenzug: zwei Lastautomobile, Maschinengewehre vorn und hinten, Särge dazwischen, Blumen darüber und an den Seiten des Wagens, die württembergische Flagge vorn und Soldaten überall dazwischen verteilt, zum Teil mit schußbereiten Gewehren. Die Menge, die eben den einziehenden Truppen laut zugerufen hatte, wandte sich jetzt schweigend den bewaffneten Leichenwagen zu und zog die Hüte. Die Posten an der Kanone kümmerten sich um nichts und standen ruhig bei ihrem Geschütz ...

Eben telefonierte mir ein Freund, daß er zum Freikorps Wolf nach Augsburg fährt: ich gebe ihm die Blätter mit.

A. B.

## 10. Mai 1919

Äußerlich macht München jetzt einen festlichen Eindruck und eigentlich alle Tage einen festlicheren. Die beunruhigenden Bilder der Automobile mit den Maschinengewehren, mit den angehängten Geschützen, mit den Soldaten, die schußfertig vorn auf dem Kühler hockten oder bäuchlings vom Verdeck aus den Gewehrlauf oder die Pistole vorstreckten, auch die einzelnen bewaffneten Zivilisten sind aus dem Straßenbild geschwunden, und abends knallt es nur noch ganz friedlich wie zur Zeit der Fasanenjagden unter der Sowjetrepublik, ohne Maschinengewehr- und Kanonenbegleitung. Auch darf man wieder bis elf Uhr auf der Straße sein, wird weniger visitiert und stolpert nicht mehr überall über Maschinengewehre. Dafür kann man tagüber ordentliches, strammes Militär und lustige Militärmusik in Hülle und Fülle genießen, und das Publikum wird des Zuschauens und Zuhörens und Mitlaufens nicht müde und winkt frenetisch mit weißen Taschentüchern. Wir haben eine schwere Reitertruppe, deren Bläser sitzen alle auf ganz weißen Schimmeln, und wir haben ein oberländisches Freikorps, die Werdenfelser, wie auf seiner weiß-blauen Fahne steht, dessen Leute tragen nur zum kleinsten Teil Uniform oder städtisches Zivil, vielmehr haben die meisten krachlederne kniefreie Bergtracht, und alle haben sie »Hütln« und Rucksäcke und Blumensträuße an Brust, Hut und Gewehrlauf. Aber vor allem haben wir das Eppsche Korps mit dem brüllenden goldenen Löwenkopf in der schwarzen Raute am Oberarm und den weißen Streifen oder Binden um Mützen und Stahlhelme.

Und dennoch: es herrscht keine Feststimmung in München, sondern Sorge und Bedrückung auf der einen, furchtbare Erbitterung auf der andern Seite. Allzu wütend ist der Kampf gewesen, und der verzweifelte Widerstand der Kommunisten überstieg alle Erwartung. Noch heute liest man in den bürgerlichen Blättern neben der Todesanzeige der Flurbereinigungsgeometerwitwe, die keine Titelabschaffung abschafft, den Tod des Leutnants, der als »Geschützführer am Lenbachplatz« fiel, den Tod der »tapferen Kameraden, die unsere Kompanie beim Kampf um Giesing verlor«, den Tod junger Leute, die unbeteiligt auf der Straße oder in ihren Wohnungen getroffen wurden, usw. usw. Und wie verschwindend wenige werden so namhaft gemacht. München, um das Fünf- bis Sechsfache kleiner als Großberlin, hat mindestens ebensoviel Blut fließen sehen wie dieses. Und immer wieder kamen Meuchelmorde, tückische Postenerschießungen und -erdolchungen vor, Frauen und Mütter, die Flinte in der Hand, das Maschinengewehr kurbelnd, wurden ergriffen, da gerieten dann die Regierungstruppen auch in Raserei. Die entsetzliche Erschießung der 21 harmlosen katholischen Gesellen ist ein besonders gräßlicher Fall – aber wer wollte nachzählen, wie oft die furchtbar erregte Truppe dem einzelnen gegenüber Standrecht ausgenutzt hat, wo in ruhigeren Momenten, wo selbst vom Kriegsgericht die Todesstrafe vermieden worden wäre. Es ist die alte grauenvolle Naturnotwendigkeit: von einer schwächlichen Regierung ungehindert – und schwächlich ist ein mildestes Epitheton –, haben die Spartakisten Tod säen dürfen, und nun haben sie ihn hundertfach geerntet. So gibt es jetzt hier Kreise, deren knirschender Haß gegen »Bourgeois« und »Weiße« grenzenlos ist.

Und man täusche sich um Himmels willen nicht: diese Kreise sind weder klein noch waffenlos, noch entmutigt. Einmal: von 100 000 Gewehren, die die Kommune verteilt hat, sind nach optimistischster Schätzung fünfzehn-, nach wahrscheinlich genauerer nur fünftausend wieder abgeliefert worden. Sodann: die Spartakisten haben hier ein so einfaches und unfehlbares Mittel, neue Anhänger zu werben; das eine Zauberwort »Preußen« tut's. Die Preußen sind in unserm Blut gewatet, die Preußen tyrannisieren uns, essen unser Brot und unser Fett! Da hilft kein Dementi, kein Appell an die besonnene Bürgerschaft, den Preußen als uneigennützigen Befreiern zu danken, sie nur als einen Teil der Regierungsarmee zu betrachten, die auch Württemberger, auch Bayern umfasse –

der Arbeiter und auch schon wieder viel kleines Volk, das seine Leiden so rasch vergißt wie seine Freuden, wissen, was sie von den Preußen zu halten haben. Und sagen sich sehr zu Recht, daß diese Preußen einmal werden abziehen müssen. Wie charakteristisch war der stete Hinweis der bürgerlichen Blätter darauf, daß bayrische, acht bayrische Soldaten jenen Mord an den armen Handwerksburschen verübt haben. Aber wieviel Nutzen mag aus eben diesem Hinweis geflossen sein? Nein, allzulange werden norddeutsche Truppenkontingente hier nicht verweilen dürfen.

Und was soll werden, wenn in drei, vier Wochen die Preußen abziehn, wenn die Militärdiktatur, die jetzt hier de facto besteht, ein Ende nimmt? Ich prophezeite Ihnen einmal mit leichter Mühe: auf Landauer, den armen, nur halbschuldigen Toren, der in den letzten Kommunetagen

von Levien Verhaftung zu befürchten hatte und nun mit dem Leben bezahlt hat, während der tolle Verbrecher Levien entkommen zu sein scheint, wie übrigens Toller auch – auf Landauer: Levien, auf Levien: Epp. Ich kenne den vierten Mann nicht; aber dies kann gar nicht oft und ernst genug betont werden: Hoffmann darf er nicht heißen, oder es gibt eine Katastrophe, wie sie München bei all den Greueln der letzten Zeit noch immer nicht erlebt hat. Hoffmann hat verspielt gegen links wie gegen rechts, es macht hier den Eindruck der Hilflosigkeit, wie er noch immer in Bamberg sitzt, und es macht den peinlichsten Eindruck, wie die Mehrheitssozialisten sich schon wieder winden und lavieren. Einen Augenblick lang schien der Münchner »Post« endlich, endlich ein Licht aufgegangen zu sein. Am 5. Mai schrieb sie: »Eine neue Zeit ist angebrochen: das Volk hat sich abgewendet vom alten Militarismus. Die Zeitverhältnisse gestatten aber nicht, das Militär abzuschaffen. Wer nicht geistig und körperlich blind ist, muß das spätestens seit den letzten Wochen begriffen haben.« Aber ein paar Tage später ist sie dann wieder schwankend geworden und sehr geneigt, der militärischen Gewalt in den Arm zu fallen.

Gewiß ist ihr das noch durchaus nicht gelungen. Dennoch merkt man an den Maßnahmen der rein sozialistischen Regierung schon empfindliche Halbheiten. Was wird aus der Münchener Bürgerwehr? Das aufzustellende »Wachregiment«, eine Polizeitruppe, kann es allein nicht schaffen, und für die geplante »Einwohnerwehr« hat man, scheint es, seltsame Absichten. Ihre Waffen will man in Depots aufbewahren, in Depots, die jedermann und also auch den Spartakisten be-

kannt sein werden! Eine köstliche Idee. Dagegen betreibt man freilich die Werbungen für das reguläre Militär, denn so muß man ja die Freikorps jetzt wohl nennen, mit einem wahren Fieberwahn. Ich habe manchmal den Eindruck, das militärische Oberkommando wolle in dieser Beziehung so viel als möglich aus München herausholen, solange es eben die Zeit dazu hat, d. h., solange eben die Regierung Hoffmann noch nicht selbstherrlich und – ohnmächtig wieder in München herrscht! Die Regierung Hoffmann, die hier schon einmal die Werbungen verbieten mußte, eine Schmach, die sich wiederholen könnte, worauf dann der Bürger den fraglos wieder auftauchenden Gewehrläufen der bis zum Wahnsinn erbitterten Spartakisten mehr oder minder wehrlos gegenüberstünde. Denn wie lange bleiben die Freikorps in der Hauptstadt konzentriert, wie lange bleiben sie überhaupt beieinander, wenn Hoffmann wieder im »beruhigten« München regiert?

Wer will, kann mich heute auslachen. Truppen über Truppen in München, und noch immer strömen neue mit allem Kriegsgerät herein, ganze Bagagekolonnen wälzen sich durch die Ludwigstraße, ich sah schon Maschinengewehre auf fahnenbesteckten Kinderhandwagen. Und Werbebureau bei Werbebureau, und alle florieren. Freilich ist es vorgekommen, daß sich notorische Rotgardisten zu den »Weißen« gemeldet haben und erst hinterdrein entdeckt wurden. Sie sind ohne Bösartigkeit in neue Dienste gegangen. Wie man vom Schweden zum Wallensteiner ging. Hauptstätte aller Werbungen, die sicherste Elemente, die Kerntruppen gewährleistet, ist die Universität. Sie feierte heute einen Ehrentag in demselben Auditorium maximum,

das in den tollen Wochen so tolle Dinge mit angesehen hat. Man dankte dem tapferen Prorektor Friedrich von Müller, der unter ständiger Lebensgefahr die Ehre der Universität gewahrt hat und unter dessen Führung der gesamte Lehrkörper fest geblieben ist (was man von der Technischen Hochschule nicht behaupten kann). Man dankte den Studenten, die bereits mitgekämpft haben für Münchens Befreiung. Aber vor allem: man warb, warb leidenschaftlich, flammend und flehentlich für das Eppsche Korps, das sich »bayrisches Schützenkorps« nennt und einen Teil der Reichswehr darstellen wird. Da war besonders ein junger Student, den ich früher einmal als Zivilisten im Namen seiner Kommilitonen den Professoren Treue geloben hörte und der nun auf einfacher Kanoniersjoppe das EK I und das silberne Verwundetenabzeichen trug. Er erzählte von der Stimmung im Lager Ohrdruf, von dem Zug nach München, von ganzen Kompanien und Batterien, die *nur* aus Offizieren gebildet sind, Offizieren, die Mannschaftsdienst tun und wie Mannschaften grüßen, die ein Beispiel geben und eine »Führerreserve« bilden wollen. Hinter seiner Rede stand mehr als der Münchener Jammer, stand die ganze deutsche Not, und es war ein Ton in allem, was er sagte, daß ich manchmal fürchtete, er könne sich versprechen und statt Epp – Schill sagen. Es wurden aber nicht nur begeisternde Reden gehalten, vielmehr gab man genaueste Auskunft, wie der Senat in gemeinsamer Beratung mit dem Obersten Epp selber es den Studenten ermöglicht habe, ihrem Studium treu zu bleiben und dennoch der vaterländischen Sache zu dienen. Das Sommersemester soll erst am 16. Juni beginnen und ent-

sprechend in den Herbst hinein verlängert werden. Die Studenten sollen sich dem aktiven Korps auf nur einen Monat verpflichten und dann in die Reserve übertreten, die nur in Notfällen (aber ausdrücklich: nicht nur in Münchener, nicht nur in bayrischen Notfällen!) herangezogen wird. –

Es fehlte in dieser furchtbar ernsten Versammlung nicht an einem komischen Intermezzo. Man erfuhr, wie der revolutionäre Hochschulrat (Freund Strasser und ein ebenso reifer Studiosus Hausdorf) ihre Rolle beendet haben. Die Herren hatten zuletzt mit Verhaftung des renitenten Senats gedroht, der trotz der Absetzung weiter arbeitete, sie hatten, mit Waffengewalt drohend, die Ablieferung der Dekanatsschlüssel erzwungen. Am 1. Mai verschwanden die Helden. Dafür erschien ein kleines verängstigtes Mädchen bei einem Professor. Der eine der Tyrannen hatte seiner Schwester die Schlüssel zur Ablieferung übergeben, diese hatte sie einer Freundin anvertraut, und die Freundin wiederum hatte die Schlüssel in ihrer Angst in die Isar geworfen und beichtete nun alles ...

Man lachte herzlich, aber es war doch nur ein Augenblick der Fröhlichkeit. Dann trat der Ernst wieder in seine bitteren Rechte. Nur daß all diese jungen Menschen, so ernst ihnen zumute war, für München selber und von der Seite der Spartakisten nichts mehr befürchteten. In diesem Punkte sind sie siegesgewiß. Ich selber bin es nicht. Ein Mann und kein Hoffmann muß uns leiten, und Bürgerliche müssen ihm männlich zur Seite stehen – oder ist das denn so ganz unmöglich? Nur so kann es in München noch gut werden. Im andern Fall – schlage ich den Norddeutschen vor, ihre Sommerreise nicht nach München und ins bayrische Oberland zu machen. Sie mögen sich eines vielbelachten Wortes aus dem ancien régime erinnern: Ich warne Neugierige!

A. B.

In der inneren Stadt wurde schwer geschossen: Gewehrfeuer, Maschinengewehrfeuer, Granaten, Minen – die Spartakisten konnten doch noch nicht ganz vernichtet sein, ein Gefecht, eine wahrhafte Schlacht war im Gange. Sie konnte nicht lange dauern, ein ganzes Heer rückte ja ein, immer neue Truppen marschierten, die Spartakisten mußten in ein paar Stunden erstickt werden. Aber die Schlacht dauerte die ganze Nacht hindurch und noch den ganzen folgenden Tag. Und auch dann, als fraglos alle Teile

Münchens in den Händen der Reichstruppen waren, hörte das Kämpfen noch immer und tagelang nicht auf. Man erwachte über dem Krachen einiger Handgranaten, Gewehrfeuer folgte, Artillerie mischte sich hinzu, es dauerte eine Stunde, ehe Ruhe wurde. Man ging eine ruhige Straße entlang – da wurde von irgendwo gerufen: »Straße frei, gleich wird geschossen«, und ehe man noch einen Hausflur erreicht hatte, pfiff und knallte es schon; man öffnete ein Fenster, und etwas zischelte am Ohr vorbei, und gleich darauf zeigten sich zwei Fäden Soldaten, an die Hausmauern gedrückt, die Straße entlang, jeder die Fenster der gegenüberliegenden Seite mit den schußbereiten Gewehren bedrohend. Anfangs hieß es: »Die Spartakisten wehren sich aus purer Verzweiflung, weil sie sich verloren wissen, nach dem Geiselmord können sie auf keinen Pardon rechnen.« Aber mindestens wer die eigentlichen Schlachttage überlebte, hätte doch Gelegenheit zur Flucht oder sich verborgen zu halten gehabt – warum kam es immer wieder zu wilden Überfällen auf Posten und Patrouillen, die der Angreifer zuletzt bestimmt mit dem Leben zahlte. Es war nicht bloß Verzweiflung, es war maßlose Erbitterung, es war ein fragloser Heroismus, was diese Leute weiterkämpfen ließ. Wo lagen meine Sympathien? Bestimmt nicht auf seiten der Spartakisten.

Ihr politisches Prinzip lief auf Knechtschaft hinaus, ihr Verhalten in München war die längste Zeit kindisch gewesen und zuletzt in blutigen Fanatismus umgeschlagen. Aber auch die siegreichen Truppen – bei so großer Übermacht zu siegen war schließlich keine Heldentat – bezeugten wenig Menschlichkeit. Gewiß, sie waren aufs äußerste gereizt durch den Geiselmord, durch die unerwartet heftige Abwehr, nachher durch das immer neue, oft genug meuchelmörderische Aufflackern des erloschen geglaubten Widerstandes. Aber wie viele Grausamkeiten begingen sie. Der Fall des katholischen Gesellenvereins erregte das meiste Aufsehen. Einundzwanzig fromm katholische biedere bürgerliche Handwerksgesellen saßen friedlich beisammen und wurden von einer eindringenden Patrouille, die sie für Kommunisten hielt, sozusagen aus Versehen erschossen, ehe sie sich legitimieren konnten. In den Münchener Blättern wurde stark betont, daß der traurige Irrtum bayrischen, nicht preußischen Soldaten zugestoßen sei. Gleichzeitig wiesen Maueranschläge darauf hin, daß die Berliner Gardeschützen nicht etwa vom Vorrat Münchens lebten, sondern ihren eigenen Proviant mit sich führten. Beide Publikationen waren nötig, denn schon hatte die Sympathie mit den preußischen Befreiern ein Ende, nirgends wehte ihnen mehr ein Taschentuch entgegen, und hinter ihrem Rücken wurde geschimpft. Wenn mir die roten und die weißen Kämpfer wenig zusagten, so waren mir die Münchner Bürger mehr als je zuwider. Ich stand am zweiten Schlachttage, bald am Stachus, bald an den Propyläen, unter ihnen. Man war da am Rand des Kampfgebietes, hier begannen die Absperrungen, von hier aus rückten neue Truppen ins Gefecht, bisweilen heulte auch eine Granate bis in nächste Nähe. Dann rannte alles zurück, verkroch sich in Hausfluren – und kam nach zwei Minuten wieder. Der Stachus hatte ein wildromantisches Aussehen. Hier war in der Mitte des Platzes ein Ladenhäuschen ausgebrannt und die Litfaßsäule neben ihm von einer Granate zerschlagen; der Dachstuhl des großen Mathäsergebäudes war zerstört, die grauen Häuser trugen zahlreiche Kugelspuren, dem Justizpalast war ein Loch in die Kuppel geschossen, der eckige Turm der evangelischen Kirche trug Wunden (da hatte meine Frau, während der Kampf begann, ahnungslos gespielt). Und überall zerschossene Fenster und zerfetztes Gewirr herabhängender Leitungsdrähte. Und überall am Boden stehend Maschinengewehre, das lange Geschoßband gebrauchsfertig eingelegt, und überall Posten, Patrouillen und größere Formationen. Das Publikum beschränkte sich nicht aufs Beobachten und Diskutieren, es wollte mitspielen und verfiel immer wieder auf dasselbe Spiel. Alle Weile machte sich einer verdächtig. Er sollte Mitleid mit den Roten bekundet haben – für Rote sagte man auch gern Saujuden –, er sollte eine merkwürdig neue weiße Armbinde tragen – »gestern war's wohl noch eine rote« –, er sollte »mit einem gesehn worden« sein, sollte ein Spartakusbuch besitzen. Schon war er umringt, mindestens einer bedrohte ihn mit einer Pistole, er mußte die Hände über dem Kopf halten und wurde unter Püffen der nächsten Patrouille zugeführt. Wo lagen meine Sympathien? Am ehesten noch nach wie vor bei den Akademikern. Im Auditorium maximum gab es ein Triumphmeeting, das zugleich eine Werbeveranstaltung für das Freikorps Epp wurde. Werbebüros für die Freikorps, vordem in München verboten, waren jetzt überall aufgeschlagen. Aber das Eppsche »Schützenkorps« stützte sich besonders auf die Studenten und war von einer besonderen akademischen Glorie umstrahlt. Sein Führer, im Anfang des Jahrhunderts als junger Kolonialoffizier ausgezeichnet, im Weltkrieg der

185

erste bürgerliche Kommandeur der Leiber, galt der Universität als eigentlicher Retter und eigentliche Zukunftshoffnung des armen Vaterlandes. Es gab bei Epp ganze Kompanien, die nur aus Studierenden bestanden, Studierenden, die im Krieg bereits Leutnants gewesen und die jetzt Mannschaftsdienste taten. Einer dieser jungen Leute hielt die Triumph- und Werberede. In meinem Bericht darüber steht ein Satz, auf den ich stolz war: »Ich fürchtete immer, er werde sich versprechen und statt Epp: Schill sagen.« Aber es war noch eine andere Befürchtung in mir, und sie hielt ich, in diesem Artikel wenigstens, zurück. Wenn der begeisterte Redner von den »landfremden Elementen« sprach, vor denen das Vaterland in Zukunft geschützt werden müsse, dann fürchtete ich immer, er werde statt »landfremder Elemente« Saujuden sagen. Und gleichzeitig hörte ich den Vorwurf der Rabinowitz: »Sie spielen den Protestanten.« Nein, ich spielte ihn nicht. Ich war Protestant, weil ich Deutscher war. Aber würden es diese hier anerkennen, mein Deutschtum? Mußte ich meine Abstammung verbergen? Mir war sehr schwer ums Herz. Die Universität schloß mit Epp einen förmlichen Bund. Man würde das Sommersemester so einrichten, daß die Studenten ein paar Tage Dienst tun und ein paar Tage studieren könnten – später wurde dann auch, wie gesagt, den Abiturlosen, sofern sie ins Freikorps traten, die Reifeprüfung erlassen. Die Dozenten selber sollten ein gutes Beispiel geben und sich eine Zeitlang im Korps militärisch ausbilden lassen, von seiten des Korps wurde ihnen die rücksichtsvollste Behandlung beim Drill und alle Rücksicht auf ihre wissenschaftliche Arbeit feierlich zugesagt. Wer den Krieg mitgemacht hatte, brauchte überhaupt nicht in die Kaserne: es genügte, wenn er durch Unterschrift der Eppschen Notreserve beitrat, die in Fällen dringender Notwendigkeit einberufen wurde. Eine solche Verpflichtung unterschrieb auch ich. Ich weiß nicht, was aus meinem Spartakusleutnant Strasser geworden ist und ob er Zusammenhang mit dem Strasser der Nationalsozialisten hat, aber ich weiß, daß mein Oberst Epp im Dritten Reich Statthalter wurde. Etliche Wochen nach dieser Werbeversammlung betrat ich die Universität gegen Abend durch den Hintereingang in der Amalienstraße. Wir hatten jetzt Selbstschutz, es gab ja überall im Lande Unruhen, und in München konnten sie jeden Tag neu ausbrechen. Jemand rief mich von ziemlich weither an: »Halt, sind Sie berechtigt?«, nahm das Gewehr mit etwas wildem Schwung von der Schulter und kam auf mich zu. Wir erkannten uns beide im gleichen Augenblick. »Entschuldigen Sie, Kollege …« – »Ach, Sie sind's, Kollege Matthias Meier, ich wußte gar nicht, daß Sie so kriegerisch sind.« Der kleine Mann unter dem Stahlhelm hieß unter uns Dozenten allgemein Galimathias Meier, er hatte sich als katholischer Philosoph bei Baeumker habilitiert, war ein sehr friedlicher Mensch und sehr angenehmer Kollege. Politisch gehörte er zum linken Flügel des Zentrums und war mit der Weimarer Koalition gerade so einverstanden wie ich. »Man konnte sich doch nicht ausschließen«, sagte er, »Sie haben ja auch unterzeichnet – nur haben Sie's leichter – ich muß exerzieren und Wache stehen.« – »Ist denn Ihr Gewehr gesichert?« – »Nein, wie macht man denn das?« Ich trat vorsichtig hinter ihn und sicherte. »Das könnte sonst ein Unglück geben, wenn Sie das Gewehr so kühn schwenken.« – »Ja«, sagte er, »vorhin ist mir ein Schuß in die Decke gegangen. Aber es ist nichts passiert.« Er setzte dann nachdenklich hinzu: »Sagen Sie, wem dienen wir eigentlich bei Epp? Wirklich der Republik und dem Frieden?« Ich sagte: »Jedenfalls dem kleinsten Übel.« Ich freute mich der Antwort, aber sehr wohl war mir nicht zumute.

Im Grunde war in diesen Tagen, obwohl es ihm schlechtging, Hans Meyerhof in seinem Gemisch aus Verbohrtheit und Verspieltheit besser daran als ich; es gab keinen Zwiespalt in seinem Innern, er genoß das Abenteuerliche der Begebenheiten – wie sehr, davon sollte ich mich noch zehn Jahre später überzeugen. Ein glücklicher Unfall schützte ihn während der Kampftage. Er hatte sich Ende April einen Bruch zugezogen, der sofortigen Eingriff erforderte. Am 4. Mai besuchte ich ihn in dem villenartigen israelischen Krankenhaus draußen an der Bavaria. In der Stadt fanden überall Fahndungen und Haussuchungen statt; es hieß, die gefangenen bayrischen Soldaten hätten noch immer, wie schon während des Krieges draußen, eine merkwürdige Neigung zu tödlich verlaufenden Fluchtversuchen. Ich fand Hans in einem kleinen zweibettigen Zimmer, das andere Bett war unbelegt. Er schien ohne Schmerzen, war aber noch schwach und sehr blaß; in der Umrahmung des starken roten Bartes sah sein Gesicht beinahe grün aus. Am Kopfende seines Bettes stand, kaum weniger blaß als er, wie sein böser Dämon, Weckerle und erzählte von den Mordtaten der Weißen. Ihm selber war es bisher gelungen, der Verhaftung zu entgehen, aber noch nicht geglückt, München zu verlassen. Als er mich sah, brachte er seinen Bericht sehr kurz zu Ende. »Ich überlasse dich jetzt

deiner bürgerlichen Freundschaft«, schloß er feindselig und
ging fort, ohne mir die Hand zu reichen. Im Türrahmen
erklärte er noch: »Und die Räterepublik kommt doch. Ist
sie hier erstickt, steigt sie anderwärts auf.« Ich sah ihn nicht
wieder und hörte erst später von Hans, daß er entkommen sei und nun irgendwo im Westen, ich glaube in Darmstadt, an einer kommunistischen Zeitung angestellt war.
»Hans«, sagte ich, sobald Weckerle aus dem Zimmer war,
»wir wollen jetzt nicht politisieren – hast du gefährliche
Papiere bei dir?« – »Meine Brieftasche liegt hier im Nacht-
kästchen, mehr ist nicht hier.« – »Es ist auch gerade genug,
Hans.« Das Portefeuille enthielt die Mitgliedschaftskarte
des Spartakusbundes und seine Vollmacht, Verhaftungen
vorzunehmen. Ich nahm beide Papiere heraus und spülte
sie im nächsten Abort hinunter. Nachher informierte ich
ihn noch: »Wenn man dich verhört, so berufe dich auf
mich, du kannst sagen, ich sei der Korrespondent der
›Leipziger Neuesten Nachrichten‹, du brauchst mich
deshalb für keinen Verräter zu halten, ich habe Eisners
und Landauers reinen Idealismus betont, ich habe gegen
den Antisemitismus der Bürgerschaft und der Studenten
opponiert.« Ich sagte das, um Hans zu besänftigen, denn
ich glaubte, nun werde er mich leidenschaftlich angreifen.
Er lachte aber nur, und nicht einmal höhnisch, sondern
mit einer gewissen Anerkennung. Berichte beinahe aus
dem Hauptquartier der Räterepublik an ein Alldeutsches
Blatt schicken, wo doch von der Kontrolle der »Auslands-
briefe« gesprochen wurde, das war doch auch gewagt und
abenteuerlich. Zwei Stunden nach meinem Besuch unter-
suchte Polizei Hansens Rocktaschen und Portefeuille. Ich

erfuhr das anderntags durch Hamecher, der seinerseits
dafür gesorgt hatte, daß in der Schmugglerhöhle nichts
Verdächtiges gefunden wurde. Dort hatte Militär revidiert,
Elena war verhaftet, aber bald wieder freigegeben worden,
sie hatte die Ahnungslose gespielt, und ihre Schwerhörig-
keit war ihr dabei sehr zustatten gekommen. Die Leute,
berichtete Hamecher noch, hatten eine Liste aller bei
Meyerhof verkehrenden Personen mit. »Ihr Name war darunter.« Das sei mir recht, sagte ich, ich hätte Hans infor-
miert, mich als Zeugen anzugeben; aber innerlich war ich
doch beunruhigt.

## Münchener Tragikomik

*[17. Januar 1920]*

Robustere Zeiten haben das Tragische und das Komische gekannt, haben sich von heldischem Leiden das Herz und von närrischem Wesen das Zwerchfell erschüttern lassen. Daß ein Schicksal doppelt tragisch sein kann, dadurch daß es ins Jämmerlich-Lächerliche ausmündet, ist erst den modernen Menschen aufgegangen, und das Empfinden für Tragikomik ist geradezu ein Hauptmerkzeichen jüngerer Epochen. Wissenschaftlich ist dieser schwierige Begriff des Tragikomischen noch umkämpft – und so dürfte es gewiß nichts schaden, einige Beispiele aus dem Leben für die Sache anzuführen. Mir scheint das staatliche Leben Bayerns zur Zeit nicht ärmer daran zu sein als seine Biblio-

theken an kostbaren Hand-
schriften.

Eine eigentümliche Büchersammlung steht hier seit einiger Zeit zum Verkauf. Sie ist
bescheiden, befindet sich auch
in keinem der großen Anti-
quariate, sondern wirr und
verstaubt aufgestapelt in dem
ärmlichen Zimmer eines kleinen Händlers. Der Kundige
erkennt nach wenigen Blik-
ken, womit er es zu tun hat: es
ist die Bibliothek eines Journalisten, der mehr Interessen als
Geld besessen hat. Die teure-
ren Bücher sind meist einge-
bunden und mit dem Auf-
druck »Rezensionsexemplar«
versehen, sie gehören den verschiedensten Wissensgebieten
an, der Geschichte und Politik, der schönen Literatur, der
Kunst, der Erotik. Die eigenen
Anschaffungen gelten zumeist
der Philosophie, der Literatur,
der Ästhetik. Für das Philosophische hat der Besitzer auch
gelegentlich Geld aufgewen-
det. Ich halte ihn für einen
Feuilletonisten mit vieler Bildung, die auch gelegentlich
(aber nur selten) ins Politische
übergreift. Oder sollte er auch
eine philologische Ader gehabt haben? Fachinteresse läßt
mich nach einem Buch greifen
mit der Aufschrift: »Abrégé de
la Syntaxe française«, Lindaui-
sche Buchhandlung, Mün-
chen 1912. Ich öffne den
Band – da enthält er eine in
Zürich gedruckte antimilitaristische und bolschewistische
Flugschrift vom Jahre 1916.
Eingeschmuggelter, zum mindesten damals hochverräte-
rischer, mörderischer Agita-
tionsstoff. All diese Bücher
tragen den Stempel, manche
den selbstgeschriebenen Namen ihres Besitzers: *Kurt Eisner*. Ein Mensch ist aus seiner
Bibliothek zu erkennen. Der
Beruf eines Menschen geht
auch zumeist aus seiner Büchersammlung hervor. Daß es
sich hier aber um die Bibliothek eines bayrischen Ministerpräsidenten handelt, wer

wollte das erraten? Es ist Münchener Tragikomik.

Der Mann, dessen politische Bildung sich aus seiner Bibliothek entnehmen läßt und dessen gedeihliche Wirksamkeit zum Wohle Bayerns und Deutschlands denn auch seiner politischen Bildung entspricht, wird von einem überhitzten Patrioten erschossen, und Eisners Tod bringt fast noch mehr Unheil über uns als sein Leben. Vom Februar bis zum Mai 1919 kommt München vor allem nicht aus der Tragikomik heraus: alles ist jämmerlich, und alles ist blutig, man möchte immer weinen und lachen in einem.

Dann bekommen wir »geordnete« Verhältnisse (oder was man so nennt) und können beinahe glauben, eine richtige Regierung zu haben. Sie war freilich in Bamberg, als es hier bedenklich wurde, aber schließlich hat sie sich ja doch allmählich, allmählich nach München zurückgetraut.

Erst gestern, am 16. Januar, nach monatelanger Pause, sah es wieder einmal etwas kritischer in München aus. Der Prozeß des Eisnermörders Arco, der nun vielen ebenso als ein Märtyrer erscheint, wie damals Eisner vielen ein Märtyrer zu sein schien. (In politischer Reife dürften sich übrigens der Ministerpräsident und sein Mörder gegenseitig nichts vorzuwerfen gehabt haben.) Das Gericht spielt den Brutus. Glühender Patriotismus, Vorbildlichkeit für die Jugend wird (vom Staatsanwalt!) anerkannt, wird im Urteil bestätigt, aber es ist ein Todesurteil. Sehr schön auf der Bühne (»Mein Vetter Friedrich will den Brutus spielen« – übrigens Hohenzollern, nicht Ebert), aber im Leben? Welch eine Fülle von Tragikomik auch hier, zumal wenn man bedenkt, daß dieses »Volksgericht« den Patriotismus und die Ehrenhaftigkeit dessen unterstreicht, der den Begründer des Freistaates Bayern erschossen hat!

Als nun das Todesurteil gefällt ist, geht die Tragikomödie erst recht weiter. Die Studenten demonstrieren. Arco, der gewiß menschlich zu begreifen und zu bemitleiden ist, wird ihnen plötzlich zum Heros. Sie ziehen im geschlossenen Zuge, ein paar hundert Mann stark, abends durch die Ludwigstraße. Sie singen die »Wacht am Rhein« – und vergessen, daß die zur Zeit von französischen Negertruppen gehalten wird, sie singen »Deutschland über alles« und haben keinen besseren Anlaß dazu als einen politischen Mord. Sie kommen am Kriegsministerium vorüber, wo die Posten mit Stahlhelm und Handgranaten (und oft im weißen Karpatenpelz) nun schon althergebracht und gar nicht mehr auffällig sind, und die Posten, die sich Demonstranten gegenüber neutral verhalten sollen, solange keine Abwehr geboten

ist – sie schwenken jubelnd Arme und Helme.

Das wird als die Geste weniger Leute, die selber Studenten sein dürften, kaum beachtet. Am nächsten Tage aber zeigt es sich, daß hierin ein Gipfelpunkt Münchner Tragikomik angedeutet war. Von halb elf Uhr an drängen sich die Studenten im Auditorium maximum zu Hunderten, richtiger wohl zu Tausenden, denn wieder, wie in den erregten Frühlingstagen des vorigen Jahres, hat man die Fenster entfernt, und die Korridore kommunizieren mit dem gewaltigen und überfüllten Hörsaal. Es geht nur ein Rauschen durch die Menge, in der die grünen, roten, blauen Mützen der Verbindungen farbige, nicht gerade große Inseln bilden. Geredet wird nicht, nur gewartet. Stumm und eindrucksvoll. Die Straße und der Häuserkomplex sind militärisch besetzt, aber auch draußen herrscht Ruhe. Von

Zeit zu Zeit erscheint der Rektor Müller oder der Rektor der Technischen Hochschule von Dyck – die Studenten der Hochschule tagen in einem besonderen Saal – und bittet in ein paar Worten um weitere Geduld. Der Ministerrat tage, das Ergebnis der Sitzung werde sogleich hierhergemeldet werden. Und endlich um halb elf das Ergebnis. Graf Arco ist zu lebenslänglicher Festung begnadigt. Ein Toben, Mützen-, Armewerfen, Jubel, wie es kaum einen deutschen Sieg begrüßt hat. Dann aber jenes Schönste. Kommilitonen, sagt ein Studentenvertreter, laßt uns der Reichswehr danken! Ihr hiesiges Gruppenkommando hatte sich schon gestern mit unserer Forderung, den Grafen Arco zu begnadigen, solidarisch erklärt! Erneuter, stärkerer Jubel. Und sie merken nicht, was sie da feiern. Die Truppe, die der Regierung vorschreibt,

wie sie sich zu verhalten habe, die nur auf Bedingung Gehorsam leistet.

Und würden es nur die jungen begeisterten Studenten nicht merken. Aber ich möchte auch eines wetten: unsere Regierung Hoffmann wird es gewiß auch nicht merken und wird im Amte bleiben wie bisher und wird sich wie bisher »Regierung« nennen. Und Herr Hoffmann ist ja auch durchaus berechtigt, nichts zu merken: er war ja wieder einmal verreist, wie immer, wenn es in München für ihn nicht ganz geheuer ist. –

Ich möchte mir eine eigene Definition des Tragikomischen nach alledem erlauben: es ist tragisch für den Beteiligten und komisch für den uninteressierten Zuschauer. Wie schade, daß man nicht gleichzeitig bloßer Zuschauer sein kann, wenn man Deutscher ist.

A. B.

# Anhang

Die erste Manuskriptseite von Klemperers »Revolutions-Tagebuch« von 1919.

# Die deutsche Revolution von 1918/19
## Ein historischer Essay
### *Von Wolfram Wette*

Auch noch 100 Jahre später zieht die deutsche Revolution von 1918/19 das Interesse auf sich. Das kann nicht verwundern. Gab es bis dahin in der deutschen Geschichte doch nur diese eine Revolution, die einigermaßen erfolgreich verlief. Aus ihr ging die erste deutsche Demokratie hervor, die Republik von Weimar. Die Revolution von 1918/19 gehört zu den Wendepunkten der jüngeren deutschen Geschichte. Sie hat einen festen Platz in der Erinnerung der Deutschen an ihre demokratischen Traditionen.

Man kann die Ursachen und die Formen dieser Revolution nur verstehen, wenn man sich klarmacht, dass sie nichts weniger war als ein strategisch geplanter Putsch gewaltbereiter Berufsrevolutionäre. Nein, sie wurde geboren aus dem Protest von Millionen Deutschen gegen den Großen Krieg, der nun schon vier Jahre dauerte. Der Krieg hatte Tod und Not ins Land gebracht, und die meisten ersehnten sein baldiges Ende. Regiert wurde das Land seit 1916 durch eine Militärdiktatur, nämlich die Oberste Heeresleitung (OHL) unter Generalfeldmarschall Paul von Hindenburg und seinem Adlatus General Erich Ludendorff. Letzterer war der eigentliche starke Mann in der OHL.

Im Frühjahr und Sommer 1918 wurde erkennbar, dass diese Generäle noch immer keine Anstalten machten, Kurs auf einen »Verständigungsfrieden« zu nehmen. Einen solchen hatte eine Reichstagsmehrheit schon ein Jahr zuvor als politisches Ziel vorgegeben. Stattdessen wollten die Machthaber weiterkämpfen und die »Heimat« weiterdarben lassen, um einen vermeintlich noch immer möglichen militärischen »Siegfrieden« zu erreichen. Das war der Nährboden, auf dem im Laufe des Jahres 1918 Protestbewegungen sowohl an der Front als auch in der Heimat entstanden. Deutsche Soldaten an der Westfront, auf dem Boden Frankreichs, taten im März mit einem vor der Militärführung »verdeckten Militärstreik« kund, was sie von der deutschen Kriegspolitik hielten. Im Heimatgebiet kam es zu großen Streiks, auch in den kriegswichtigen Rüstungsbetrieben. Es bildete sich eine Massenbewegung gegen den Krieg, die mit den Forderungen »Friede, Freiheit, Brot!« auf die Straße ging. »Friede« – das hieß schleunige Beendigung des Krieges, »Freiheit« – das bedeutete die Ersetzung des militaristischen Obrigkeitsstaates durch eine demokratische Republik, und »Brot« – damit war das Verlangen gemeint, das staatliche Handeln endlich auf die Ernährung der notleidenden Bevölkerung zu konzentrieren, was das Bemühen um die Aufhebung der Blockade der alliierten Lebensmittelzufuhr einschloss.

Ende Oktober und Anfang November 1918 zielte eine Meuterei von Matrosen der kaiserlichen Hochseeflotte in Wilhelmshaven und dann in Kiel ebenfalls auf eine schleunige Beendigung des Krieges. Als die Matrosen gleichzeitig die alten Machtverhältnisse grundsätzlich in Frage stellten und sich mit der lokalen Arbeiterschaft verbündeten, gaben sie das Signal zur deutschen Revolution. Diese breitete sich wie eine Flutwelle von Norden her über ganz

Deutschland aus. In München kam sie bereits am 7. und
8. November 1918 an, noch bevor sie die Reichshauptstadt
Berlin erreichte. Wie zuvor schon in Kiel verbündeten sich
in vielen weiteren deutschen Städten revolutionäre Soldaten mit revolutionären Arbeitern. Aus ihren eigenen Reihen bestimmten sie auf lokaler, regionaler und nationaler
Ebene Arbeiter- und Soldatenräte, die als revolutionäre
Machtorgane an die Stelle der alten Gewalten traten.

Am 9. November kam es in Berlin zum politisch entscheidenden Durchbruch. Die Belegschaften der Berliner
Großbetriebe traten in den Generalstreik. Die Soldaten der
Garnison solidarisierten sich mit den Streikenden. Unter
Druck verzichtete Kaiser Wilhelm II. auf seinen Thron.
Reichskanzler Prinz Max von Baden übergab sein Amt an
den Vorsitzenden der Mehrheitssozialdemokratischen Partei Deutschlands (MSPD), Friedrich Ebert. Philipp Scheidemann, ein altgedienter Parlamentarier und einer der be-
kanntesten Politiker der MSPD, verkündete vom Balkon
des Reichstagsgebäudes: »Es lebe die deutsche Republik!«
Ein paar Straßen weiter proklamierte der Reichstagsabgeordnete Karl Liebknecht von der Unabhängigen Sozialdemokratischen Partei Deutschlands (USPD) die »Freie
sozialistische Republik Deutschland«.

Dann folgte die Revolution »von unten«. Auf Druck der
Basis, die auf ein Zusammengehen der beiden sozialdemokratischen Parteien drängte, wurde am 10. November 1918
als revolutionäres Machtorgan eine neue Regierung ins Leben gerufen, die sich »Rat der Volksbeauftragten« nannte.
Ihm gehörten je drei erfahrene Politiker der beiden sozialdemokratischen Parteien an. Ebert übernahm den Vorsitz.

Diese Revolutionsregierung erließ am 12. November 1918 eine bedeutende Proklamation »An das deutsche Volk!«, in der sie die Durchsetzung politischer Reformen ankündigte: die Einführung des Achtstundentages sowie des allgemeinen, gleichen, geheimen und direkten Wahlrechtes ab dem 20. Lebensjahr (damit auch für Frauen) und die Abhaltung von Wahlen zu einer konstituierenden Nationalversammlung. Das Problem der Sozialisierung, also der Vergesellschaftung von Produktionsmitteln, wurde in der Proklamation nicht angesprochen, was den unterschiedlichen Auffassungen der beiden Parteien über die Ziele der Revolution geschuldet war und Konfliktstoff für die folgenden Monate bieten sollte. Die revolutionären Umwälzungen in der Reichshauptstadt Berlin, die ja Auswirkungen auf das gesamte Deutsche Reich hatten, verliefen – entgegen manchen Erwartungen – weitgehend ruhig und unblutig. Das alte System brach kampflos zusammen. Manche Historiker meinen, der friedliche Verlauf der Novemberrevolution sei ebendiesem widerstandslosen Abdanken der alten Gewalten geschuldet gewesen. Andere verweisen auf den fortgeschrittenen Stand der Demokratisierung, auf den hohen Industrialisierungsgrad des Landes und, aus beidem resultierend, einen in der deutschen Bevölkerung weitverbreiteten Anti-Chaos-Reflex, der den Wunsch nach administrativer Kontinuität einschloss.

Am 11. November 1918 schwiegen endlich auch die Waffen, wie es die Massenbewegung seit Monaten gefordert hatte. Doch die leitenden Generäle Hindenburg und Ludendorff drückten sich davor, den Waffenstillstand zu unterzeichnen und damit die Verantwortung für die militärische

Niederlage des Deutschen Reiches zu übernehmen. Statt ihrer schickte die Regierung der Volksbeauftragten den Zentrumspolitiker Matthias Erzberger in die französische Stadt Compiègne, um den Waffenstillstandsvertrag zu unterzeichnen. In der Folgezeit führten die verantwortlichen Offiziere Millionen deutscher Soldaten von den Fronten in die Heimat zurück. Dort wurden sie demobilisiert. Wo die Militärbürokratie nicht in der Lage war, ordentliche Entlassungspapiere auszustellen, kam es zu spontanen Demobilmachungen. Alle waren froh, den Krieg überlebt zu haben, und wollten unbedingt noch vor Weihnachten wieder zu Hause sein.

Während sich in Berlin die revolutionären Umwälzungen vollzogen, befand sich der deutsche Unteroffizier Victor Klemperer in der von deutschen Truppen besetzten litauischen Stadt Wilna. 1915 hatte sich der promovierte wie habilitierte Romanist, der damals 34 Jahre alt und verheiratet war (geboren am 9. Oktober 1881), als Kriegsfreiwilliger gemeldet und damit seinen Patriotismus unter Beweis gestellt. Klemperer, Sohn eines jüdischen Vaters und einer jüdischen Mutter, bezeugte seine Bereitschaft zur Assimilation auch durch seinen Übertritt zum Protestantismus. Von November 1915 bis März 1916 war er in Flandern an der Westfront eingesetzt. Im Herbst 1918 leistete er in Wilna einen verhältnismäßig ungefährlichen Kriegsdienst in der Pressestelle des Stabes von »Ober Ost«, wie die Dienststelle des Oberbefehlshabers der gesamten deutschen Streitkräfte im Osten genannt wurde.

Nach dem Abschluss des Waffenstillstandes von Compiègne fand Klemperer rasch einen Weg, sich ganz legal mit der Eisenbahn nach Westen zu begeben. Zunächst machte er für einige Wochen Station in Leipzig, wo seine Frau Eva wohnte, und fuhr dann Mitte Dezember 1918 für ein paar Tage weiter nach München, wo sein Ersatztruppenteil stationiert war, das 7. Feldartillerie-Regiment »Prinzregent Luitpold«. Unteroffizier Klemperer legte Wert darauf, seinen Kriegsdienst formal korrekt zu beenden. Das honorierten seine früheren Kameraden in der Weise, dass sie ihm nicht nur die erforderlichen Entlassungspapiere umstandslos ausstellten, sondern ihn auch mit Lohn, Urlaub und Lebensmittelkarten ausstatteten.

Am 16. Dezember 1918 trat in Berlin der Reichskongress der Arbeiter- und Soldatenräte zusammen, um in mehrtägigen Beratungen die Weichen für die politische Zukunft Deutschlands zu stellen. Es zeigte sich, dass eine Mehrheit der A.- und S.-Räte dem gemäßigten Kurs der Mehrheitssozialdemokraten folgte. Der Reichsrätekongress forderte die »Zertrümmerung des Militarismus«, womit in erster Linie die Entmachtung der im Kaiserreich gesellschaftlich dominanten und politisch einflussreichen Berufsoffiziere gemeint war. Weiterhin lehnte er die Einführung des »reinen Rätesystems« als Alternative zum parlamentarischen Regierungssystem ab und befürwortete Wahlen zur Nationalversammlung, die auf den 19. Januar 1919 angesetzt wurden. Unterschiedliche Auffassungen zu militärpolitischen Fragen führten Ende Dezember 1918 zum Austritt der USPD-Vertreter aus der Regierung der Volksbeauftragten. Sie wurden durch mehrheitssozialdemokratische Politiker ersetzt. Für das Ressort Heer und Marine war nunmehr der Reichstagsabgeordnete Gustav Noske zuständig.

Noske ging bereits im Januar 1919 in der Reichshauptstadt Berlin mit großer Härte gegen Demonstranten vor,
die sich mit dem bisherigen Verlauf der Revolution nicht
zufriedengeben, sie weitertreiben wollten und für dieses
Ziel auch zu den Waffen griffen. Die Berliner Januarunru-
hen, die schon in der zeitgenössischen Feindbildpropa-
ganda fälschlicherweise als »Spartakusaufstand« bezeichnet
wurden, ließ Noske militärisch niederkämpfen. Eine poli-
zeiliche Lösung des Problems wurde weder zu diesem Zeitpunkt noch bei späteren Unruhen ernsthaft erwogen oder
für möglich erachtet. Es kam zu bürgerkriegsähnlichen
Auseinandersetzungen. Sie begannen im Januar 1919 in
Berlin und erreichten in den folgenden Monaten Bremen, noch einmal Berlin (Märzunruhen 1919), das Ruhr-
gebiet, Braunschweig, Magdeburg, die Ostprovinzen,
Württemberg und schließlich im Mai 1919 auch München. Insgesamt fanden in diesen Bürgerkriegskämpfen
etwa 3000 Menschen den Tod.

Das durchgängige Kennzeichen der innergesellschaft-
lichen Auseinandersetzungen in der ersten Hälfte des Jahres 1919 bestand darin, dass alle revolutionären Bestrebun-
gen, die über den vom Reichsrätekongress beschlossenen
Weg der Demokratisierung Deutschlands hinausgingen,
seitens der Regierung der Volksbeauftragten mit dem Ein-
satz militärischer Gewalt erstickt wurden. Als Mittel einer
solchen staatlichen Gewaltpolitik fungierten sogenannte
Freikorps, zu deren Bildung Noske im Januar 1919 aufge-
rufen hatte. Diesem Ruf folgten zumeist ehemalige Berufs-
soldaten, die demokratiefeindlich und konterrevolutionär
eingestellt waren und sich mit der Perspektive, in ein zivi-

les Arbeitsleben eintreten zu müssen, nicht abfinden wollten. Die gewaltsame Niederschlagung der Räteexperimente in verschiedenen Teilen Deutschlands – ohne vorheriges Ausloten von Verhandlungs- und Deeskalationsmöglichkeiten – war das negative Kennzeichen der »Ära Noske«. Begründet wurde diese Gewaltpolitik mit der strittigen Behauptung, Deutschland müsse vor »dem Bolschewismus« bewahrt werden. Militärs der Reichswehr haben die Phase, in der die zweite revolutionäre Welle gewaltsam niedergeschlagen wurde, nicht zufällig als »Nachkrieg« bezeichnet und damit deutlich gemacht, dass sich aus ihrer Sicht der äußere Krieg nunmehr im Innern Deutschlands fortsetzte.

Die Wahlen zur Nationalversammlung am 19. Januar 1919 erbrachten eine Mehrheit für ein Bündnis aus Mehrheitssozialdemokratischer Partei, katholischer Zentrumspartei und Deutscher Demokratischer Partei (DDP), das jetzt die »Weimarer Koalition« genannt wurde. Deren Abgeordnete wählten den sozialdemokratischen Politiker und bisherigen Vorsitzenden der Regierung der Volksbeauftragten Friedrich Ebert zum ersten Reichspräsidenten der Republik. Dieser beauftragte Philipp Scheidemann mit der Regierungsbildung. Scheidemann wurde erster Reichsministerpräsident der Republik in der am 13. Februar 1919 gebildeten Regierung. In der ersten Hälfte des Jahres 1919 erarbeitete eine Kommission unter dem Vorsitz des Staatsrechtlers Hugo Preuß den Entwurf der Weimarer Reichsverfassung. Sie wurde am 31. Juli 1919 von der Nationalversammlung in Weimar verabschiedet.

Auf heftige Ablehnung bei der deutschen Regierung und den meisten Mitgliedern der Nationalversammlung stieß

der von den Siegermächten verfasste Versailler Friedensvertrag, an dessen Ausarbeitung die Deutschen nicht beteiligt
waren, weshalb sie ihn als »Diktat« bezeichneten. Philipp
Scheidemann rief am 12. Mai 1919 in der Nationalversammlung in Berlin den Satz aus: »Welche Hand müsste
nicht verdorren, die sich und uns in solche Fesseln legte?«
Nachdem er sich solchermaßen in die Ablehnung des Ver-
trages hineingesteigert hatte, musste er, als eine Änderung
nicht durchsetzbar war, als Regierungschef zurücktreten.
Gegen den Protest der politischen Rechten erteilte schließlich eine Mehrheit der Nationalversammlung (257 gegen
138 Stimmen) dem Friedensvertrag ihre Zustimmung.
Auch die oppositionelle USPD stimmte zu.

In diesen größeren historischen Zusammenhang sind die
regionalen politischen Ereignisse eingebettet, die Victor
Klemperer hautnah in München erlebte. Er hielt das Geschehen und seine Eindrücke in einem »Revolutions-Tagebuch« fest und berichtete über sie für die »Leipziger Neuesten Nachrichten«, eine konservative, konterrevolutionär
eingestellte Zeitung. Nachdem er Mitte Dezember 1918
seine ordnungsgemäße Entlassung aus dem Militärdienst
geregelt hatte, traf er Vorbereitungen für seine Rückkehr
ins zivile Berufsleben, das heißt die Wiederaufnahme seiner Lehrtätigkeit als Privatdozent für moderne französische
Literatur an der Ludwig-Maximilians-Universität. Angesichts der akuten Wohnungsnot erwies es sich als besonders schwierig, für sich und seine Frau eine angemessene
Bleibe zu finden. Die Weihnachtstage 1918 und den Januar 1919 verbrachten die Klemperers in Leipzig, und

Ende des Monats zog er dann mit seiner Frau nach München um, wo diese ihr Orgelstudium fortzusetzen gedachte. Sie kamen vorläufig in einer Pension unter. Da er als Privatdozent kein festes Einkommen bezog, war er in dieser Übergangszeit auf die finanzielle Unterstützung durch seine Brüder angewiesen.

Eigentlich wollte sich Klemperer im Jahre 1919 ganz auf seine privaten Angelegenheiten konzentrieren. Doch in dieser Zeit des revolutionären Umbruchs drängte sich die Politik immer wieder in sein Leben, ob er wollte oder nicht. Arbeiter- und Soldatenräte hatte er bereits in Leipzig kennengelernt, ohne allerdings mit ihnen zu sympathisieren. Im Vergleich zu der eher ruhigen Lage in Leipzig erreichte er Anfang Februar 1919 mit München eine Stadt, die sich in einem hohen politischen Erregungszustand befand, der ihm allerdings nicht als Vorbote gewaltsamer Auseinandersetzungen erschien, sondern eher als eine vergnügliche Gaudi, ein »politischer Fasching« mit vielen bunten Fahnen und Fähnchen. Er fragte sich, was man in München eigentlich feiere, das Ende des Krieges oder den Sieg der Revolution.

Hier hatte die Revolution bereits am 7. November 1918 gesiegt. In der Nacht zum 8. November proklamierte der USPD-Politiker Kurt Eisner auf einer Sitzung der Münchener Arbeiter- und Soldatenräte den »Freistaat Bayern«, was »frei« von der Monarchie bedeutete, und erklärte den bayerischen König Ludwig III. für abgesetzt – das sang- und klanglose Ende der 738 Jahre währenden Herrschaft der Wittelsbacher Dynastie. Der Münchener A.- und S.- Rat wählte Eisner zum ersten Ministerpräsidenten des Freistaates. Wie später im Reich einigten sich in Bayern schon jetzt Mehrheitssozialdemokraten und Unabhängige über eine gemeinsame Revolutionsregierung. Diese blieb für die Übergangszeit von 100 Tagen im Amt, bis zur Ermordung Eisners am 21. Februar 1919.

Kurt Eisner war ein Literat, Journalist und Politiker. Er hatte viele Jahre beim sozialdemokratischen »Vorwärts« und bei anderen Parteizeitungen der SPD gearbeitet und sich dort einen guten Ruf erworben. Bald nach 1914 waren ihm Zweifel an der offiziellen Version vom deutschen Verteidigungskrieg gekommen. Immer deutlicher erkannte er die deutsche Kriegsschuld. Seit 1915 wandelte er sich zum Pazifisten und trat 1917 der neugegründeten Unabhängigen Sozialdemokratischen Partei bei, in welcher sich die sozialdemokratischen Kriegsgegner sammelten. In München und in Bayern gehörte er zu den Mitbegründern der USPD und wurde deren führender Kopf.

Schon am Tag der Ausrufung des »Freistaates Bayern« kündigte Eisner an, so schnell wie möglich eine konstituierende bayerische Versammlung einberufen zu wollen. Er rief die Bevölkerung auf, mitzuhelfen, »dass sich die unvermeidliche Umwandlung rasch, leicht und friedlich vollzieht«. Seiner pazifistischen Überzeugung folgend, proklamierte er: »In dieser Zeit des sinnlos wilden Mordens verabscheuen wir alles Blutvergießen. Jedes Menschenleben soll heilig sein.«

Zu tiefgreifenden politischen Veränderungen kam es in der kurzen Ära Eisner nicht. Die MSPD-Mitglieder seiner Regierung vertraten – analog zur Politik der MSPD im Reich – den Standpunkt, dass erst ein frei gewählter Land-

tag über die künftige Gestalt des Freistaates Bayern befinden solle und dass das Kabinett Eisner nur ein Proviso-
rium darstelle. Die bayerischen Landtagswahlen fanden am
12. Januar 1919 statt. Die SPD kam auf 33 % der Stimmen, die konservative Bayerische Volkspartei (BVP), die
eine antisemitisch ausgerichtete Diffamierungskampagne
gegen die »jüdisch-bolschewistische Revolution« betrieben
hatte, konnte sich über 35 % der Stimmen freuen. Eisners
eigene Partei, die USPD, erlitt mit nur 2,52 % der Stimmen eine drastische Niederlage.

Als der neugewählte bayerische Landtag am 21. Februar
1919 zusammentrat, machte sich Eisner auf den Weg, um
seinen Rücktritt als Ministerpräsident zu erklären. Dazu
kam es jedoch nicht: Er wurde auf dem Weg zum Landtag
von dem Jurastudenten und beurlaubten Leutnant der Infanterie Anton Graf Arco auf Valley niedergeschossen. Der
Attentäter stammte aus dem Dunstkreis der völkisch-anti-
semitisch, antidemokratisch und konterrevolutionär ein-
gestellten Thule-Gesellschaft.

Als Antwort auf die Ermordung ihres Spitzenmannes rief
die USPD in München den Generalstreik aus. Der »Zentralrat der bayerischen Republik«, der vom bayerischen Rätekongress eingesetzt war, übernahm die vorläufige Regie-
rungsgewalt. Als Kurt Eisner am 26. Februar 1919 beerdigt
wurde, soll sich ein Trauerzug von über 100 000 Menschen
formiert haben. Diese Anteilnahme bewies einmal mehr,
was Klemperer Wochen zuvor bei einer Wahlkampfveran-
staltung Eisners staunend beobachtet hatte: Dass dieses
»zarte, winzige, gebrechliche, gebeugte Männchen«, »dem
niemand den reinen Willen absprechen konnte«, von der

»wirklichen« Münchener Bevölkerung – »Arbeitern, Handwerkern, Krämern« – umjubelt wurde.

Ebenso wie die Ermordung der Spartakistenführer Rosa Luxemburg und Karl Liebknecht durch rechtsradikale Offiziere der Garde-Kavallerie-Schützen-Division (GKSD) in Berlin am 15. Januar 1919, so bedeutete auch die Ermordung des Sozialdemokraten Kurt Eisner eine Zäsur für die politische Entwicklung Bayerns in der revolutionären Übergangszeit: Mit diesem politischen Mord drang in Bayern die Gewalt in die Auseinandersetzungen zwischen revolutionären und gegenrevolutionären Kräften ein. Der folgende Generalstreik führte zu einer Wiederbelebung und Radikalisierung der Rätebewegung und damit zu einer Abkehr vom Eisner'schen Prinzip der Gewaltfreiheit. Klemperer beobachtete mit Befremden, wie in seinem universitären Umfeld nicht wenige Studenten und Professoren den Mörder Arco zum patriotischen Helden stilisierten.

In der Phase nach Eisners Tod konkurrierten die linksradikal orientierte und in einer klaren Minderheitsposition befindliche Rätebewegung auf der einen und der gewählte bayerische Landtag auf der anderen Seite um das Recht auf die Regierungsbildung. Am 1. März 1919 wählte der Zentralrat der Rätebewegung den Sozialdemokraten Martin Segitz zum Ministerpräsidenten, und am 17. März zog der Landtag mit der Wahl des SPD-Politikers Johannes Hoffmann zum Ministerpräsidenten nach. Als sich zeigte, dass die Regierung Hoffmann dem Druck der Münchener Rätebewegung nicht standhalten konnte, wich sie nach Bamberg aus. In München riefen die Linksradikalen am 7. April

1919 die Räterepublik aus. Ihre Regierung wurde zunächst von pazifistischen Intellektuellen wie Gustav Landauer, Erich Mühsam und Ernst Toller geleitet, die jedoch schon nach einer Woche von den Kommunisten Eugen Leviné, Max Levien und Rudolf Egelhofer ausgebootet wurden, die eine 2. Räterepublik proklamierten.

Diese Entwicklung rief die Reichsregierung in Berlin auf den Plan. Reichswehrminister Noske erhielt den Auftrag, in München »aufzuräumen«, notfalls mit Gewalt. Obwohl Ministerpräsident Hoffmann hoffte, dass sich eine Verhandlungslösung erreichen ließe, und obwohl es auch unter den linksradikalen Rätemachthabern Männer gab, die in jedem Fall ein Blutvergießen verhindern wollten, nahm die Reichsexekution, ganz der militärischen Logik folgend, ihren Lauf. Anfang Mai 1919 zog ein Aufgebot von etwa 30 000 Freikorpssoldaten, das sich aus preußischen, bayerischen und württembergischen Truppen zusammensetzte, gen München. Zwar fasste die kommunistisch geführte Räteregierung noch vor dem Einmarsch der Regierungstruppen einen Beschluss zur vollständigen Waffenniederlegung. Aber das gewaltsame Aufeinanderprallen ließ sich nicht mehr aufhalten. Jetzt kämpfte der »weiße Terror« der Freikorps gegen den »roten Terror« der großspurig so genannten »Roten Armee«. Aufgeladen mit antibolschewistischen Feindbildern, gingen die Freikorpssoldaten mit brutaler Gewalt und, wie Noske in seinen Erinnerungen an diese Zeit formulierte, in einem regelrechten »Blutrausch« gegen die Rotarmisten der Räterepublik vor, die in ihren Augen »bolschewistische Mordbestien« waren. In dem ungleichen Kampf sollen in den ersten Tagen des Mai 1919 in München zwischen 500 und 1000 Anhänger der Räterepublik ihr Leben verloren haben. Dabei hatte das regionale Räteexperiment zu keinem Zeitpunkt auch nur die geringste Chance, sich im konservativen Bayern auf Dauer zu etablieren.

Klemperer ging in München immer wieder an die Orte der gewaltsamen Auseinandersetzungen. Mit Erstaunen verfolgte er die erbitterte und heroische Gegenwehr von Anhängern der Räterepublik gegen die weit überlegenen Regierungstruppen. Überraschend registrierte er, dass das Münchener Bürgertum jetzt sogar das Auftreten preußischer Truppen freudig begrüßte. Klemperer konnte den Umschwung der Machtverhältnisse auch am Verhalten Einzelner beobachten, die klammheimlich das rote Band gegen ein weißes austauschten. Gerade in den heißesten Phasen des Konflikts mussten dem Tagebuchschreiber allerdings die größeren politischen Zusammenhänge verborgen bleiben, da in München keine Zeitungen erschienen, die über das Geschehen im Reich hätten informieren können.

Klemperer beobachtete einige der führenden Akteure der Rätebewegung aus nächster Nähe und hielt seine Eindrücke in pointierten Porträts fest. Unter anderen lernen wir Kurt Eisner, Kurt Landauer und Max Levien kennen, aber auch den DDP-Politiker Ludwig Quidde, Karl Escherich, den er mit dessen Bruder Georg verwechselte, der als Reaktion auf die Münchener Räterepublik eine republikfeindliche paramilitärische Organisation gründete, und den Freikorpsführer Franz Ritter von Epp, der sich mit seinem 700 Mann starken Verband an der Niederschlagung der Münchener Räterepublik beteiligte. In jeder Phase des Geschehens versuchte Klemperer die politische Atmosphäre Münchens einzufangen, die über weite Strecken durchaus friedlich war. Wegen des offensichtlichen Mangels an politischer Professionalität bei den revolutionären Akteuren und des folkloristischen Auftretens ihrer Anhänger sah sich Klemperer immer wieder zu Vergleichen mit dem Faschingstrubel und einem »Komödienspiel« veranlasst, bei dem es um nichts Ernstes ging.

Hinsichtlich seiner eigenen politischen Positionierung blieb Klemperer in der Zeit des revolutionären Umbruchs schwankend. Die linksradikalen Spartakisten verabscheute er ebenso wie die nationalistischen Rechten. Er liebäugelte stattdessen mit der gemäßigten Rechten. Als er sich in den Wahlen zur Nationalversammlung am 19. Januar 1919 zur Stimmabgabe aufgefordert sah, entschied er sich – der früher auch schon einmal SPD gewählt hatte – für die Liberalen, genauer gesagt, für die Deutsche Demokratische Partei (DDP), die links von der Deutschen Volkspartei (DVP) Gustav Stresemanns stand. Mit seiner Wahlentscheidung wollte Klemperer die gemäßigte Weimarer Koalition unterstützen.

In seinen Aufzeichnungen über die Monate des revolutionären Umbruchs berichtet er auch über den Alltag an der Münchener Universität. Seine akademische Lehraufgabe stellte in diesen bewegten Zeiten eine besondere Herausforderung dar, waren die Studierenden doch großenteils ehemalige Frontsoldaten, die in einem »Kriegsnotsemester« unterrichtet werden mussten. Einerseits waren sie ungemein wissbegierig, andererseits aber auch rasch desinteressiert, wenn sie am praktischen Sinn des Gelernten zweifelten. Als das konterrevolutionäre Freikorps Epp Freiwillige suchte, ließen sich nicht wenige von ihnen anwerben.

Als Mann jüdischer Abstammung (Vater Rabbiner, Mutter ebenfalls jüdisch), der zum Protestantismus übergetreten war, zeigte sich Klemperer in den Monaten der Revolution von 1918/19 hellwach in der Beobachtung antisemitischer Tendenzen. Ihm blieb nicht verborgen, dass sich im Münchener Bürgertum, in der Bayerischen Volkspartei, bei den Professoren, bei Studenten und Freikorpssoldaten antisemitische Einstellungen zeigten, die sich gegen revolutionäre Akteure richteten. Tatsächlich waren einige führende Persönlichkeiten der Münchener Rätebewegung jüdischer Herkunft, so der Sozialdemokrat Kurt Eisner und die radikaleren Politiker und Literaten Gustav Landauer, Max Levien, Eugen Leviné, Erich Mühsam und Ernst Toller. Der Gegenrevolution ging es jedoch nicht um Einzelne, sondern darum, die Akteure der bayerischen Rätebewegung pauschal als »Saujuden« zu verunglimpfen. Gleichzeitig machten sie die Juden zum Sündenbock für alle Unbill jener Zeit: die Anzettelung des Weltkriegs, die militärische Niederlage und schließlich die Revolution. Auch von anderer Seite wurde Klemperer attackiert: Einmal erklärte ihm eine fanatische Zionistin, sie verkehre nicht mit konvertierten Juden, diesen »Verrätern«.

Im historischen Rückblick ist etwas Wichtiges zu erkennen: Deutschvölkische und Nationalisten, die 1918/19 die Gegenrevolution verkörperten, schmiedeten bereits zu dieser Zeit das Feindbild des »jüdischen Bolschewismus«, das 1941 als propagandistische Begleitmusik zum Krieg

der deutschen Wehrmacht gegen die Sowjetunion eingesetzt wurde. In Berlin hielt ein Offizier der kaiserlichen
Kriegsmarine, Fregattenkapitän Bogislaw von Selchow,
am 11. November 1918 eine Szene folgendermaßen fest:
»Vormittags ging ich zum Reichs-Marine-Amt, auf dem
die rote Fahne wehte. Davor stand ein jüdischer Bolsche-
wik in Zivil mit einer Flinte Posten. Es war alles wie ein
Traum [...].« In München gab der Eisner-Mörder Graf
Arco auf Valley zur Rechtfertigung seiner Mordtat an: »Eisner ist Bolschewist, er ist Jude, er ist kein Deutscher, er
fühlt nicht deutsch, untergräbt jedes vaterländische Denken und Fühlen, ist ein Landesverräter.« Klemperer beobachtete diesen aggressiven Antisemitismus im Revolutions-
jahr 1919 in München mit großer Sorge. Noch fühlte er
sich nicht direkt bedroht, »aber bedrückt und isoliert«.

Auf das blutige Ende der rätesozialistischen Periode folgte
die Gegenrevolution. Rascher noch als in anderen Teilen
des Reiches erstarkten in Bayern die konservativen, reaktionären, völkischen und antisemitischen Kräfte. In diesem politischen Klima entstand auch die NSDAP.

In der zweiten Jahreshälfte 1919, nach der erfolgreichen
militärischen Niederschlagung der zweiten revolutionären
Welle, verstärkte sich im ganzen Reich der politische Ein-
fluss der politischen Rechten und des Militärs. Diese Kräfte
akzeptierten weder die Republik noch die Regierung noch
den Versailler Friedensvertrag. Insbesondere wehrten sie
sich gegen die Durchführung der im Versailler Vertrag fest-
geschriebenen militärischen Abrüstungsbestimmungen.
Diese Entwicklung kulminierte schließlich in einem Mili-

tärputsch gegen die Republik im März 1920. Er wurde an-
geführt von dem reaktionären Generallandschaftsdirektor
Wolfgang Kapp und dem ranghöchsten Militär der Vorläufigen Reichswehr, General Walther von Lüttwitz. Da-
her sprechen wir vom Kapp-Lüttwitz-Putsch.

Die von dem Sozialdemokraten Gustav Bauer geführte
Reichsregierung musste von Berlin nach Stuttgart fliehen.
Gustav Noske, dem die politische Herrschaft über das Mi-
litär entglitten war, musste seinen Posten als Reichswehrminister räumen. Es bedurfte eines von den Gewerkschaf-
ten und den politischen Parteien der Linken ausgerufenen
Generalstreiks, um den Putsch gegen die Republik abzu-
wehren. Aber die nationalistische Rechte hatte gezeigt, dass
sie sich mit der Niederlage im Krieg, mit dem Versailler
Friedensdiktat, mit der erzwungenen Abrüstung und der
Demokratisierung der Politik nicht abfinden würde. Die
Gegner der Republik sannen auf Restauration und Re-
vanche.


Klemperer, der gemeinsam mit seiner Frau Eva in einem
sogenannten Dresdner »Judenhaus« den Zweiten Weltkrieg
überlebte und mit seinen Tagebüchern zu einem der wichtigsten Chronisten Nazideutschlands wurde, hatte schon
Ende April 1919 in seinem Bericht über die »linken« Stra-
ßenkämpfer die Folgen der politischen Entwicklung und
der Radikalisierung in einer Weise eingeschätzt, die vor
dem Hintergrund des kommenden Unheils hellsichtig,
wenn nicht prophetisch anmutet: »Wenn sie bisher auch
noch nicht gemordet und München noch nicht eingeäschert haben, so haben sie doch sonst nichts unterlassen,

was eine entzügelte Menge des Rechtsgefühles entwöhnen und Schritt für Schritt schließlich zu den schlimmsten Verbrechen führen muß. Willkürliche Verhaftungen, Festnahmen von Geiseln, Haussuchungen, die in gemeinste Plünderung ausarten, und immer, immer wieder Aufhetzungen der schlimmsten, blutigsten, ruchlosesten Art gegen das wehrlos gemachte, ganz entrechtete, ganz eingeschüchterte Bürgertum.«

Er sah sich im Dritten Reich als »Kulturgeschichtsschreiber der Katastrophe«. Die ständige Forderung an sich selbst – »beobachten, notieren, studieren« – löste er mit seinen minutiösen Notizen über den Alltag der Judenverfolgung ein. In dem vorliegenden Revolutionstagebuch erleben wir, wie sich der junge Klemperer erstmals dieser Pflicht unterzieht und dabei die Erfahrung macht, dass sich die Politik vor alles andere schiebt: »Sie ließ sich nirgends vergessen, sie drang überall ein und dominierte.« Es war die Geburtsstunde des Chronisten.

Klemperers ursprüngliches Anliegen in München galt seiner noch ungewissen wissenschaftlichen Laufbahn. Entgegen seinen Erwartungen erhielt er schon 1920 einen Ruf an die Technische Hochschule Dresden, wo er als ordentlicher Professor lehrte, bis er 1935 durch die Nazis zwangsweise in den Ruhestand versetzt wurde. 1942 schrieb er noch: »Und wenn mir das Dritte Reich gar nichts anderes genommen hätte als einzig die Möglichkeit des Kolleghaltens, so hätte es mich schon arm genug gemacht.« 1945, nach dem Untergang des Terrorregimes, wurde Victor Klemperer rehabilitiert und blieb der Wissenschaft sein Leben lang verbunden.

# Anmerkungen

## Politik und Bohème

11 *Eisner* – Kurt Eisner (1867–1919), Publizist und Politiker; 1898–1905 Redakteur des sozialdemokratischen »Vorwärts«, schloss sich 1917 der USPD an, führend beteiligt am Sturz der Monarchie in Bayern, Vorsitzender des Arbeiter- und Soldatenrates, wurde am 8. November 1918 bayerischer Ministerpräsident. Er vertrat eine »Realpolitik des Idealismus« und versuchte, Rätesystem und Parlamentarismus miteinander zu verbinden.

*Mühsam* – Erich Mühsam (1878–1934), Schriftsteller und Politiker; 1919 Mitglied des Zentralrats der »Räterepublik Baiern«, nach deren Niederschlagung zu 15 Jahren Festungshaft verurteilt, von denen er fast 6 Jahre verbüßen musste. 1933 von den Nationalsozialisten verhaftet und im Juli 1934 im KZ Oranienburg ermordet.

*Levien* – Max Levien (1885–1937), 1919 Mitbegründer der KPD in München und Redakteur der Münchner »Roten Fahne«, mit Eugen Leviné als Mitglied des Vollzugsrates ab 13. April 1919 einer der Führer der Münchener Räterepublik; am 7. 10. 1919 in Wien verhaftet, jedoch nicht an Deutschland ausgeliefert; ab Juni 1921 in der UdSSR; war u. a. als Redakteur und Dozent in Moskau tätig; im Dezember 1936 im Zuge der Stalinschen »Säuberungen« verhaftet, im März 1937 zu 5 Jahren Lagerhaft verurteilt; das Urteil wurde am 16. 6. 1937 in ein Todesurteil umgewandelt und unmittelbar darauf vollstreckt.

*dem Ministerpräsidenten Galiziertum unterzuschieben* – Bezieht sich auf die antisemitischen Ausfälle gegen Kurt Eisner in rechtsgerichteten bürgerlichen Blättern.

*die Wahlen* – Bezieht sich auf die Wahlen zum bayerischen (verfassungsgebenden) Landtag, die am 12. Januar 1919 stattfanden; s. a. die Anm. zu S. 17.

12 *Berliner W-Pflanze* – Berlin-W, bevorzugte Wohngegend von Journalisten, Literaten und Künstlern.

*Dr. Levien dieser Tage verhaftet* – Am 10. Januar 1919 wurden zahlreiche Führer der Linken verhaftet, unter ihnen Max Levien, Demonstranten erzwangen am Tag darauf ihre Freilassung; erneute kurzzeitige Verhaftung Leviens am 7. Februar 1919.

*A.- und S.-Rat* – Abkürzung für: Arbeiter- und Soldatenrat; Ende 1918 verbündeten sich revolutionäre Arbeiter und Soldaten, um auf lokaler, regionaler und nationaler Ebene Arbeiter- und Soldatenräte zu bilden, die als revolutionäre Machtorgane an die Stelle der alten Gewalten traten.

14 *Ebert* – Friedrich Ebert (1871–1925), sozialdemokratischer Politiker; seit 1913 Vorsitzender der SPD (bis 1915 gemeinsam mit Hugo Haase), 1916–1918 (gemeinsam mit Philipp Scheidemann) Vorsitzender ihrer Reichstagsfraktion, während des Ersten Weltkrieges Vertreter der Politik des »Burgfriedens« und eines Verständigungsfriedens; übernahm am 10. November 1918 mit Hugo Haase den Vorsitz im Rat der Volksbeauftragten und bekämpfte, gestützt auf das Heer, alle Versuche zur Errichtung eines Rätesystems in Deutschland; von 1919 bis zu seinem Tod Reichspräsident.

*Scheidemann* – Philipp Scheidemann (1865–1939), sozialdemokratischer Politiker; vertrat im Ersten Weltkrieg die gemäßigte Linie der Mehrheit seiner Partei; wurde 1918 Staatssekretär in der Regierung des Prinzen Max von Baden, rief am 9. November 1918 die Republik aus und wurde Mitglied des Rates der Volksbeauftragten. Von Februar bis Juni 1919 Ministerpräsident an der Spitze der »Weimarer Koalition« aus SPD, Zentrum und DDP.

*Noske* – Gustav Noske (1868–1946), sozialdemokratischer Politiker; als Mitglied des Rates der Volksbeauftragten (Dezember 1918 – Februar 1919) hatte er das Militärressort inne, unter seiner Führung erfolgte die Niederschlagung des Berliner Januaraufstandes; ab Februar 1919 bis März 1920 Reichswehrminister.

17 *Landesversammlung* – Bezieht sich auf den am 12. Januar 1919 neugewählten (verfassungsgebenden) bayerischen Landtag; von den 180 Sitzen errangen die Bayerische Volkspartei 66, die SPD 61, die DDP 25, der Bayerische Bauernbund 16, die Nationalliberalen 9 und die USPD 3 Sitze.

Revolution

19 *wo wir die deutsche Grenze erreichten* – Klemperer, im Herbst 1918 als Unteroffizier im Dienst des Buchprüfungsamtes Ober-Ost in Wilna eingesetzt, war es in den Revolutionswirren gelungen, auf der Grundlage einer verspätet eingetroffenen Anforderung des bayerischen Kriegsministeriums von Anfang November 1918 am 16.11.1918 einen Reiseauftrag nach München zu erhalten; noch am selben Sonnabend bestieg er um 23 Uhr den Zug Richtung Berlin.

*meine Angehörigen* – In Berlin lebten Klemperers Mutter und die Familien seiner sechs Geschwister.

*meine Frau* – Eva Klemperer, geb. Schlemmer (1882–1951), Pianistin; ab 1906 verheiratet mit Victor Klemperer. In Leipzig, wo Victor Klemperer ab Mitte 1916 bis Herbst 1918 in der Deutschen Bücherei im Dienst des Buchprüfungsamtes Ober-Ost tätig war, hatte sie eine Ausbildung als Organistin aufgenommen.

20 *bei dem Münchener Regiment* – Klemperer war im Juli 1915 in München als Kriegsfreiwilliger in das 7. Feldartillerie-Regiment »Prinzregent Luitpold« eingetreten.

21 *im alten Kreise* – Ab 1916 gehörten Victor und Eva Klemperer zu einem geselligen Leipziger Kreis, dessen Mittelpunkt der Publizist und Leitartikler der »Leipziger Neuesten Nachrichten« Paul Harms war.

*an meine Münchner Dozentur* – Klemperer hatte sich im Oktober 1914 bei dem Romanisten Karl Vossler habilitiert und im Juni 1915 seinen Amtseid als Privatdozent an der Universität München geleistet.

*Genter Katheder* – Im Juli 1918 hatte Klemperer, offenbar auf Vosslers nachdrückliche Empfehlung, einen Ruf an die Flämische Universität Gent (»Lehrauftrag für die Dauer des Krieges«) erhalten, doch das bayerische Kriegsministerium verweigerte ihm die militärische Freistellung.

*die »Astrée«* – »L'Astrée«, der bedeutendste Schäferroman der französischen Literatur (1607/27, dt. »Von der Lieb Astreae und Celadonis«, 2 Bde., 1624) von Honoré d'Urfé (1567–1625). Klemperer arbeitete seit längerem an einer »L'Astrée«-Monographie, die jedoch über Materialstudien und Notizen nicht hinausgelangte.

22 *Becker* – Philipp August Becker (1862–1947), Romanist; 1893 Professor in Budapest, 1905 in Wien, 1917 in Leipzig, 1930 emeritiert; ging im selben Jahr als Honorarprofessor nach Freiburg i.B.

23 *Heiß* – Hanns Heiß (1877–1935), Romanist; 1909 Privatdozent in
Bonn, 1914–1919 Professor an der TH Dresden, ab 1919 in Freiburg
i. B.; Klemperers Vorgänger auf dem romanistischen Lehrstuhl der TH
Dresden.

*Harms* – Paul Harms (1866–1945), Journalist, Publizist und Schriftsteller, promovierte 1891 in Marburg; seither journalistisch tätig;
1907/08 Chefredakteur der »Nationalzeitung«, ab 1916 Leitartikler der
»Leipziger Neuesten Nachrichten«.

*Kopke* – Fritz Kopke (?–1933), Journalist; Redakteur der »Leipziger
Neuesten Nachrichten«, dem Kreis um Paul Harms zugehörig.

*Hans Scherner* – Johannes (Hans) Scherner (1880–1947), Apotheker;
ihn und seine Frau Gertrud (Trude) hatten die Klemperers während des
Dienstes von Victor Klemperer bei der Prüfungsstelle Leipzig des Buchprüfungsamtes Ober-Ost (1916–1918) im Mai 1918 kennengelernt.

*von seinen Schularbeiten zum Abitur* – Hans Scherner hatte ein Faible
für Philosophie; um in dem Fach promovieren zu können, bereitete er
sich an der Abendoberschule auf das externe Abitur vor.

*an ihr Orgelstudium* – Eva Klemperer hatte gegen Ende des Ersten Weltkrieges in Leipzig eine Ausbildung als Organistin begonnen.

*Wilhelm* – Wilhelm II. (1859–1941), 1888–1918 Deutscher Kaiser und
König von Preußen; ging nach dem Ausbruch der Revolution am
9.11.1918 in die Niederlande ins Exil, wo er am 18.11.1918 den
Thronverzicht erklärte.

24 *Haby-Schnurrbart* – Die von dem kaiserlichen Hoffriseur François
Haby (1861–1938) kreierte Barttracht, der vielfach ironisierte »Es ist
erreicht«-Schnurrbart.

*Die geplante Nationalversammlung* – Der Reichsrätekongress (16. bis
21.12.1918) bestimmte mehrheitlich den 19. Januar 1919 zum Termin
der Wahl für eine (verfassungsgebende) Nationalversammlung; mit der
(gegen den Willen der USPD getroffenen) Entscheidung für diesen sehr
frühen Wahltermin optierte er gegen die Fortführung des Rätesystems
und für den Weg zur parlamentarischen Demokratie.

25 *auch heute noch* – Das Bekenntnis wurde im Januar 1942 niedergeschrieben.

26 *Beyerlein* – Franz Adam Beyerlein (1871–1949), Schriftsteller; schrieb
Romane und Dramen mit kritischer Einstellung zum Militär, u. a. den

Roman »Jena oder Sedan?« (1903); ab Juli 1918 Klemperers Nachfolger in der Prüfungsstelle Leipzig des Buchprüfungsamtes Ober-Ost.

26 *kulturkundliches Programm* – Kulturkunde, nach dem Ersten Weltkrieg eine auch von Klemperer vertretene Richtung, die in Sprache und Literatur im Sinne der Völkerpsychologie von überzeitlichen charakteristischen Grundzügen der Völker ausging; einerseits bekämpft von den Vertretern einer »reinen« (politikfreien) Literaturwissenschaft, andererseits belastet von nationalistischen Positionen, vertreten z. B. in »Esprit und Geist. Versuch einer Wesenskunde des Deutschen und des Franzosen« (1927) von Eduard Wechßler.

30 *Eisners Ermordung* – Am 21. Februar 1919 auf dem Weg zur Eröffnung des neugewählten Landtags, bei der Kurt Eisner aufgrund der eklatanten Wahlniederlage der USPD seinen Rücktritt verkünden wollte, wurde er von Anton Graf von Arco auf Valley (1897–1945) ermordet.

»*Wer einen Soldo hat*« – »Wer Stiefel hat, kann sie auch putzen lassen, / Und wer sie putzen läßt, ist ein Signore«, die Schlußverse aus dem Stück I (»Zwei Bübchen sah ich heut«) des Sonetten-Zyklus »Bilder aus Neapel« von Paul Heyse (1830–1914), Novellist, auch Romanautor, Lyriker und Dramatiker; 1910 mit dem Nobelpreis für Literatur ausgezeichnet.

32 *Kellermann, das Urbild des Wolzogen-Kraftmayers* – Berthold Kellermann (1853–1926), Pianist, Musikpädagoge und Musikhistoriker; Schüler Franz Liszts, Mitarbeiter Richard Wagners in Bayreuth; 1882 bis 1919 Professor an der Münchner Akademie der Tonkunst. – In seinem satirischen Roman »Der Kraft-Mayr« (1897) verspottete Ernst Ludwig Freiherr von Wolzogen (1855–1934), Gründer des Berliner literarischen Kabaretts »Überbrettl«, die vor der Jahrhundertwende verbreitete Wagner- und Liszt-Schwärmerei; Berthold Kellermann hatte ihm dabei als Modell gedient.

33 *Wetsch* – Münchener Speditionsfirma.

»*underleinet*« – underleinen (mhd.) stützen, unterstützen; hier im Sinne von: unterlegt. Bezug auf Walther von der Vogelweides Gedicht »Wâz hat diu welt ze gebenne«, Vers 9: »dâ ist ganzer trôst mit fröiden underleinet« (»Freud'ge Zuversicht ist da mit Lust vereinet«; Nachdichtung Bruno Obermann).

*die Münchener Anforderung* – Das bayerische Kriegsministerium hatte mit Schreiben vom 5. 11. 1918, das Klemperers damalige Dienststelle, das Presseamt Wilna, erst am 16. November erreichte, die endgültige Ablehnung mitgeteilt, ihn für eine Lehrtätigkeit an der Flämischen Universität Gent freizugeben, und ihn zugleich für den Dienst in seiner ursprünglichen Einheit angefordert, dem 7. bayerischen Feldartillerie-Regiment »Prinzregent Luitpold«.

34 *Alphonsschule* – In der Münchener Alphonsschule befanden sich im Juli 1915 die Rekrutendepots des 7. bayerischen Feldartillerie-Regiments »Prinzregent Luitpold«.

35 *aus der Plouichferme* – Batteriestellung in Flandern, in der Klemperer von November 1915 bis März 1916 Dienst tat.

*Ruhl, mein Feind und mein Schicksal* – Nach einem Streit mit dem Unteroffizier Ruhl wurde Klemperer von der vorderen Beobachtungsstation in die Batterie zurückversetzt; der harte Dienst hier führte Anfang April 1916 zu einer schweren Nierenbeckenentzündung und seiner Einlieferung ins Lazarett.

*PRL* – Abkürzung für: »Prinzregent Luitpold«.

37 *Vossler* – Karl Vossler (1872–1949), Romanist; 1897 Promotion (Heidelberg), 1899 Habilitation; 1902 a. o. Professor in Heidelberg, 1909 o. Professor in Würzburg, ab 1911 in München, 1937 aus politischen Gründen amtsenthoben, nach 1945 zeitweise Rektor der Ludwig-Maximilians-Universität München. Klemperer studierte vor dem Ersten Weltkrieg bei ihm in München und habilitierte sich im Oktober 1914 bei ihm; er empfing von Vossler entscheidende Impulse, Literatur- und Sprachgeschichte in ihrer Wechselwirkung mit der allgemeinen Kulturgeschichte zu untersuchen.

38 *als Schüler Munckers* – Franz Muncker (1855–1926), Germanist; 1879 Privatdozent, ab 1890 Professor für deutsche Literaturgeschichte an der Universität München, einer der akademischen Lehrer Klemperers; bei ihm wurde er 1913 mit einer Arbeit über »Die Vorgänger Friedrich Spielhagens« promoviert.

*der gentes minores* – gentes minoren (lat.) kleinere Völker; hier im Sinne von: unbedeutendere Leute.

*Extraordinarius* – Außerordentlicher Professor; in der damaligen akademischen Laufbahn der nicht fest besoldete Professor, dessen Einkünfte nur aus Hörergebühren resultierten.

*Ordinarius* – Ordentlicher Professor; fest besoldeter Inhaber eines akademischen Lehrstuhls.

38 *meine Proberede* – Am 15. Oktober 1914 hielt Klemperer an der Universität München seine für die Habilitation erforderliche Probevorlesung (»Italienische Elemente im französischen Wortschatz zur Zeit der Renaissance«); sie erschien in der »Germanisch-romanischen Monatsschrift«, 6. Jg., 1914, S. 664–677.
*Lerch* – Eugen Lerch (1888–1952), Romanist; 1911 Promotion, 1914 Habilitation bei Karl Vossler in München; Privatdozent, 1920 a. o. Professor an der Universität München, ab 1930 Ordinarius in Münster; 1935 zwangspensioniert, 1946 wiedereingesetzt in Münster, ab Ende 1946 Professor in Mainz.

39 *Berneker* – Erich Berneker (1874–1937), Slawist; 1909 Professor in Breslau, ab 1911 in München auf dem neugegründeten Lehrstuhl für slawische Philologie.
*Clemens Baeumker* – (1853–1924), Philosoph; 1883 Professor in Breslau, danach in Bonn und Straßburg, ab 1912 in München.
*meritorisch* – (aus dem Lat.) verdienstlich; sachlich.
*Kafka* – Gustav Kafka (1883–1953), Philosoph; 1923 Professor für Philosophie und Pädagogik an der TH Dresden, 1934 zwangsemeritiert, 1946 wieder an der TH Dresden, ab 1947 in Würzburg.
*Jordan* – Leo Jordan (1874–1940), Romanist; 1911 a. o. Professor an der Universität München, 1913–1923 Dozent für romanische Sprachen an der Handelshochschule München; ab 1923 Honorarprofessor an der TU München; aufgrund seiner jüdischen Herkunft am 21. 7. 1933 entlassen, beging im Juli 1940 Selbstmord.
*Strich* – Fritz Strich (1882–1963), schweiz. Literaturwissenschaftler; ab 1915 a. o. Professor in München, 1929–1953 Ordinarius in Bern.
*Borcherdt* – Hans Heinrich Borcherdt (1887–1964), Germanist; 1915 Privatdozent, ab 1920 Professor in München, später Leiter des Instituts für Theatergeschichte Solln bei München.
*Janentzky* – Christian Janentzky (1886–1968), Germanist; 1922–1952 Professor für deutsche Sprache und Literatur an der TH Dresden, 1945 bis 1948 Direktor der Hochschulbibliothek.

41 *Crusius* – Otto Crusius (1857–1918), Altphilologe; ab 1903 Professor in München.
*Martha Muncker* – Gemeint: Magda (Magdalena) Muncker, die Ehefrau von Franz Muncker.

41 *Potator* – potator (lat.) Trinker.

42 *Sonjas Tod* – Eugen Lerchs erste Frau Sonja, geb. Rabinowitz (geb. 1882 in Warschau), promovierte 1913 in Gießen mit einer Untersuchung über die Entwicklung der russischen Arbeiterbewegung; im Januar 1918 wurde sie in München mit Kurt Eisner wegen »Rädelsführerschaft« beim Munitionsarbeiterstreik verhaftet und unter Anklage wegen Landesverrats gestellt; zur gleichen Zeit kam ihr Mann ihrem in der Haft gestellten Begehren auf Ehescheidung nach; im April 1918 beging sie im Untersuchungsgefängnis Selbstmord.

*am suggestiven Futurum* – Eugen Lerch arbeitete zu dieser Zeit an der Studie »Die Verwendung des romanischen Futurums als Ausdruck eines sittlichen Sollens«; sie wurde mit dem Preis der Samson-Stiftung bei der Bayerischen Akademie der Wissenschaften ausgezeichnet und erschien 1919 in Leipzig.

*mit Toblerzitaten* – Bezieht sich auf Adolf Tobler (1835–1910), schweiz. Romanist, ab 1867 Professor in Berlin; sammelte über Jahrzehnte Material zu einem »Altfranzösischen Wörterbuch«, das ab 1915 von Erhard Lommatzsch u. a. herausgegeben wurde.

*Montesquieu* – 1914/15 war in dem Heidelberger Universitätsverlag Winter in der Neuen Folge der »Beiträge zur Neueren Literaturgeschichte« die erweiterte Fassung von Klemperers Habilitationsschrift erschienen, eine zweibändige Monographie über den französischen Philosophen und Staatstheoretiker Charles de Secondat, Baron de la Brède et de Montesquieu (1689–1755).

*meine gescheiterten Hoffnungen auf Posen* – In seiner Zeit als Lektor an der Universität Neapel 1914/15 hatte sich Victor Klemperer Hoffnungen auf einen Ruf an die Königliche Akademie Posen gemacht.

*ich dachte an Beckers Ausspruch ... Ritt über den Bodensee* – In Band 2 seiner Autobiographie »Curriculum vitae«, und zwar im Teil 4 (»Die Genter Angelegenheit und das Kriegsende«) des dritten Kapitels (»Soldat«), referiert Klemperer ein Gespräch mit dem Leipziger Romanisten Philipp August Becker vom Juli 1918, in dem dieser Klemperers Berufung nach Gent als »besonderen Glücksfall« bezeichnet. Auf Nachfrage erläutert er »mit erschöpfender Deutlichkeit«: »Weil Sie nur so von außen her und nie auf dem üblichen Weg ein Katheder erlangen können. Sie sind Vosslers Schüler, der als exzentrisch, als unprofessoral verschrieen ist, Sie waren acht Jahre Journalist, ehe Sie die akademische Laufbahn einschlugen, Sie sind viel zu rasch und leicht Privatdozent geworden [...]. Ihr ›Montesquieu‹ ist viel mehr eine schriftstellerische als eine streng philologische Arbeit – glauben Sie, man wird Ihnen das alles verzeihen? Aber von dieser Auslandsprofessur her wird es gehen. [...]« (S. 635 f.) In diesem Zusammenhang stellt Klemperer die Frage, ob seine bisherige akademische Laufbahn mit einem Ritt über den Bodensee zu vergleichen sei, an dessen anderem Ufer die Genter Professur liege.

42 *Abhängigkeit von den Brüdern* – Die Internisten Georg (1865–1946) und Felix Klemperer (1866–1932) und der Rechtsanwalt Berthold Klemperer (1871–1931) unterstützten ihren Bruder Victor bis zu seiner Berufung als Professor an die TH Dresden mit regelmäßigen finanziellen Zuwendungen.

43 *Meyerhof* – Hans Meyerhof (1881–1951), Klemperers Freund seit ihrer gemeinsamen Lehrlingszeit bei der Berliner Exportfirma Löwenstein & Hecht 1897–1899; mit seiner Lebensgefährtin Elena Marwerth lebte er zu dieser Zeit in München.

44 *Elena* – Vgl. die vorhergehende Anm.
   *kein Simplicissimusoffizier* – »Simplicissimus«, politisch-satirische Wochenschrift, gegründet 1896 in München; übte vor allem vor 1914 die schärfste Gesellschaftskritik in Deutschland.
   *Das war Bruno Frank* – Bruno Frank (1887–1945), Romancier und Novellist, auch Dramatiker und Lyriker; emigrierte 1933 über Österreich, die Schweiz, Frankreich und England in die USA.
   *»Die Schwestern und der Fremde«* – Bruno Franks Schauspiel »Die Schwestern und der Fremde« wurde 1918 in München uraufgeführt.
   *schnitzlerisch* – Arthur Schnitzler (1862–1931), österr. Dramatiker und Erzähler.

45 *»Revolution und Nächstenliebe«* – Bruno Franks Essay erschien 1919 in München unter dem Titel »Von der Menschenliebe«.
   *Victor Hugos Rede auf Voltaire* – »Centenaire de Voltaire«, Gedenkrede zum 100. Todestag Voltaires von Victor Hugo (1878; dt. »Appell an das Gewissen«, 1918).

46 *Stückgold* – Stanisław Stückgold (1880–1939), poln. Maler und Graphiker; studierte 1905/06 an der Warschauer Kunstschule, lebte danach im Ausland; neigte stark zum Symbolismus.

47 *diese ganze Veranstaltung* – Vgl. die sarkastisch-ironische Charakterisierung des Abends durch Thomas Mann in seinem Tagebucheintrag vom 10. Dezember 1918; in: Thomas Mann, »Tagebücher 1918–1921«, S. 105 f. (Hrsg. von Peter de Mendelssohn, S. Fischer, Frankfurt/M. 1979).

*der Unabhängigen* – Bezieht sich auf die USPD, die Unabhängige Sozialdemokratische Partei; sie spaltete sich 1917 aus Opposition gegen die »Burgfriedenspolitik« der Parteiführung von der SPD ab und vertrat ab 1919 das Rätesystem; ihr rechter Flügel vereinigte sich 1922 wieder mit der SPD, nachdem sich die Parteilinke 1921 der KPD angeschlossen hatte.

*Liebknecht* – Karl Liebknecht (1871–1919), Politiker; stimmte im Dezember 1914 und im August 1915 als einziger Sozialdemokrat im Reichstag gegen die Bewilligung der Kriegskredite; Mitbegründer des Spartakusbundes und der KPD, führend beteiligt an der linkssozialistischen Erhebung im Januar 1919 gegen die mehrheitssozialistische Regierung Ebert/Scheidemann; am 15.1.1919 zusammen mit Rosa Luxemburg festgenommen und von Freikorpssoldaten ermordet.

*beim Trefler* – Das Hotel Trefler in der Münchener Sonnenstraße.

48 *Unterleitner* – Hans Unterleitner (1890–1971), sozialdemokratischer bayer. Politiker, Schwiegersohn Kurt Eisners; November 1918 – April 1919 Minister für soziale Fürsorge, 1920–1933 Mitglied des Reichstags (zunächst für die USPD, später für die SPD), 1933–1935 Haft im KZ Dachau, 1936 Flucht in die Schweiz, 1939 Emigration in die USA.

50 *Oxytonon* – (griech.) Auf der letzten Silbe betontes Wort.

*bei den Münchener Leibern* – Leiber: volkstümliche Bezeichnung für die Angehörigen des Bayerischen Infanterie-Leib-Regiments.

51 *Schmock* – Bezeichnung für den Typus des gesinnungslosen Journalisten; nach der gleichnamigen Gestalt in Gustav Freytags Schauspiel »Die Journalisten« (1854); nicht selten mit antisemitischem Unterton gebraucht.

*Wippchen* – Die Figur des Berichterstatters Wippchen war die gelungenste Schöpfung des humoristischen Schriftstellers Julius Stettenheim (1831–1916); »Wippchens sämtliche Berichte« erschienen in 16 Bänden 1878–1903.

*Dr. Ulk* – Eine der wiederkehrenden Figuren im Satire-Blatt »Ulk« (1872–1934), gegründet von Rudolf Mosse und Siegmund Haber; sie stammte von Hermann Scherenberg (1826–1897), Maler, Graphiker, Illustrator und Karikaturist.

53 *Latzko* – Andreas Latzko (1876–1943), in deutscher Sprache schreibender ung. Schriftsteller; ehemals Offizier, emigrierte 1938 nach England; sein Band mit pazifistischen Novellen »Menschen im Kriege« erschien 1917.

*Barbusse* – Henri Barbusse (1873–1935), frz. Romancier, Lyriker und Journalist; sein Antikriegsbuch »Le feu« (1916; dt. »Das Feuer«, 1918) machte ihn berühmt.

*Escherich* – Karl Escherich (1871–1951), Forstwissenschaftler und Entomologe; ab 1907 Professor an der Forstakademie Tharandt, 1914 bis 1936 an der Universität München; nicht er, wie Klemperer annahm, sondern sein älterer Bruder, der Forstrat Georg Escherich (1870–1941), gründete Mitte 1921 nach dem Verbot der Einwohnerwehren in Bayern die »Organisation Escherich« (»Orgesch«), die in Bayern und Österreich auf eine Million Mitglieder anwuchs und zahlreiche rechtsextreme Anschläge und Fememorde verübte.

54 *Dr. Heim* – Georg Heim (1865–1938), bayer. Politiker; Organisator des bäuerlichen Genossenschaftswesens in Bayern (»Bauerndoktor«), 1918 Mitbegründer der Bayerischen Volkspartei (BVP).

*König Ludwig* – Ludwig III. (1845–1921), 1912 Prinzregent, 1913 bis 1918 König von Bayern.

*Einen wahnsinnigen König* – Bezieht sich auf Ludwig II. (1845–1886), ab 1864 König von Bayern.

55 *In Neapel* – 1914/15 war Klemperer als Lektor an der Universität Neapel tätig.

56 *Neubert* – Fritz Neubert (1886–1970), Romanist; 1910 Promotion in München, 1918 Habilitation in Leipzig bei Philipp August Becker; Privatdozent, 1923 a. o. Professor in Leipzig, 1926 Ordinarius in Breslau, 1943 in Berlin, 1946 dort bestätigt, 1949–1956 an der FU Berlin.

57 *Annemarie Köhler* – (1892–1948); nach dem Medizinstudium als Chirurgin im Johanniterkrankenhaus in Heidenau bei Dresden, später mit Dr. Friedrich Dreßel in eigener Privatklinik in Pirna tätig, ab Mitte der zwanziger Jahre enge Freundin von Victor und Eva Klemperer; verwahrte ab 1940 Klemperers Manuskripte und Tagebücher, damit sie bei Haussuchungen nicht in die Hände der Gestapo fielen.

57 *Tuchfabrik in Crimmitschau* – Die 1854 gegründete Firma Carl Köhler in Crimmitschau, eine Fabrik zur Herstellung reinwollener Herrenkleiderstoffe; der Vater von Annemarie Köhler, Emil Köhler, war Mitinhaber des Unternehmens.

*zu Ella Doehrings Zeiten* – Ella Doehring, Gymnasiallehrerin, mit Victor Klemperer seit dessen zweitem Genfer Studienaufenthalt 1904 bekannt; sie starb im August 1920.

*mit einem Kollegen* – Bezieht sich auf den Chirurgen Friedrich Dreßel (1892–1991).

58 *des Professors Punga* – Franklin Punga (1879–1962), Elektrotechniker; ab 1921 Professor für Elektromaschinenbau an der TH Darmstadt; leitete dort 1921–1949 das Institut für Elektrische Maschinen.

59 *das Einjährige* – Die mittlere Reife hieß auch das Einjährige, weil junge Männer mit diesem Bildungsabschluss statt des normalen dreijährigen Wehrdienstes auf freiwilliger Basis nur ein Jahr dienten. Man nannte sie Einjährig-Freiwillige, und die mittlere Reife galt als »wissenschaftliche Befähigung für den Einjährig-Freiwilligen Militärdienst«.

60 *Rosa Luxemburg* – Rosa Luxemburg (1870–1919), führende Theoretikerin des linken Flügels der SPD; als radikale Kriegsgegnerin von März 1915 bis November 1918 mit kurzer Unterbrechung in Haft; entwarf Ende 1918 das Programm der neugegründeten KPD; am 15.1.1919 mit Karl Liebknecht von Freikorpssoldaten verhaftet und ermordet.

*die »Leipziger Neuesten Nachrichten«* – »Leipziger Neueste Nachrichten«, 1892 unter der Leitung von Edgar Herfurth aus den «Leipziger Nachrichten« hervorgegangen; das Blatt, das eine nationalkonservative Linie verfolgte, entwickelte sich rasch zu einer der führenden und auflagenstärksten Tageszeitungen in Deutschland.

62 *»Ruth«* – Erzählung (Cotta, Stuttgart 1895) von Lou Andreas-Salomé (1861–1937), Erzählerin, Essayistin und Psychoanalytikerin.

*die sich von jetzt an Demokraten nannten* – Bezieht sich auf die Deutsche Demokratische Partei (DDP), gegründet am 20.11.1918; sie ging aus der Fortschrittlichen Volkspartei und Teilen der Nationalliberalen Partei hervor; Friedrich Naumanns Ideen eines sozial verpflichteten Liberalismus prägten das Parteiprogramm. Bei den Wahlen zur Nationalversammlung am 19.1.1919 wurde die DDP mit 18,5 Prozent der Stimmen und 75 Mandaten nach SPD und Zentrum drittstärkste Kraft.

63 *»über dem Strich«* – In der damaligen Presse war der Raum »unter dem Strich« dem Feuilleton vorbehalten; die weniger gebräuchliche Formulierung »über dem Strich« steht für politische Beiträge.

*Dr. Herfurth* – Edgar Herfurth (1865–1950), gründete 1892 mit seinem Bruder Paul Herfurth (1855–1937) den Verlag Edgar Herfurth & Co.; die mit Firmengründung übernommenen »Leipziger Nachrichten« entwickelten sich unter dem neuen Namen »Leipziger Neueste Nachrichten« rasch zu einer der führenden und auflagenstärksten Tageszeitungen Deutschlands.

64 *um die preußische Nationalversammlung* – Die Wahlen zur Verfassungsgebenden Landesversammlung in Preußen fanden am 26. Januar 1919 statt; die Mehrheitssozialisten gewannen mit 36,4 % der Stimmen vor dem Zentrum (22,3 %), der Deutschen Demokratischen Partei (16,2 %) und der Deutsch-Nationalen Volkspartei (11,2 %), die USPD erzielte 7,4 %.

65 *des »Revolutionstagebuchs aus der Münchener Räterepublik«* – Klemperer fasste ab 17. April bis Anfang Mai 1919 seine Berichte über die Vorgänge in München, die er für die »Leipziger Neuesten Nachrichten« schrieb, in einem »Münchener Revolutions-Tagebuch« zusammen. Es trat zum Teil an die Stelle seines weiterhin geführten Tagebuches. Bislang blieb das »Revolutions-Tagebuch« unveröffentlicht.

*mein Curriculum* – Curriculum, Klemperers Kurzbezeichnung für seine ab Februar 1939 bis Februar 1942 niedergeschriebene Autobiographie »Curriculum vitae«.

*meiner LTI* – Im Juli 1934 äußerte Klemperer in seinem Tagebuch zum ersten Mal die Absicht, eine Studie »über die Sprache des 3. Reiches« zu schreiben, am 8. Juli 1941 erschien in den Tagebuchnotizen zu diesem Gegenstand zum ersten Mal das Kürzel LTI: »schöne gelehrte Abkürzung für lingua tertii imperii [(lat.) Sprache des dritten Reiches], künftig zu benutzen«. – Sofort nach Kriegsende, im Sommer 1945, begann Klemperer anhand seiner Tagebuchaufzeichnungen die Untersuchung über den Zusammenhang zwischen Ideologie und Sprache des Nationalsozialismus; sie erschien 1947 unter dem Titel »LTI. Notizbuch eines Philologen« im Aufbau-Verlag, Berlin, und leistete einen gewichtigen Beitrag zur Darstellung der ideologischen Mechanismen des NS-Regimes.

67 *im Lotheissen* – Ferdinand Lotheissen, »Geschichte der französischen Literatur im XVII. Jahrhundert«, 4 Bde. in 2 Bänden, Wien 1877/84.
*Lanson* – Gustave Lanson, »Histoire de la littérature française«, Paris 1894.

*die Idee zu einer eigenen Corneillestudie* – Die Idee »zu einer Studie über das Staatliche in Corneilles Dramen« notierte Klemperer zum ersten Mal in einem Tagebucheintrag vom 13. 2. 1919; niedergeschrieben wurde der Aufsatz vom 19. bis 24. April 1919; er erschien unter dem Titel »Vom Cid zum Polyeucte« in der Zeitschrift »Die neueren Sprachen«, 28. Jg., 1920, S. 413–448; auch enthalten in: Victor Klemperer, »Romanische Sonderart. Geistesgeschichtliche Studien«, Max Hueber Verlag, München 1926, S. 52–103. Die Corneille-Monographie schrieb Klemperer 1931/32; sie erschien – für lange Zeit als letztes seiner Bücher – Anfang 1933 als Nummer 3,1 der Reihe »Epochen der französischen Literatur« ebenfalls im Verlag der Hochschulbuchhandlung Max Hueber.

69 *je suis nu für je suis né* – je suis nu (frz.) ich bin nackt; je suis né (frz.) ich bin geboren.

74 *Dr. Ritter* – Leo Ritter (1890–1979), Chirurg; 1929–1964 Chefarzt der Chirurgisch-Gynäkologischen Abteilung des Krankenhauses der Barmherzigen Brüder Regensburg.
*Sauerbruch* – Ferdinand Sauerbruch (1875–1951), Chirurg; 1908 Professor in Marburg, 1911 in Zürich, 1918 in München, ab 1925 in Berlin.

75 *Erzbischof Faulhaber* – Michael von Faulhaber (1869–1952), 1903 Professor in Straßburg, 1911 Bischof von Speyer, 1917 Erzbischof von München-Freising, 1921 Kardinal; stellte sich nach 1933 entschieden gegen den Rassismus des Hitlerregimes.
*meiner Paderborner Erfahrungen* – Im Frühjahr 1916 lag Klemperer mit einer schweren Nierenbeckenentzündung in einem katholischen Krankenhaus in Paderborn.

76 *Weißberger* – Arnold Weißberger, später Weissberger (1898–1984), Fotochemiker aus Chemnitz; promovierte 1924 und habilitierte sich 1928 in Leipzig; emigrierte 1933 nach England und 1936 in die USA, wo er in Rochester (N. Y.) bei Eastman Kodak Co. tätig war.
*seines Vaters* – Eduard Weißberger (1868–1935), Chemiker; Prokurist der Fa. Bachmann & Ladewig AG, Chemnitz.

77 *stand er vor seiner Habilitation* – Arnold Weißberger habilitierte sich bereits 1928.

78 *im Freikorps Wolf* – Das Freikorps unter dem Kommando von Generalmajor Wolf, gegründet in Augsburg, bestand von April bis August 1919 und hatte eine Stärke von über 600 Mann.

*Auf Dresden dürfen Sie sich keine Hoffnungen machen* – Bezieht sich auf einen möglichen Ruf an die TH Dresden, deren romanistischer Lehrstuhl durch die Berufung von Hanns Heiß nach Freiburg 1919 vakant geworden war.

*meines ersten A.B.-Briefes* – Der erste von mehreren Berichten, die Klemperer über die Ereignisse in München im ersten Halbjahr 1919 für die »Leipziger Neuesten Nachrichten« schrieb, erschien dort in der Ausgabe Nr. 40 vom 11. 2. 1919 unter dem Titel »Politik und Bohème«, gezeichnet »Von unserem A.B.-Mitarbeiter«. Das von Klemperer als Pseudonym benutzte Kürzel A.B. steht für »Antibavaricus«.

79 *Das Stimmenverhältnis in der neugewählten Landesversammlung* – Zur Sitzverteilung s. Anm. zu S. 17.


## Zwei Münchener Feiern

79 *U. S. P.* – Unabhängige Sozialdemokratische Partei (USPD).

*Mehring* – Franz Mehring (1846–1919), Publizist und Politiker; zunächst bürgerlicher Demokrat, ab 1891 zunehmende Annäherung an die SPD; 1902–1907 Chefredakteur der sozialdemokratischen »Leipziger Volkszeitung«, 1906–1911 Lehrer an der zentralen Parteischule der SPD; 1913/14 Mitherausgeber der »Sozialdemokratischen Korrespondenz«; 1916 Mitbegründer des Spartakusbundes, 1917 Übertritt zur USPD, Ende 1918 mitbeteiligt an der Gründung der KPD. – Franz Mehring war am 28. Januar 1919 in Berlin gestorben.

80 *Rede Gustav Landauers* – Gustav Landauer (1870–1919), Schriftsteller und Politiker; Vertreter eines schwärmerisch-anarchischen Sozialismus; wurde am 14. November 1918 von Kurt Eisner zur Teilnahme an der Revolution in Bayern aufgefordert; verfasste gemeinsam mit Erich Mühsam den Text zur Proklamation der Münchener Räterepublik; als Mitglied der ersten Räteregierung Volksbeauftragter für Volksaufklärung. Nach der Niederwerfung der Räterepublik am 1. Mai 1919 verhaftet

und einen Tag darauf bei der Einlieferung ins Zuchthaus München-Stadelheim durch Freikorpssoldaten ermordet.

81 *des verstorbenen Hertling* – Georg von Hertling (1843–1919), Politiker
der Zentrumspartei; 1.11.1917–30.9.1918 Reichskanzler; am 4. Januar 1919 in Ruhpolding gestorben.

*wie damals Zeppelin bis Echterdingen kam* – Bezieht sich auf den Brand
des Luftschiffs LZ-4 bei Echterdingen am 4. August 1908 während eines
auf 24 Stunden angelegten Probeflugs Friedrichshafen – Basel – Straßburg – Mainz und zurück, der als Nachweis der militärischen Tauglich-
keit der Luftschifftechnik dienen sollte; die Katastrophe löste in
Deutschland eine breite Spendenaktion aus, die es Ferdinand Graf von
Zeppelin (1838–1917) ermöglichte, seine Arbeiten fortzuführen.

## Revolution

82 *Weckerle* – Eduard Weckerle (1890–1956), Journalist; Mitglied der
USPD, später der Sozialistischen Arbeiterpartei (SAP), ab 1932 der
SPD; emigrierte 1933 in die Schweiz.

83 *die zweite Frau* – Else Eisner, geb. Belli (1883–1940), Redakteurin; Kurt
Eisner lebte seit etwa 1910 mit ihr zusammen; die Heirat erfolgte 1917
nach der Scheidung von seiner ersten Frau Elisabeth, geb. Hendrich,
mit der er zwei Söhne und drei Töchter hatte und von der er sich um
1905 nach 13 Ehejahren getrennt hatte; aus der Verbindung mit Else
Eisner gingen zwei Töchter hervor. Else Eisner emigrierte nach 1933
nach Frankreich; im Juni 1940 nahm sie sich angesichts der vorrückenden deutschen Truppen das Leben.

84 *den Eisner sollte ein Korpsstudent … erschossen haben* – Bezieht sich auf
den Studenten Anton Graf von Arco auf Valley (1897–1945), Leutnant
d. R.; er beging am 21.2.1919 das tödliche Attentat auf Kurt Eisner.

*in dem Riesenraum* – Auf dem riesigen Areal (der Theresienwiese).

## München nach Eisners Ermordung

85 *Auer* – Erhard Auer (1874–1945), sozialdemokratischer Politiker; 1907
bis 1933 Mitglied des bayerischen Landtages, seit 1919 auch des Reichs-
tages; ab November 1918 unter Kurt Eisner bayer. Innenminister.

86 *siehe Bern!* – Bezieht sich auf das Auftreten Kurt Eisners auf dem Berner Internationalen Sozialistenkongress vom Februar 1919.

87 *Fechenbach* – Felix Fechenbach (1884–1933); Kurt Eisner holte ihn im November 1918 als Sekretär in die Staatskanzlei; 1922 vor dem Münchenchener Volksgericht in der von dem Publizisten Paul Nikolaus Cossmann initiierten sogenannten »deutschen Dreyfus-Affäre« wegen angeblichen Landesverrats zu 11 Jahren Zuchthaus verurteilt; das Urteil wurde 1926 vom Reichsgericht aufgehoben; 1929–1933 in seiner Tätigkeit beim SPD-Organ »Volksblatt« in Detmold Autor zahlreicher gutinformierter Glossen über Affären von NSDAP-Führern; im März 1933 verhaftet und am 7. August 1933 auf dem Transport in das KZ Dachau ermordet.

*das Attentat auf Auer* – Bei einem Attentat des USPD-Anhängers Alois Lindner unmittelbar nach der Ermordung Kurt Eisners am 21. 2. 1919 wurde Erhard Auer schwer verwundet; er trat als bayerischer Innenminister zurück, behielt aber bis 1933 die Führung der bayerischen Sozialdemokratie.

89 *Türkenkaserne* – Ab 1823 errichtete Kasernenanlage der bayerischen Armee in der Münchener Maxvorstadt (am Türkengraben).

*den dunklen Putsch »zum Schutze des Landtags«* – Nicht ermittelt.

92 *Elfmännerausschuß* – Am 21. Februar 1919 bildete sich aus Vertretern von SPD, USPD, KPD sowie den Vollzugsorganen der Arbeiter-, Bauern- und Soldatenräte und dem »Revolutionären Arbeiterrat« ein »Zentralrat der Bayerischen Republik«; dieser sogenannte »Elfmännerausschuss« fungierte bis zum 7. April 1919 als provisorisches Regierungsgremium. Innerhalb dieses Zeitraums verschärften sich die Auseinandersetzungen um die Frage »Räteregierung oder Parlamentarismus«; einerseits lehnte ein Rätekongress am 4. März 1919 die Bildung einer Koalition aus SPD, USPD und Bayerischem Bauernbund ab, andererseits wählte der Landtag am 17. März Johannes Hoffmann zum Ministerpräsidenten.

## Revolution

93 *den Brief…, den ich unmittelbar unter diesen Eindrücken für die »Leipziger Neuesten Nachrichten« schrieb* – Bezieht sich auf Klemperers Bericht »München nach Eisners Ermordung (Von unserem A.B.-Mit-

arbeiter)«, in: »Leipziger Neueste Nachrichten, Abendausgabe vom 24.2.1919, Nr. 53, S. 3.

93 *Mordtat des Grafen Arco* – Anton Graf von Arco auf Valley (1897 bis 1945), Leutnant d. R.; er verübte am 21.2.1919 das tödliche Attentat auf Kurt Eisner.

95 *Leutnant Strasser* – Alexander Strasser, Mitglied (möglicherweise Vorsitzender) des »Revolutionären Hochschulrates« der Universität München; nach Niederschlagung der Räterepublik ebenso wie der Student Otto Hausdorf zu anderthalb Jahren Festung »mit Bewährungsfrist« verurteilt.

›*Wahrheit und Dichtung*‹ – Johann Wolfgang Goethe, »Dichtung und Wahrheit. Aus meinem Leben« (1811/12).

97 *Schick, den ich schon 1902 gehört hatte* – Josef Schick (1859–1944), Anglist; ab 1893 Professor in Heidelberg, 1896–1925 in München. – Das Sommersemester 1902 hatte Klemperer an der Universität München belegt.

*Frau Geheimrat* – Mary Schick, geb. Butcher; Josef Schick hatte sie während seines dreijährigen Englandaufenthalts (1884–1887) in Devonshire kennengelernt.

98 *Joachimsens* – Paul Joachimsen (1867–1930), Historiker; Gymnasiallehrer, seit 1916 auch Honorarprofessor an der Universität München, und seine Ehefrau Margarethe.

99 *Hamecher* – Carl (auch Karl) Hamecher; führte später in der Luisenstraße 4 in München ein Philatelie-Fachgeschäft; gemeinsam mit Curt Mohrmann Begründer des Vereins des bayrischen Briefmarkenhandels.

100 *bon sens* – (frz.) gesunder Menschenverstand.

101 *Rez. Ex.* – Abkürzung für: Rezensions-Exemplar.

*Abrégé de la Syntaxe française* – (frz.) Abriss der französischen Syntax.

102 *mit einer Proklamation des Zentralrats* – Am 7. April 1919 wurde vom »Zentralrat der bayerischen Republik« unter Ernst Niekisch und vom Münchener Zentralen Arbeiterrat die bayerische Räterepublik ausgerufen.

*Regierung Hoffmann* – Johannes Hoffmann (1867–1930), sozialdemokratischer Politiker; Mehrheitssozialist, Kultusminister in der im November 1918 gebildeten bayerischen Regierung, am 17. März 1919 vom neugewählten Landtag zum Ministerpräsidenten ernannt, bildete

ein Minderheitskabinett aus Vertretern von SPD, USPD und Bauernbund; nach Ausrufung der Räterepublik am 7. April 1919 flüchtete
er mit seiner Regierung nach Bamberg; während des Kapp-Putsches
im März 1920 wurde er durch die Reichswehr zum Rücktritt gezwungen.

## Die Vorgänge an der Universität München

106 *Schmid Noerr* – Friedrich Alfred Schmid Noerr (1877–1969), Germanist, Philosoph, Schriftsteller; 1906 Privatdozent, 1910 a. o. Professor
der Philosophie in Heidelberg, 1917–1918 in München; verfasste im
Auftrag von Gustav Landauer und des »Revolutionären Hochschulrates« der Universität München im April 1919 ein Aktionsprogramm zur
»Revolutionierung der Hochschulen«; danach freier Autor; stand dem
konservativen Flügel des Widerstandes gegen das NS-Regime nahe
(1937/38 im Auftrag von Ludwig Beck Erarbeitung eines »Entwurfs der
Deutschen Reichsverfassung«).
*in einem Buche* – »Denkschrift zum Entwurf einer neuen Hochschul-
verfassung. Im Auftrag der ›Gesellschaft für neue Erziehung‹«, ausgear-
beitet und verfaßt von Friedrich Alfred Schmid Noerr, Steinicke, München 1919.

107 *Max von Weber* – Max Weber (1864–1920), Soziologe, Volkswirtschaft-
ler und Wirtschaftshistoriker; nach Lehrämtern in Berlin, Freiburg i. B.,
Heidelberg und Wien ab 1919 Professor in München; leistete Wesent-
liches zur Konstituierung der Soziologie als eigenständiger wissenschaft-
licher Disziplin.

## Revolution

107 *vor dem ganz nahen Ferienschluß* – Gemeint: vor dem ganz nahen Se-
mesterschluss, dem Beginn der Semesterferien.

108 *den gleichnamigen Akteuren der Nationalsozialistischen Partei* – Bezieht
sich auf die Brüder Gregor und Otto Strasser. Gregor Strasser (1892 bis
1934), seit 1921 Mitglied der NSDAP, nahm 1923 am Hitler-Putsch
in München teil, 1926 Reichspropagandaleiter. Ende 1932 sprach er
sich im Gegensatz zu Hitler für eine Beteiligung der NSDAP an einer
Rechtskoalition aus und verlor bei der darauffolgenden Auseinander-

setzung alle Parteiämter. Am 30. Juni 1934 im Zuge des sogenannten Röhmputsches ermordet. – Otto Strasser (1897–1974) gehörte 1917 bis 1920 der SPD an und wurde erst 1925 Mitglied der NSDAP; als Leiter des Berliner Kampf-Verlages und Vertreter linker Strömungen in der Partei geriet er in Opposition zur NSDAP-Führung, gründete nach dem offenen Bruch mit Hitler 1930 die »Schwarze Front« und setzte die Agitation gegen Hitler nach 1933 vom Ausland aus fort; bis 1955 im Exil. – Eine nähere Verwandtschaft zwischen Alexander Strasser und den Brüdern Gregor und Otto Strasser ist nicht belegt.

108 *Prorektor Müller* – Friedrich von Müller (1858–1941), Internist; seit 1889 Lehrämter in Bonn, Breslau, Marburg und Basel, ab 1902 Professor in München.

*der mir 1914 den Amtseid abgenommen hatte* – Klemperer legte seinen Amtseid als Privatdozent an der Universität München am 7. Juni 1915 ab.

### Die dritte Revolution in Bayern

109 *Dr. Quidde* – Ludwig Quidde (1858–1941), Historiker und Politiker; Gegner der Politik Wilhelms II., seit 1894 Mitarbeit (1914–1929 Vorsitz) in der Deutschen Friedensgesellschaft, nach 1918 Mitglied der DDP; erhielt 1927 den Friedensnobelpreis (zusammen mit Ferdinand Édouard Buisson), emigrierte 1933 in die Schweiz.

*Epp* – Franz Ritter von Epp (1868–1946), im Ersten Weltkrieg Regimentskommandeur, danach Freikorpsführer; schied 1923 als Generalleutnant aus der Reichswehr aus und wurde Mitglied der Obersten SA-Führung, 1928 für die NSDAP Mitglied des Reichstags, 1933 Reichsstatthalter in Bayern, 1945 von den amerikanischen Besatzungsbehörden interniert.

112 *Lipp* – Franz Lipp, Jurist (Promotion um 1880 in Heidelberg); ab 7. April 1919 unter Ernst Niekisch Volkskommissar des Äußeren; aufgrund einer psychischen Erkrankung nur wenige Tage im Amt.

*Toller* – Ernst Toller (1893–1939), Dramatiker, auch Lyriker und Erzähler; während der Münchener Räterepublik im April 1919 Vorsitzender des bayerischen Arbeiter- und Soldatenrates und Oberkommandierender der Dachauer Front; in der danach verhängten fünfjährigen Festungshaft entstand die Mehrzahl seiner Stücke. Toller musste 1933

emigrieren (Schweiz, Frankreich, England, USA); beging am 22. 5.
1939 in New York Selbstmord.

112 *Neurath* – Otto Neurath (1882–1945), österr. Ökonom; Privatdozent
bei Max Weber in Heidelberg; nach dem 7. April 1919 begann er als
Präsident des Zentralwirtschaftsamtes der Räterepublik Bayern eine
geldlose Wirtschaft einzuführen; aufgrund österreichischen Protests
wurde eine nach der Niederschlagung der Räterepublik erfolgte Verur-
teilung zu 18 Monaten Gefängnis nicht wirksam; Neurath war seither
in Wien tätig, musste jedoch 1934 nach Den Haag fliehen; 1940 ge-
lang ihm die Emigration nach England.

*Wadler* – Arnold Wadler (1882–1951), Sozialwissenschaftler (1907 Promotion in München); 1918 unter Kurt Eisner Minister für Wohnungs-
wesen; ordnete am 8. April 1919 als Kommissar für das Wohnungswe-
sen die »Beschlagnahme und Rationierung« allen Wohnraums in Bayern
an; emigrierte 1933 in die Schweiz, später nach Frankreich; 1940 ge-
lang ihm die Flucht in die USA.

114 *Epp ... der erste Bürgerliche im Leibregiment* – 1912 wurde Franz Epp
zum Major und Kommandeur des II. Bataillons des Leib-Regiments ernannt, Ende 1914 zum Oberstleutnant und Kommandeur des Leib-Regiments; 1916 folgte die Erhebung in den persönlichen Adel.

*»In deinem Lager ist Österreich!«* – Verszeile aus der ersten Strophe von
Franz Grillparzers im Juni 1848 entstandenem Gedicht »Feldmarschall
Radetzky«: »Glück auf, mein Feldherr, führe den Streich! / Nicht bloß
um des Ruhmes Schimmer, / In deinem Lager ist Österreich, / Wir andern sind einzelne Trümmer.«

*am Montag in den ersten Stunden nach der Proklamation der Räterepu-
blik* – Unter der Führung von Ernst Niekisch (1889–1967), einem der
drei USPD-Abgeordneten des neugewählten bayerischen Landtags,
wurde am Montag, dem 7. April 1919, die »Räterepublik Baiern« ausgerufen. Niekisch, der wegen seiner Beteiligung an der Räterepublik 1920 zu zwei Jahren Haft verurteilt wurde, war später führender
Vertreter des »Nationalbolschewismus«, der den Strasser-Flügel der
NSDAP beeinflusste, und nach 1933 einer der führenden Köpfe des
konservativen Widerstandes gegen Hitler; 1937 verhaftet und 1939 wegen Hochverrats zu lebenslanger Haft verurteilt.

Revolutions-Tagebuch

119 *un silence tragique* – (frz.) ein tragisches Schweigen; eine dramatische Stille.

*Schneppenhorsts* – Ernst Schneppenhorst (1881–1945), Gewerkschafter und SPD-Politiker; März–August 1919 Minister für militärische Angelegenheiten im Kabinett des bayerischen Ministerpräsidenten Johannes Hoffmann; 1932/33 Mitglied des Reichstags; ab 1933 im Widerstand, 1944 verhaftet und im April 1945 von der Gestapo in Berlin ermordet.

120 *Aschenbrenner* – Emil Aschenbrenner, einer der Kommandanten der am Hauptbahnhof stationierten »Republikanischen Schutzwehr«, die gegenüber der Bamberger Regierung Hoffmann loyal war. Am 13. April 1919 kam es unter seiner Führung zum sogenannten »Palmsonntagsputsch« gegen die Räteregierung, bei dem einige Mitglieder des Zentralrats, u. a. Erich Mühsam, vorübergehend festgenommen wurden.

121 *nach Gulbranssonschen Entwürfen* – Olaf Gulbransson (1873–1958), norw. Maler und Zeichner; seit 1902 führender Mitarbeiter der satirischen Zeitschrift »Simplicissimus« in München.

*Egelhofer* – Rudolf Egelhofer (1896–1919), Teilnehmer am Kieler Matrosenaufstand; nach der Niederschlagung des »Palmsonntagsputsches« Stadtkommandant von München und Oberkommandierender der Roten Armee, von Angehörigen der in München einrückenden Freikorps erschossen.

122 *nutrimentum spiritus* – (lat.) Nahrung des Geistes.

Revolution

128 *als Gedächtnisredner für Karl Liebknecht* – Beschrieben in Victor Klemperers Bericht »Zwei Münchener Feiern. Von A.B.«, in: »Leipziger Neueste Nachrichten«, Abendausgabe vom 12. 2. 1919, Nr. 41, S. 3.

130 *Er war von seinem Posten zurückgetreten* – Am 16. April 1919, drei Tage nach der Machtübernahme in der Räteregierung durch Funktionäre der KPD um Eugen Leviné und Max Levien, erklärte Landauer seinen Rücktritt von allen politischen Funktionen und Ämtern in der Räterepublik.

131 *er wurde auf der Flucht von Bauern mit Knütteln totgeschlagen* – Gustav Landauer wurde nach der Niederwerfung der Räterepublik am 1. Mai

1919 verhaftet und einen Tag darauf bei der Einlieferung ins Zuchthaus München-Stadelheim durch Freikorpssoldaten ermordet.

133 *Ich besuchte eine Sitzung. [...]* – Hier folgt eine Passage, die Klemperer aus dem im Folgenden abgedruckten A.B.-Bericht vom 19. April übernommen hat und in der er die Ereignisse von »Nun erscheint der Gerichtshof« (S. 135) bis »im dunklen Hausflur zu feuern drohte« (S. 137) zusammenfasst.

## Revolutions-Tagebuch

134 *seine Briefe aus der Französischen Revolution* – »Briefe aus der Französischen Revolution«, ausgewählt, übersetzt und erläutert von Gustav Landauer, Rütten & Loening, Frankfurt/M. 1919 (2 Bde.).

136 *daß sie nicht Löwen seien, sondern Schnock der Schreiner* – Anspielung auf Gestalten des Rüpelspiels in William Shakespeares Komödie »A Midsummer Night's Dream« (dt. »Ein Sommernachtstraum«).

143 *ein eifriger Agitator* – Bezieht sich auf Eduard Weckerle.

## Revolution

149 *Reservatrechte* – Besondere Hoheitsrechte, die Bismarck bei der Reichseinigung 1871 neben Württemberg auch Bayern zugestanden hatte, u. a. im Militär- sowie im Post- und Telegraphenwesen.

151 *Lydia Rabinowitz* – Lydia, geb. Rabinowitz, die Schwester von Sonja Lerch, geb. Rabinowitz, die im April 1918 Selbstmord beging; sie war geschieden und Mutter eines damals etwa zehnjährigen Sohnes, ihr Ehename nicht ermittelt.

153 *Der Finanzminister* – Emil K. Maenner, in der Münchener Räteregierung Volksbeauftragter für Finanzen.

## Revolutions-Tagebuch

157 *Freund H.* – Hans Meyerhof.

158 *Lettow-Vorbeck* – Paul von Lettow-Vorbeck (1870–1964), General; 1914–1918 Kommandeur der sog. Schutztruppe in Deutsch-Ostafrika, 1919 in die Reichswehr übernommen, 1920 wegen Beteiligung am Kapp-Putsch entlassen.

## Revolution

160 *[...] Ich ging eine ganze Weile* – Hier übernahm Klemperer in einem
kurzen Abschnitt Textausschnitte unmittelbar aus den A.B.-Berichten
vom 30. April und 2. Mai 1919, beginnend mit »deutliches Rollen von
Eisenbahnzügen« (S. 154), über »Aber gleich darauf forderte doch die
›Rote Fahne‹ zum Widerstand bis zum äußersten« (S. 157), »Das ›waffenlos‹ war stark hervorgehoben« und »es hieß allenthalben, der Ostbahnhof sei schon nachts von Preußen genommen worden« (S. 164) bis
»Das war der Anfang der ›Gegenrevolution‹ hier« (S. 164).

162 *Gegeneinander von Berlinisch und Münchnerisch. [...]* – Hier übernahm
Klemperer die Schilderung vom Potsdamer Totenkopfhusaren (S. 166).

## Revolutions-Tagebuch

162 *horribile dictu* – (lat.) schrecklich zu sagen.

163 *Döderlein* – Albert Döderlein (1860–1941), Gynäkologe; 1897 Professor in Tübingen, ab 1907 bis zur Emeritierung 1934 auf dem Lehrstuhl
Friedrich von Winckels in München. Döderlein befand sich nicht unter den Opfern der Geiselmorde.

164 *über den schmählichen Mord* – Am 30. April 1919 erschossen Soldaten
der Roten Garde, deren Kommandeur, der Matrose Rudolf Egelhofer,
seit dem 29. April 1919 die oberste Gewalt in München ausübte, zur
Abschreckung der auf die Stadt vorrückenden Regierungs- und Freikorpstruppen zehn bereits zuvor inhaftierte Geiseln, darunter acht Mitglieder der völkisch-antisemitischen Thule-Gesellschaft.

167 *General von Möhl* – Arnold Ritter von Möhl (1867–1944), bayer. Generalmajor; schlug als Oberbefehlshaber des Anfang 1919 gebildeten
Bayerischen Armeekommandos, allerdings unter dem faktischen Oberkommando des preußischen Generals Ernst von Oven, die Räteherr-
schaft in München nieder und etablierte eine Militärdiktatur, die bis
August 1919 mittels Standrecht regierte; am 14. März 1920 während
des Kapp-Putsches auf Druck der Reichswehr zum bayerischen Staats-
kommissar bestellt; 1923 durch die Ernennung zum Oberbefehlshaber
des Gruppenkommandos II in Kassel aus der bayerischen Innenpolitik
entfernt; 1924 als General der Infanterie aus der Reichswehr entlassen.

167 *Oven* – Ernst von Oven (1859–1945), preuß. General der Infanterie; faktischer Oberkommandierender des Anfang 1919 in Absprache mit der Reichsregierung gebildeten, von dem bayerischen Generalmajor Arnold Ritter von Möhl befehligten Bayerischen Armeekommandos, das die Operationen zur Niederschlagung der Bayerischen Räterepublik leitete; am 3. Mai 1919 brachten die Truppen dieses Kommandos München unter ihre Kontrolle; in der Folgewoche kamen dort über 600 Menschen ums Leben. Nach Beendigung der Kämpfe übte das Bayerische Armeekommando die militärische Macht in Bayern aus, wurde aber bereits am 11. Mai 1919 als Gruppenkommando 4 in die Reichswehr integriert. Ab 1922 war Ernst von Oven Oberbefehlshaber des Gruppenkommandos 1 der Reichswehr. Gelegentlich wird irrtümlicherweise Burghard von Oven (1861–1935), 1920 als General der Infanterie verabschiedet, als Chef der Reichswehroperation gegen die Bayerische Räterepublik genannt.

169 *es gehe Auer wieder leidlich gut* – Vgl. zweite Anm. zu S. 87.

176 *München ... hat mindestens ebensoviel Blut fließen sehen* – Während der Kämpfe bis zur Niederschlagung der Räterepublik wurden 606 Tote gezählt, davon 38 Angehörige der Regierungstruppen und der Freikorps; im Anschluss daran gab es durch Erschießungen etwa 400 Todesopfer, darunter 52 russische Kriegsgefangene, die von Freikorpsangehörigen in einer Kiesgrube bei Gräfelfing erschossen wurden.

177 *Die entsetzliche Erschießung der 21 harmlosen katholischen Gesellen* – Am 6. Mai 1919 erschossen Soldaten der Regierungstruppen 21 Mitglieder eines katholischen Gesellenvereins in ihrem Vereinslokal; sie waren fälschlich als Spartakisten denunziert worden.

*Standrecht* – Beim Abdruck dieses Abschnitts des »Revolutions-Tagebuchs« in den »Leipziger Neuesten Nachrichten« (unter dem Titel »München nach der Befreiung« als Leitartikel auf den Seiten 1 und 2 der Abendausgabe vom 14. 5. 1919; Nr. 120) hier irrtümlicherweise: »Hausrecht«. In Klemperers Tagebucheintrag vom 18. 5. 1919 heißt es: »Den ›Schill‹-Artikel [...] haben die L. N. N. als Leitartikel am Mittwoch Abend 14/5 gebracht. Aber höchst charakteristisch: Von dem Satz: ›Da gerieten auch die Truppen in Raserei und übten Standrecht aus, *selbst dort wo ein Kriegsgericht nicht auf Tod erkannt hätte*‹, ist der Nebensatz fortgefallen. Trotzdem ist mein Artikel noch immer unparteiisch genug. Ein paar böse Druckfehler, wie ›phrenetisch‹, Hausrecht statt Standrecht. Ich war über den Druck nach dem Schicksal des Revolutionstagebuches so erfreut, daß ich die Sache erst unbarmherzig Eva vorlas, die totmüde aus vielen Akademiestunden kam, dann Hans M., den ich vor dem Abendbrod besuchte, dann Heilbronn u. Reyersbach, mit denen wir im Stefanie saßen u. die dann noch zu uns heraufkamen.«

178  *wie übrigens Toller auch* – Ernst Toller wurde zu 5 Jahren Haft verurteilt, die er vollständig verbüßen musste.

181  *Hausdorf* – Otto Hausdorf, Mitglied des »Revolutionären Hochschulrates«, nach Niederschlagung der Münchener Räterepublik zu anderthalb Jahren Festung »mit Bewährungsfrist« verurteilt.

182  *Ich warne Neugierige* – Geflügeltes Wort nach einem Kommentar des preußischen Verwaltungsjuristen Traugott von Jagow (1865–1941), 1909–1916 Polizeipräsident von Berlin, zur Anmeldung einer linken Demonstration: »Die Straße gehört dem Verkehr. Ich warne Neugierige.«

Revolution

186  *Schill* – Ferdinand von Schill (1776–1809), preuß. Offizier; nahm 1809 mit seinem Regiment auf eigene Faust den Kampf gegen die französischen Truppen auf, um den preußischen König zum Handeln zu bewegen; bei der Verteidigung von Stralsund gefallen.

187  *Statthalter* – Franz von Epp, der am 1. Mai 1928 Mitglied der NSDAP geworden war, spielte bei der nationalsozialistischen Machtergreifung in Bayern eine führende Rolle: am 9. März 1933 zum Reichskommissar von Bayern ernannt, übertrug er die Polizeigewalt Gauleiter Adolf Wagner, das Amt des Münchener Polizeipräsidenten Heinrich Himmler; am 10. April 1933 schließlich, drei Tage nach Verkündigung des »Zweiten Gesetzes zur Gleichschaltung der Länder mit dem Reich«, wurde er Reichsstatthalter in Bayern.
*Kollege Matthias Meier* – Matthias Meier (1880–1949), Philosoph; Schüler von Clemens Baeumker, 1914 Privatdozent, 1920 a.o. Professor in München, 1923 Professor in Dillingen, 1927 an der TH Darmstadt.
*mit der Weimarer Koalition* – Die »Weimarer Koalition« aus SPD, katholischem Zentrum und linksliberaler DDP verfügte in der verfas-

sungsgebenden Nationalversammlung über 330 von 423 Sitzen; sie stellte 1919/20 und 1921 die Reichsregierung sowie 1919–1921 und 1925–1932 die Regierung in Preußen.

188  *zehn Jahre später* – Hans Meyerhof besuchte Victor und Eva Klemperer im Februar 1921 bei einer Deutschlandreise in Dresden; das nächste Mal sahen sie sich acht Jahre später, im März 1929, als Victor und Eva Klemperer ihn und Elena Marwerth bei einer Schiffsreise von Genua über Sizilien nach Hamburg in ihrem Zuhause in Palermo trafen.

## Münchener Tragikomik

192  *»Mein Vetter Friedrich will den Brutus spielen«* – Zitat aus dem Schauspiel »Prinz Friedrich von Homburg« von Heinrich von Kleist (II/10).

194  *von Dyck* – Walther von Dyck (1856–1934), Mathematiker; ab 1884 Professor am Münchner Polytechnikum, der späteren TH München, 1919/20 deren Rektor; führend beteiligt am Aufbau des Deutschen Museums in München.

# Zeittafel
## Victor Klemperer

**1881**
Victor Klemperer wird am 9. Oktober als neuntes Kind des Rabbiners Dr. Wilhelm Klemperer und seiner Ehefrau Henriette, geb. Frankel, in Landsberg an der Warthe (heute Gorzów Wielkopolski) geboren

**1885**
Die Familie zieht nach Bromberg (heute Bydgoszcz)

**1891**
Die Familie übersiedelt nach Berlin, Albrechtstraße 20. Der Vater wird 2. Prediger der Berliner Reformgemeinde

**1893**
Besuch des Französischen Gymnasiums in Berlin

**1896**
Wechsel zum Friedrichs-Werderschen Gymnasium
Umzug der Familie in die Winterfeldtstraße 26[I]

**1897**
Kaufmannslehre bei der Exportfirma Löwenstein & Hecht, Galanterie- und Kurzwaren, Alexandrinenstraße 2
Umzug der Familie in die Gossowstraße am Nollendorfplatz

**1900–1902**
Besuch des Königlichen Gymnasiums in Landsberg an der Warthe; Reifeprüfung

1902–1905
Studium der Germanistik und der Romanistik bei Franz Muncker, Erich Schmidt, Richard M. Meyer und Adolf Tobler in München, Genf, Paris und Berlin. Vorbereitung einer Dissertation bei Tobler

1903
Übertritt zur evangelischen Kirche unter familiärem Druck. Taufe, damit Klemperer als Soldat auch Reserveoffizier werden könnte

1905
Studienaufenthalt in Rom

1905–1912
Abbruch des Studiums und Leben als freier Publizist und Schriftsteller in Berlin

1906
Heirat mit der Pianistin Eva Schlemmer
Wohnung in der Dennewitzstraße
Sommerwohnung in Oranienburg
Umzug nach Berlin-Wilmersdorf, Weimarische Straße 6a
*Glück*. Eine Erzählung
*Schwesterchen*. Ein Bilderbuch
*Talmud-Sprüche*. Eine Kulturskizze

1907
*Paul Heyse*. Monographie
*Adolph Wilbrandt*. Eine Studie über seine Werke

1909
*Paul Lindau*. Monographie
Übersiedlung nach Oranienburg

1910
*Aus härteren und weicheren Tagen*. Geschichten und Phantasien
*Berliner Gelehrtenköpfe*

*Deutsche Zeitdichtung von den Freiheitskriegen bis zur Reichsgründung.*
Teil 1: Literaturgeschichtlicher Überblick, Teil 2: Gedichtsammlung

1911
Übersiedlung nach Berlin-Wilmersdorf, Holsteinische Straße

1912
Nochmalige Taufe
Übersiedlung nach München, Römerstraße
Wiederaufnahme des Studiums

1913
Promotion bei Franz Muncker und Hermann Paul: *Die Zeitromane Friedrich Spielhagens und ihre Wurzeln*
Zweiter Frankreichaufenthalt: Montesquieu-Studien für Habilitationsschrift in Paris und Bordeaux

1914
Habilitation (Romanistik) bei Karl Vossler über Montesquieu

1914–1915
Lektor an der Universität Neapel
*Montesquieu*, 2 Bände

1915
Amtseid als Privatdozent der Universität München
Kriegsfreiwilliger (November 1915 bis März 1916 an der Westfront)

1916
Lazarettaufenthalt in Paderborn
Königlich Bayerisches Militär-Verdienstkreuz 3. Klasse mit Schwertern

1916–1918
Zensor im Buchprüfungsamt der Presse-Abteilung des Militärgouvernements Litauen in Kowno (heute Kaunas) und Leipzig

1918
Heimkehr im November nach Leipzig, Reichelstraße 16

1919
Übersiedlung nach München, Pension Michel, Bayerstraße 57
Umzug in die Pension Berg, Schellingstraße 1[I]
Außerordentlicher Professor an der Universität München

1919–1920
Unter dem Pseudonym A. B.-Mitarbeiter (= »Antibavaricus«) Münchener
Korrespondent für die »Leipziger Neuesten Nachrichten«

1920
Übersiedlung nach Dresden, Pension Blancke, Bendemannstraße 3

1920–1935
Ordentlicher Professor an der Technischen Hochschule Dresden

1920
Umzug in die Holbeinstraße 131[III]

1921
*Einführung in das Mittelfranzösische.* Texte und Erläuterungen für die Zeit
vom 13. bis zum 17. Jahrhundert
*Idealistische Neuphilologie.* Festschrift für Karl Vossler zum 6. September
1922, herausgegeben von Victor Klemperer und Eugen Lerch

1923
*Die moderne französische Prosa 1870–1920.* Studie und erläuterte Texte

1924
*Die romanischen Literaturen von der Renaissance bis zur Französischen Revo-
lution* (Handbuch der Literaturwissenschaft). Von Victor Klemperer, Hel-
mut Hatzfeld, Fritz Neubert (von Klemperer: 1. Einleitung, 2. Italien)

1925

*Die moderne französische Literatur und die deutsche Schule.* Drei Vorträge
*Idealistische Philologie. Jahrbuch für Philologie.* Gemeinsame Herausgabe mit
Eugen Lerch. Drei Folgen: 1925, 1927, 1927/28

1925–1931

*Geschichte der französischen Literatur in 5 Bänden.* Band 5: Die französische
Literatur von Napoleon bis zur Gegenwart, Teil 1–3. 1. Die Romantik. 1925.
2. Der Positivismus. 1926. 3. Der Ausgleich (Die Gegenwart). Hälfte 1: Berg-
son. Die gewahrte Form. 1931. Hälfte 2: Die Entgrenzung. Der Ausgleich.
1931. (Neuauflage 1956 u.d.T.: *Geschichte der französischen Literatur im
19. und 20. Jahrhundert*)

1926

*Romanische Sonderart.* Geistesgeschichtliche Studien
*Stücke und Studien zur modernen französischen Prosa*
Studienreise nach Spanien (13.3.– 4.6.)

1928

Umzug in die Hohe Straße 8[1]
*Romanische Literaturen.* In: *Reallexikon der deutschen Literaturgeschichte*,
Band 3, herausgegeben von Paul Merker und Wolfgang Stammler

1929

*Idealistische Literaturgeschichte.* Grundsätzliche und anwendende Studien
*Die moderne französische Lyrik von 1870 bis zur Gegenwart.* Studie und erläuterte Texte

1933

*Pierre Corneille*

1934

Einzug in das Haus in Dölzschen, Am Kirschberg 19

1935

Zwangsweise Versetzung in den Ruhestand aufgrund des Gesetzes zur »Wie-
derherstellung des Berufsbeamtentums«

1940
Vertreibung aus dem Haus in Dölzschen
Zwangseinweisung in das »Judenhaus« Caspar-David-Friedrich-Straße 15b

1942
Zwangsumsiedlung in das »Judenhaus« Dresden-Blasewitz, Lothringer Weg 2

1943
Zwangsarbeit für die Firmen Willy Schlüter, Wormser Straße 30c, Adolf
Bauer, Kartonagenfabrik, Neue Gasse, und Thiemig & Möbius, Papierver-
arbeitung, Jagdweg 10
Erneute Zwangsumsiedlung in das »Judenhaus« Zeughausstraße 1[III]

1945
*Februar:* Nach dem Luftangriff auf Dresden Flucht nach Pisko-
witz
*4.–6. März:* Flucht über Pirna nach Falkenstein im Vogtland
*3. April:* Weiterer Fluchtweg über Schweitenkirchen (6.4.) und München (8.4.) nach Unterbernbach (12.4.)
*17. Mai:* Rückkehr über München (22.5.), Regensburg (30.5.), Falkenstein (5.6.) nach Dresden (10.6.)
*19. August:* Austritt aus der evangelischen Kirche
*1. November:* Wiedereinsetzung als ordentlicher Professor an der Technischen
Hochschule Dresden (bis 1947)
*23. November:* Eintritt in die Kommunistische Partei Deutschlands
*1. Dezember:* Leiter der Volkshochschule Dresden

1946
Mitglied der Landesleitung des Kulturbundes Sachsen

1947
*LTI.* Notizbuch eines Philologen

1947–1960
Mitglied des Präsidialrates des Kulturbundes zur demokratischen Erneuerung Deutschlands

**1947–1948**
Ordentlicher Professor an der Universität Greifswald. Wohnung: Pommern-
damm 8

**1948**
*Kultur. Erwägungen nach dem Zusammenbruch des Nazismus*
*Die moderne französische Prosa.* 3., erneuerte Auflage

**1948–1960**
Ordentlicher Professor an der Universität Halle. Wohnung: Kiefernweg 10
(bis 1950)

**1948–1950**
Vorsitzender der Landesleitung des Kulturbundes Sachsen-Anhalt
Mitglied des Zentralvorstandes der Gesellschaft für Deutsch-Sowjetische
Freundschaft

**1950**
Rückkehr nach Dölzschen, Am Kirschberg 19
Abgeordneter der Volkskammer für die Fraktion des Kulturbundes zur de-
mokratischen Erneuerung Deutschlands

**1951**
Am 8. Juli stirbt Eva Klemperer
Dr. h. c. paed. der Technischen Hochschule Dresden

**1951–1953**
Mitglied des Zentralvorstandes der Vereinigung der Verfolgten des Nazi-
regimes (VVN)

**1951–1955**
Ordentlicher Professor an der Humboldt-Universität zu Berlin

**1952**
Heirat mit Hadwig Kirchner
Nationalpreis III. Klasse

1953

Mitglied des Komitees der antifaschistischen Widerstandskämpfer

Mitglied der Deutschen Akademie der Wissenschaften zu Berlin

*Zur gegenwärtigen Sprachsituation in Deutschland.* Vortrag

*Der alte und der neue Humanismus.* Vortrag


1954

*Geschichte der französischen Literatur im 18. Jahrhundert.* Band 1: Das Jahrhundert Voltaires


1956

Italienreise (Internationaler Romanistenkongress in Florenz, 3.–8.4.), Studienaufenthalt in Paris (17.4.–17.7.)

*vor 33 | nach 45.* Gesammelte Aufsätze

Vaterländischer Verdienstorden in Silber


1957

*Moderne französische Lyrik (Dekadenz – Symbolismus – Neuromantik).* Studien und kommentierte Texte. Neuausgabe mit einem Anhang: Vom Surrealismus zur Résistance

Paris-Reise (Europäisches Treffen über die deutsche Frage, 14.–20.12.)


1959

Schwere Erkrankung in Brüssel (28.3.) während der Reise zum Internationalen Romanistenkongress in Lissabon


1960

Victor Klemperer stirbt am 11. Februar in Dresden

F.-C.-Weiskopf-Preis der Akademie der Künste zu Berlin


1966

*Geschichte der französischen Literatur im 18. Jahrhundert.* Band 2: Das Jahrhundert Rousseaus


1989

*Curriculum vitae.* Erinnerungen eines Philologen 1881–1918

Zeittafel

1995
*Ich will Zeugnis ablegen bis zum letzten.* Tagebücher 1933–1945
Geschwister-Scholl-Preis der Stadt München

1996
*Und so ist alles schwankend.* Tagebücher Juni bis Dezember 1945
*Leben sammeln, nicht fragen wozu und warum.* Tagebücher 1918–1932

1999
*So sitze ich denn zwischen allen Stühlen.* Tagebücher 1945–1959

# Personenregister

# Zu dieser Ausgabe

Die vorliegende Erstausgabe folgt den in der Sächsischen Landesbibliothek – Staats- und Universitätsbibliothek Dresden (SLUB) aufbewahrten Handschriften und gedruckten Zeitungsartikeln.

Grundlage für den Text »Revolution« ist das handschriftliche Original von 1942 sowie die maschinenschriftliche Abschrift von Hadwig Klemperer, die sie im Zuge der Arbeiten zu »Curriculum vitae. Erinnerungen 1881–1918« (2 Bde., Rütten & Loening, Berlin 1989) besorgte.

Grundlage für die in den »Leipziger Neuesten Nachrichten« publizierten Zeitberichte sind die Zeitungsdrucke vom 11. Februar 1919 (»Politik und Bohème«), 12. Februar 1919 (Abendausgabe; »Zwei Münchener Feiern«), 24. Februar 1919 (Abendausgabe; »München nach Eisners Ermordung«), 11. April 1919 (»Die Vorgänge an der Universität München«) und 10. April 1919 (Abendausgabe; »Die dritte Revolution in Bayern«).

Grundlage für das von Victor Klemperer so genannte »Revolutions-Tagebuch« (inkl. »Münchener Tragikomik«) ist das handschriftliche Original von 1919/20. Es besteht aus weiteren Artikeln für die »Leipziger Neuesten Nachrichten«, von denen Klemperer annahm, dass sie die Zeitung nicht mehr erreichten.

Alle Texte von 1919 sind vollständig aufgenommen. Um

unnötige Doppelungen zu vermeiden, wurde der Text von 1942 an den wenigen Stellen gekürzt (kenntlich gemacht durch [...], inhaltliche Erläuterung der Streichung in den Anmerkungen), an denen Klemperer Passagen aus den Zeitberichten unmittelbar übernahm. In die Textabfolge selbst wurde durch die Verschränkung von Bericht und Erinnerung nicht eingegriffen.

Orthographie und Interpunktion folgen, wie im »Curriculum vitae«, der alten Rechtschreibung, offensichtliche Irrtümer, falsche oder unterschiedliche Schreibweisen wurden stillschweigend korrigiert. Unterstrichene oder auf andere Weise hervorgehobene Textstellen sind kursiv wiedergegeben.

# Bildnachweis

Deutsches Historisches Museum, Berlin   4 f., 9
SLUB/Deutsche Fotothek/Handschriftenabteilung   8
Staatliche Museen zu Berlin/Kunstbibliothek   6
Stadtarchiv Landeshauptstadt München   16
Stadtgeschichtliches Museum Leipzig (Hermann Walter, 1905)   1
ullstein bild   3, 12;   10 (Gircke);   15 (Robert Sennecke)
ullstein bild – Süddeutsche Zeitung Photo (Scherl)   7, 13 f.
VG Bild-Kunst, Bonn 2015 (Karl Arnold)   2, 11

Bereitstellung der Karikaturen Karl Arnolds durch die Klassik Stiftung Weimar/Herzogin Anna Amalia Bibliothek, aus: »Simplicissimus« vom 31. Dezember 1918 (23. Jg., Nr. 40, S. 492) und 1. April 1919 (24. Jg., Nr. 1, S. 8).

Abdruck der Abbildungen auf S. 10 und 196 mit freundlicher Genehmigung der SLUB/Deutsche Fotothek/Handschriftenabteilung.

# Inhalt

*Anhang*

**Victor Klemperer**
**Ich will Zeugnis ablegen bis zum letzten**
Tagebücher 1933-1945
Herausgegeben von Walter Nowojski
1422 Seiten
ISBN 978-3-351-03616-4
Auch als E-Book erhältlich

# Der Weltbestseller

Victor Klemperers Aufzeichnungen aus der Zeit des NS-Terrors haben sich als unverzichtbare und unvergleichliche Zeitdokumente erwiesen. »Beobachten, notieren, studieren« – diese ständige Forderung an sich selbst löste er mit seinen minutiösen Notizen über den Alltag der Judenverfolgung ein. Er sah sich als »Kulturgeschichtsschreiber der Katastrophe« und wurde darüber hinaus zum Chronisten von Schicksalen und Familientragödien, die sonst vergessen wären.

Tagtäglich schrieb er, trotz ständiger Todesgefahr, Zwangsarbeit und entwürdigender Existenz im »Judenhaus«. Er notierte Gerüchte, Witze, Nachrichten. Immer öfter mussten seine Frau Eva und er von vertraut gewordenen Menschen Abschied nehmen, immer öfter fiel im Zusammenhang mit Judentransporten der Name Theresienstadt. 1942 hörte Klemperer zum ersten Mal vom Ort des Grauens schlechthin: Auschwitz.

**Verna B. Carleton**
**Zurück in Berlin**
Roman
Aus dem Amerikanischen von
Verena von Koskull
400 Seiten
ISBN 978-3-351-03642-3

# Ein großer verschollener Nachkriegsroman

Der Londoner Eric Devon heißt eigentlich Erich Dalburg und wuchs in Berlin-Grunewald auf. Während des Zweiten Weltkriegs musste der junge jüdische Widerständler alles zurücklassen. Nur seine Frau Nora, eine Britin, und eine befreundete amerikanische Journalistin wissen von seinen deutschen Wurzeln. Sie überzeugen ihn, gemeinsam nach Berlin zu fahren. Zögerlich lässt sich Eric auf die Reise ein, und schon bald stehen die drei vor seinem Elternhaus. Bewohnt wird es von einer Tante, die Eric für mitschuldig am Tod seines Vaters hält. Doch er muss sein Bild von der Vergangenheit revidieren und sich eigene Fehler eingestehen. Geschenkt wird ihm ein neuer Anfang dort, wo er ihn am wenigsten erwartet hätte: in seiner Familie, in Berlin.

Regelmäßige Informationen erhalten Sie über unseren Newsletter. Jetzt anmelden unter: www.aufbau-verlag.de/newsletter

**Hans Fallada**
**Kleiner Mann – was nun?**
Roman. Erstmals in der Originalfassung
557 Seiten
ISBN 978-3-351-03641-6
Auch als E-Book erhältlich

# Der Weltbestseller erstmals so, wie Fallada ihn schrieb

Zu brisant, um so gedruckt zu werden: Von der Urfassung des Romans, der Hans Fallada am Vorabend der Machtergreifung der Nazis zum international gefeierten Erfolgsautor machte, wurde ein Viertel noch nie veröffentlicht.

Als Lämmchen und der Verkäufer Johannes Pinneberg heiraten, zeichnen sich böse Zeiten ab: die Weltwirtschaftskrise. Dennoch glauben die beiden an ihr Glück und an ihre Liebe bleibt ihnen erhalten, die zärtliche Fürsorge füreinander und für den kleinen Murkel. Als Pinneberg sich schließlich in das Millionenheer der Arbeitslosen einreihen muß, ist es Lämmchen, diese liebenswerte, sanfte und tapfere Frau, die das Leben ihres verzweifelten kleines Mannes in die Hand nimmt.

Jetzt mit Charlie Chaplin, Robinson Crusoe, Goethe, Wilhelm Busch und dem Prinzen von Wales.